CHRISTOPH KUHNER

Geschäftszweckgebundene Bewertungskonzeptionen in der externen Rechnungslegung von Unternehmen

Untersuchungen über das Spar-, Giro- und Kreditwesen

Abteilung A: Wirtschaftswissenschaft

Herausgegeben von

G. Ashauer, W. Ehrlicher, H.-J. Krümmel

Band 155

Geschäftszweckgebundene Bewertungskonzeptionen in der externen Rechnungslegung von Unternehmen

Von

Christoph Kuhner

Duncker & Humblot · Berlin

Die Deutsche Bibliothek – CIP-Einheitsaufnahme

Kuhner, Christoph:
Geschäftszweckgebundene Bewertungskonzeptionen in der externen Rechungslegung von Unternehmen / von Christoph Kuhner. – Berlin : Duncker und Humblot, 1994
(Untersuchungen über das Spar-, Giro- und Kreditwesen : Abt. A, Wirtschaftswissenschaft ; Bd. 155)
Zugl.: Bonn, Univ., Diss., 1993
ISBN 3-428-08067-X
NE: Untersuchungen über das Spar-, Giro- und Kreditwesen / A

Satz: SiB Satzzentrum in Berlin GmbH, Berlin
Druck: Druckerei Gerike GmbH, Berlin
Printed in Germany

ISSN 0720-7336
ISBN 3-428-08067-X

Gedruckt auf alterungsbeständigem (säurefreiem) Papier
gemäß der ANSI-Norm für Bibliotheken

Vorwort

Die vorliegende Arbeit will das Finalprinzip als theoretischen Grundpfeiler der Bilanzbewertung erweisen. Immer wenn im Bilanzrecht vom „wirtschaftlichen Zusammenhang" die Rede ist, steht zur Diskussion, unter welchen Voraussetzungen und in welchem Maße die unternehmerischen Ziele bei den einzelnen Geschäften die Erfolgsermittlung beherrschen. Herrn Kuhners Arbeit handelt also von den Möglichkeiten der Zurechnung von Ergebniswirkungen zu einzelnen unternehmerischen Handlungen (von Kuhner kurz als Dispositionen bezeichnet), wie der vom Unternehmen subjektiv gesetzte Geschäftszweck sie erfordert.

Bei diesen Zurechnungsproblemen stehen sich zwei Kriterien gegenüber: Das Kausalprinzip (der Ursache-Wirkungs-Zusammenhang) und das Finalprinzip (der Mittel-Zweck-Zusammenhang). Kuhner weist in seiner Schrift überzeugend nach, daß mit den ordnungspolitischen Zielen, denen die Handelsbilanz folgt, nur eine Mittel-Zweck-Zurechnung vereinbar ist. Es wird klar gezeigt, daß die kausale Zurechnung auf eine Kontrolle der Effizienz unternehmerischer Handlungen für künftige Markterlöse hinauslaufen würde. Mit dem Bezug auf zukünftige Markterlöse beruht sie auf extern nicht nachvollziehbaren Erwartungen. Davon ist die finale Zurechnung frei. Bei ihr genügt für die Zurechnung der Nachweis, daß die nach dem pagatorischen Prinzip stets durch Zahlungen charakterisierte einzelne unternehmerische Handlung für den subjektiven Ertragszweck des Unternehmers ergriffen wurde. Sie muß für den Ertragszweck nicht einmal notwendig sein. Unter dem Finalprinzip ist es überdies nicht erforderlich, daß das erwerbswirtschaftliche Prinzip bei jeder einzelnen Disposition beachtet wurde.

Den Anschluß an die marktbezogene Bewertungstheorie sucht Kuhner, indem er als Bezugspunkt für die Messung des Ergebnisses einzelner Dispositionen die Veränderung des Kapitalwerts der gesamten Unternehmung einführt. Zuzurechnen ist also als Ergebnis der unternehmerischen Disposition ein abgegrenzter Bestandteil des Kapitalwerts. Das Problem dieser Verknüpfung des Dispositionsbegriffs mit dem Kapitalwert wird in der Arbeit ausgiebig diskutiert: Soll mit der finalen Bewertung aller Dispositionen der Bilanzwert des Unternehmens (das bilanzielle Reinvermögen) gefunden werden und wird zugleich das Ergebnis jeder einzelnen Disposition als Bestandteil des Kapitalwerts gesehen, so ist offenbar zu fordern, daß die in die einzelnen Dispositionen inkorporierten Kapitalwertpartikel in ihrer Summe gleich dem gesamten Kapitalwert des Unternehmens sind. Zu fordern ist also, daß das bilanzielle Reinvermögen stets gleich dem Kapitalwert ist, der wiederum nur eine Summe jener Kapitalwertpartikel darstellt. Dies bedeutet aber, daß die Zurechnung aller Wertströme im Unternehmen zu distinkten unternehmerischen Dispositionen lückenlos gelingen muß. Es darf keinen Rest an Wertströmen geben, für die *einzelne* Geschäftszwecke nicht causa finalis wären. Kuhner versucht zu zeigen, daß sich die alte Diskrepanz zwischen der additiven Reinvermögensermittlung und der integralen Kapitalwertermittlung für das Problem finaler Bilanzbewertung durch Hierarchisierung des Begriffs der unternehmerischen Handlung, der Disposition, grundsätzlich überbrücken läßt. Die Dispositionen einer niedrigeren Entscheidungsebene sind danach abgegrenzte Bestandteile des Gesamtwerts der Unternehmung. Sie umfassen Ein- und Auszahlungen, die ihnen als Wertströme final zugerechnet werden können. Dabei nicht erfaßte Wertströme lassen sich dann Dispositionen einer höheren Ebene zurechnen, bis schließlich der volle Rest einer Disposition auf oberster Ebene zuzurechnen ist. Der Ansatz ist diskussionswürdig und diskussionsbedürftig.

Die Leistungsfähigkeit seines auf Geschlossenheit angelegten Entwurfs einer finalen Bilanztheorie und der aus ihr folgenden Interpretation des herrschenden Systems prüft Kuhner anhand einer Auswahl allesamt theoretisch nicht geklärter, praxisrelevanter und kontroverser Bilanzprobleme. Er ventiliert auch die Frage, inwieweit die geltenden Normen auf finale Grundannahmen zurückgeführt werden können. Schließlich prüft er — im Anschluß an die zuvor entwickelte These von der ordnungspolitischen Bedeutung des Ausgleichs von Kapitalinteressen über die Bilanz — das Verhältnis einer geschäftszweckbezogenen Bilanzierung für die Informationsfunktion der Bilanz.

Insgesamt wird hier eine originelle bilanztheoretische Arbeit vorgelegt, die auf der Basis profunder Sach- und Quellenkenntnis aus der Bilanztheorie, aus der bilanzrechtlichen Judikatur und aus bilanzpraktischen Desideraten einen neuen, eigenen Ansatz von generalisierender und das Einzelproblem erhellender Kraft entwickelt.

Hans J. Krümmel

Inhaltsverzeichnis

Abkürzungsverzeichnis

Abs.	=	Absatz
Abschn.	=	Abschnitt
AER	=	American Economic Review
AG	=	„Die Aktiengesellschaft" (Zeitschrift)
AICPA	=	American Institute of Certified Public Accountants
Anm.	=	Anmerkung
Aufl.	=	Auflage
BB	=	Betriebs-Berater (Zeitschrift)
Bd.	=	Band
betr.	=	betrifft, betreffend
BFA	=	Bankenfachausschuß
BFH	=	Bundesfinanzhof
BFHE	=	Bundesfinanzhof-Entscheidung
BFuP	=	Betriebswirtschaftliche Forschung und Praxis (Zeitschrift)
BGB	=	Bürgerliches Gesetzbuch
BGBl.	=	Bundesgesetzblatt
BGH	=	Bundesgerichtshof
bspw.	=	beispielweise
BStBl.	=	Bundessteuerblatt
BT-Drucks.	=	Bundestags-Drucksache
bzgl.	=	bezüglich
bzw.	=	beziehungsweise
ca.	=	circa
DB	=	Der Betrieb (Zeitschrift)
DBW	=	Die Betriebswirtschaft(Zeitschrift)
d. h.	=	das heißt
Diss.	=	Dissertation
DM	=	Deutsche Mark
Drucks.	=	Drucksache
DStR	=	Deutsches Steuerrecht (Zeitschrift)
DStZ	=	Deutsche Steuerzeitung (Zeitschrift)
d. V.	=	der Verfasser
EStG	=	Einkommenssteuergesetz
EStR	=	Einkommensteuer-Richtlinien
etc.	=	et cetera
evtl.	=	eventuell

f. bzw. ff.	=	folgende
FASB	=	Financial Accounting Standards-Board
FR	=	Finanzrundschau (Zeitschrift)
gem.	=	gemäß
GoB	=	Grundsätze ordnungsmäßiger Buchführung und Bilanzierung
HdJ	=	Handbuch des Jahresabschlusses in Einzeldarstellungen, hrsg. v. Klaus v. Wysocki und Joachim Schulze-Osterloh, Köln 1984 f.
HdWW	=	Handwörterbuch der Wirtschaftswissenschaft, hrsg. v. Albers, W. et al., 8 Bde., Stuttgart u. a. 1974 ff.
HFA	=	Hauptfachausschuß des Instituts der Wirtschaftsprüfer in Deutschland e.V.
HGB	=	Handelsgesetzbuch
Hrsg.	=	Herausgeber
HURB	=	Handwörterbuch unbestimmter Rechtsbegriffe im Bilanzrecht des HGB, hrsg. v. Ulrich Leffson, Dieter Rückle und Bernhard Großfeld, Köln 1986
HWB	=	Handwörterbuch der Betriebswirtschaft, 4. Aufl., hrsg. v. Erwin Grochla und Waldemar Wittmann, Stuttgart 1974–76.
HWF	=	Handwörterbuch der Finanzwirtschaft, hrsg. v. Hans Büschgen, Stuttgart 1976.
HWR	=	Handwörterbuch des Rechnungswesens, 2. Aufl., hrsg. v. Erich Kosiol, Klaus Chmielewicz und Marcell Schweizer, Stuttgart 1981.
HWRev	=	Handwörterbuch der Revision, 2. Aufl., hrsg. v. Adolf G. Coenenberg und Klaus v. Wysocki, Stuttgart 1992.
i.d.R.	=	in der Regel
IdW	=	Institut der Wirtschaftsprüfer in Deutschland e.V.
JbFStR	=	Jahrbuch der Fachanwälte für Steuerrecht
m.w.V.	=	mit weiteren Verweisen
N.F.	=	Neue Folge
n.F.	=	neue Fassung
No.	=	Number
Nr.	=	Nummer
o. a.	=	oben angegeben (-e, -er)
o. J.	=	ohne Jahresangabe
o. O.	=	ohne Ortsangabe
ORDO	=	Jahrbuch für die Ordnung von Wirtschaft und Gesellschaft
o. V.	=	ohne Verfasserangabe
Rn.	=	Randnummer
RFH	=	Reichsfinanzhof

S.	=	Seite
Sp.	=	Spalte
StbJb	=	Steuerberater-Jahrbuch
StBp	=	Die steuerliche Betriebsprüfung (Zeitschrift)
StuW	=	Steuer und Wirtschaft (Zeitschrift)
Urt.	=	Urteil
usw.	=	und so weiter
v.	=	von, vom
Vgl.	=	vergleiche
Vol.	=	Volume
WiSt	=	Wirtschaftswissenschaftliches Studium (Zeitschrift)
WISU	=	Das Wirtschaftsstudium (Zeitschrift)
WM	=	Wertpapier-Mitteilungen (Zeitschrift)
WPg	=	Die Wirtschaftsprüfung (Zeitschrift)
z. B.	=	zum Beispiel
ZfB	=	Zeitschrift für Betriebswirtschaft
ZfhF	=	Zeitschrift für handelswissenschaftliche Forschung
ZfbF	=	Zeitschrift für betriebswirtschaftliche Forschung
ZGR	=	Zeitschrift für Unternehmens- und Gesellschaftsrecht

1. Einführung

1.1. Zur Notwendigkeit von Zurechnungsregeln in der externen Rechnungslegung

1.1.1. Externe Rechnungslegung als institutionelles Merkmal von Unternehmungen

Zur Analyse der Austauschvorgänge an Werten und Wertäquivalenten, die zwischen einem Unternehmen und der Außenwelt stattfinden, unterscheidet man herkömmlicherweise drei alternative Betrachtungsebenen:

— auf der Zahlungsmittelebene wird der Zufluß und Abfluß an Zahlungsmitteln betrachtet;

— auf der Geldvermögensebene wird zudem die Veränderung aller schuldrechtlichen Forderungen und Verpflichtungen, die auf gesetzliche Zahlungsmittel lauten, erfaßt;

— auf der Reinvermögensebene wird jeglicher Wertverzehr und jeglicher Wertzuwachs der gesamten Vermögensposition — gemessen in Zahlungsmitteläquivalenten — ermittelt.

Die Betrachtungsebenen sind dadurch miteinander verknüpft, daß sich die Salden von Zahlungsmittel-, Geldvermögens- und Reinvermögensebene am Ende der Lebensdauer einer Unternehmung angleichen. Bis zum Lebensende einer Unternehmung werden nämlich alle Vermögenswerte in Zahlungsmittel umgewandelt. Daraus folgt, daß alle Vorgänge der Geldvermögens- und Reinvermögensebene als Phasenverschiebung von Zahlungsvorgängen darstellbar sind.[1]

Wie leicht einzusehen ist, besteht auf der Zahlungsmittelebene streng genommen kein Meßproblem:[2] Hat man einmal festgelegt, was unter Zahlungsmitteln überhaupt zu verstehen ist, so dürfte die Erfassung von Zu- und Abflüssen in einem geordneten Belegwesen keine Schwierigkeiten bereiten.

---

[1] Vgl. *Rieger,* Wilhelm (1959): Einführung in die Privatwirtschaftslehre, 2. unv. Aufl., Erlangen 1959, S. 205 f.

[2] Zum Folgenden vgl. *Rieger,* Wilhelm (1959): a.a.O., S. 203 ff., vgl. auch die Darstellung bei *Wenger,* Ekkehard (1985): Einkommensteuerliche Periodisierungsregeln, Unternehmenserhaltung und optimale Einkommensbesteuerung, Teil I, in: ZfB 1985, S. 510–530, insbes. S. 512 ff.

Bei Geldvermögenspositionen, welche die Verpflichtung zur Leistung einer Menge Geldes durch eine Partei an eine andere zum Inhalt haben, gestaltet sich das Meßproblem schon vielschichtiger: Wie will man etwa beurteilen, ob ein Rechtstitel auf Zahlungen tatsächlich vorliegt, ob der Schuldner zahlungsfähig und zahlungswillig ist? Wie will man Nennwerte von Forderungs- und Schuldtiteln, die zu verschiedenen Zeitpunkten fällig werden, zu einem Gesamtwert zusammenführen? Welchen Wert mißt man Geldvermögenstiteln bei, bei denen die vertragliche Verpflichtung zur Leistung von Zahlungen an den Eintritt künftiger, unsicherer Ereignisse geknüpft ist?

Das betriebswirtschaftliche Bewertungsproblem gelangt in allen seinen Facetten zur Entfaltung, wenn auf der Reinvermögensebene zusätzlich Sachvermögenspositionen, deren Wertzuwachs und Wertverzehr gemessen werden soll, zum Gegenstand der Betrachtung werden.

Gerade der Reinvermögensebene gehört die Zielgröße[3] der externen Rechnungslegung an: Der Periodengewinn. Grundsätzlich wird der Periodengewinn als Saldo aus dem Wertzuwachs und Wertverzehr aller aktiven und passiven Wirtschaftsgüter einer Unternehmung innerhalb eines vorgegebenen Zeitraumes ermittelt.

Unter dem Wert eines Wirtschaftsgutes kann dabei weder eine objektiv vorgegebene,[4] noch eine durch rein subjektive Anschauungen bestimmbare[5] Kategorie verstanden werden. Eine Wertvorstellung entsteht vielmehr durch die Übereinstimmung von subjektiven Ansichten mehrerer Individuen. Wert ist demzufolge eine intersubjektive — sprich gesellschaftliche — Größe.

Unter den Bedingungen vollkommener und vollständiger Märkte könnte der jeweilige Marktpreis als unverfälschter Indikator der gesellschaftlichen Wertschätzung der einzelnen Wirtschaftsgüter angesehen werden:[6] Für alle zustandsabhängigen Zahlungsansprüche der Zukunft, die aus dem Besitz der gehandelten Bestände an Wirtschaftsgütern folgen, sind in einem derartigen System Marktpreise vorgegeben oder herzuleiten, die allen Marktteilnehmern bekannt sind.

---

[3] Zur Unterscheidung der Begriffe „Ziel" und „Zweck" in Bezug auf Meßverfahren vgl. *Schneider,* Dieter (1983): Rechtsfindung durch Deduktion von Grundsätzen ordnungsmäßiger Buchführung aus gesetzlichen Jahresabschlußzwecken?, in: StuW 1983, S. 150 f.

[4] Hierauf läuft der Wertbegriff der Wertethik hinaus, vgl. etwa *Hartmann,* Nicolai (1966): Teleologisches Denken, 2. unv. Aufl., Berlin 1966, S. 112 ff., zur Problematik echter Werturteile in der Betriebswirtschaftslehre vgl. *Wöhe,* Günter (1959): Zur Problematik der Werturteile in der Betriebswirtschaftslehre, in: ZfhF 1959, S. 165–179.

[5] Dies entspräche dem Wertbegriff der einzelwirtschaftlichen Entscheidungstheorie, vgl. etwa *Stützel,* Wolfgang (1978): Wert und Preis, in: HWB, Sp. 4404–4425.

[6] Referenzmodell für eine solche Welt ist in der wirtschaftswissenschaftlichen Theorie das Arrow — Debreu — Modell, vgl. als dessen Grundlage *Debreu,* Gerard (1959): Theory of Value, New York 1959.

Dieser theoretisch denkbare Grenzfall eignet sich allerdings kaum zur Beschreibung realer Phänomene; seine Bedeutung ist eher darin zu sehen, daß er als Ausgangspunkt aller weiteren Erwägungen gilt. Denn unter den Bedingungen vollkommener und vollständiger Märkte macht die Ermittlung eines Periodengewinnes losgelöst von der Zahlungsmittelebene keinen Sinn:[7] Eine denkbare Phasenverschiebung zwischen Zahlungsmittel- und Reinvermögensebene kann nämlich jederzeit durch die Liquidation der Reinvermögensposition am Markt aufgehoben werden. Das Reinvermögen braucht hier nicht gesondert durch Verfahren der externen Rechnungslegung ermittelt werden.

Gerade die Unvollkommenheit und Unvollständigkeit von Märkten gilt aber als Voraussetzung für das Entstehen von Unternehmungen als wirtschaftliche Institutionen: Wesentliches Merkmal unternehmerischer Aktivität ist der Kauf sowie die Kombination von Rechtspositionen an wirtschaftlichen Ressourcen in der Erwartung, daraus Gewinne über die Entlohnung der eingesetzten Ressourcen hinaus zu erwirtschaften.

Eine positive Differenz zwischen Erlös und Faktorentlohnung stellt aber schon *ex definitione* eine Marktunvollkommenheit dar. In der ökonomischen Theorie wird das Fortbestehen solcher Marktunvollkommenheiten etwa mit der praktischen Unmöglichkeit begründet, die Nutzung bestimmter Ressourcen durch eine einmalige Markthandlung zu übertragen:[8]

So ist es kaum denkbar, daß ein funktionsfähiger Markttransfer von Arbeitsleistungen existieren könnte, wenn nicht gleichzeitig Weisungs-, Aufsichts- und Kontrollbefugnisse Bestandteil der gehandelten Arbeitsverträge wären. Die Wahrnahme von Aufsichts-, Weisungs- und Kontrollfunktionen ist aber selber nur in begrenztem Maße über Arbeitsmärkte deligierbar, da es immer jemanden geben muß, der die Aufgabe wahrnimmt, die Kontrolleure zu kontrollieren. Letztendlich ist es der Unternehmer selber, der als letztes Glied in der Kette diese Funktion ausübt und als Entgelt dafür nicht irgendein durch das Marktgleichgewicht vorab fixiertes Faktoreinkommen empfängt, sondern Anspruch auf die risikobehaftete Residualgröße zwischen dem Gewinn und dem Marktpreis für die Entlohnung aller übrigen Faktoren hat.

---

[7] *Hartle*, Joachim (1984): Möglichkeiten der Entobjektivierung der Bilanz: e. ökonomische Analyse, Frankfurt am Main; Bern; New York; 1984, S. 36 ff. konstatiert die Deckungsgleichheit des statischen und dynamischen Bilanzbegriffes in einer Welt vollkommener und vollständiger Märkte. Hier wird — weitergehend — die Gegenstandslosigkeit von Rechnungslegung schlechthin in einer solchen Welt festgehalten; vgl. auch *Wąlker*, Martin (1988): The Information Economics Approach to Financial Reporting, in: Accounting and Business Research 1988, S. 178 und besonders *Beaver, William* H. und *Demski*, Joel (1979): The Nature of Income Measurement, in: Accounting Review 1979, S. 38–46.

[8] Grundlegend hierzu: *Alchian*, Armen A./*Demsetz*, Harold (1972): Production, Information Cost and Economic Organization, in: AER 1972, S. 777–795.

Darüber hinaus wird unternehmerische Betätigung an sich als Suchprozeß nach Marktunvollkommenheiten verstanden[9]: Konstitutives Merkmal des Unternehmertums ist es gerade, vorhandene Marktungleichgewichte aufzuspüren und durch die findige Kombination von Verfügungsrechten an unterbewerteten Ressourcen (Arbitrage-)Gewinne zu erwirtschaften. Der Erfolg unternehmerischer Tätigkeit steht und fällt dabei mit dem Informationsvorsprung des Unternehmers gegenüber dem Markt.

Marktunvollkommenheiten der geschilderten Art sowie der einem marktwirtschaftlichen System offenbar immanente Wissensunterschied zwischen Unternehmer und außenstehenden Interessenten lassen alle Auffassungen fragwürdig erscheinen, die im Gewinn der externen Rechnungslegung ein Instrument zur Schätzung des Kapitalwertzuwachses der Unternehmung — verstanden als Gesamtheit der in Zukunft noch anfallenden, kapitalisierten Zahlungsströme — sehen wollen.

Im Folgenden wird deshalb davon abgesehen, den Bilanzgewinn aus der Konzeption des ökonomischen Gewinnes abzuleiten.[10] Überhaupt soll keine unmittelbare Interpretation von Bestands- und Saldogrößen der Reinvermögensebene gegeben werden;[11] vielmehr soll betrachtet werden, auf welche Weise einzelne Handlungen des Kaufmannes, die in der vergangenen Periode stattgefunden haben, am Bewertungsstichtag in Strömungsgrößen der Erfolgsrechnung zu transformieren sind:

Im Rahmen der Unternehmenstätigkeit kommt es zu mannigfaltigen Umschichtungsvorgängen, d. h. zum meßbaren Verbrauch an Ressourcen bei der Produktion von Vermögenswerten. Zwischen Verbrauch und Entstehung von Werten besteht dabei ein innerer Zusammenhang, dem Rechnung getragen wird, indem solche Umschichtungsvorgänge bei der Gewinnermittlung neutral behandelt werden: Der Zuwachs oder Verbrauch an Produktionsfaktorbeständen — und die daraus herrührenden Zahlungen — hat bis zur Marktveräußerung der Produktion keinen Einfluß auf den Saldo von Aufwand und Ertrag. Der bloße Sachverhalt der Umformung von Produktionsfaktoren im Rahmen eines produktiven Prozesses kann nämlich unter den Bedingungen unvollkommener sowie unvollständiger Märkte als unternehmensinternes, vom Markt nicht be-

---

[9] Vgl. *Streit,* Manfred E. und Gerhard *Wegner* (1989): Wissensmangel, Wissenserwerb und Wettbewerbsfolgen - Transaktionskosten aus evolutorischer Sicht, in: ORDO 1989, S. 182–200, mit Bezugnahme auf *Kirzner,* Israel (1973): Competition and Entrepreneurship, Chicago 1973, S. 10 ff.

[10] Vgl. für eine Interpretation des Bilanzgewinnes als „heuristischer" ökonomischer Gewinn *Ordelheide,* Dieter (1987): Kaufmännischer Periodengewinn als ökonomischer Gewinn — Zur Unsicherheitsrepräsentation bei der Konzeption von Erfolgsgrößen —, in: Domsch/ Eisenführ/Ordelheide/Perlitz(Hrsg.): Unternehmenserfolg — Festschrift für Walter Busse von Colbe, Wiesbaden 1987, S. 278 ff.

[11] Vgl. hierzu aus neuester Sicht: *Krümmel,* Hans-Jacob (1992): Pagatorisches Prinzip und nominelle Kapitalerhaltung, in: Moxter, Adolf et al.(Hrsg.): Rechnungslegung, Festschrift für Karl-Heinz Forster, Düsseldorf 1992, S. 307–320.

obachtetes Phänomen nicht für sich genommen Gegenstand einer gesellschaftlichen Wertschätzung sein.[12]

Genau an diesem Punkte gewinnen betriebswirtschaftliche Zurechnungskriterien Bedeutung:

Es geht um die Aufhellung des inneren Zusammenhanges zwischen dem Werden und Vergehen von Vermögenswerten im Rahmen der Unternehmenstätigkeit: Wie läßt sich ein derartiger innerer Zusammenhang im Einzelfall erhärten; wie lassen sich einzelne Verbräuche und Zuwächse in diesem Sinne einander zuordnen? Wenn Unternehmertum Ressourcenkombination ist, so sind die Entstehung, Umschichtung und Vernichtung von Ressourcen als Wertungsalternativen bei der Betrachtung einzelner unternehmerischer Handlungen anzusehen.

1.1.2. Der wirtschaftliche Zusammenhang im Bilanzrecht — zum Diskussionsstand

Anknüpfungspunkt der Bilanzierungsproblematik ist der einzelne, einer konkreten Rechtsbeziehung zugeordnete Zahlungsstrom, der sich mindernd, steigernd oder neutral auf das Reinvermögen auswirken kann. Nur eine zahlungswirksame Umschichtung von Ressourcen bei der betrieblichen Faktorkombination führt zum Aufbau von Bilanzbeständen. Zahlungen können dabei dem Umschichtungsvorgang vorangehen oder nachfolgen.[13]

Werden einzelne Handlungen des Unternehmers als Verbrauch, Umschichtung oder Schöpfung von Ressourcen qualifiziert, so führen die hiermit verbundenen Zahlungsvorgänge zu Beständen an Aktiva und Passiva, oder sie werden erfolgswirksam vereinnahmt bzw. verausgabt. Kernpunkt aller Auseinandersetzungen um die externe Rechnungslegung von Unternehmen ist nun die Frage, anhand welcher Kriterien man solche Zahlungsvorgänge als Ressourcenverzehr, -Umschichtung oder -Neuschaffung qualifizieren kann; die Frage also, in welcher Beziehung die durch die einzelne Zahlung bewirkte Gegenleistung zum Geschehen der betrieblichen Faktorkombination steht.[14]

---

[12] In einem System vollkommener und vollständiger Märkte läßt sich im Gegensatz dazu für jede Produktionsaktivität eine Marktbewertung ausmachen.

[13] Zur gesetzlichen Konzeption vgl. die Regelung in § 252 (1) Nr. 5 HGB: „Aufwendungen und Erträge sind unabhängig von den Zeitpunkten der entsprechenden Zahlungen im Jahresabschluß zu berücksichtigen."

[14] In diesem Zusammenhang scheint das bekannte Schema von *Schmalenbach*, das die Bilanzpositionen als Bestandsgrößen aus dem Auseinanderklaffen von Geldvermögensebene und Reinvermögensebene erklärt, für sich genommen eine allgemeine Grundlage zur Definition einer Bilanz in der externen Rechnungslegung schlechthin und nicht etwa irgendeiner bi-

Aus der Vielzahl der vorhandenen Stellungnahmen zu Bilanzierungsfragen kristallisieren sich zwei Grundpositionen heraus, die sich antithetisch gegenüberstehen und zwischen denen sich wohl das gesamte Spektrum der Auseinandersetzung ausfaltet. Es soll der Versuch unternommen werden, sie kurz zu skizzieren:[15]

Die eine Position mißt die Wertungsentscheidung am konkreten schuld- oder sachenrechtlichen Charakter der Gegenleistung des zugrundeliegenden Rechtsgeschäftes; Zahlungen sind einem bestimmten Rechtsgeschäft nur zuzurechnen, wenn sie unmittelbar zur Erfüllung der vereinbarten Gegenleistung unternommen wurden.[16] Ausschlaggebend für die Frage, ob eine Zahlung Erfolgswirksamkeit entfaltet oder nicht, ist eine Analyse der dieser Zahlung zugeordneten Gegenleistung unter schuld- und sachenrechtlichen Gesichtspunkten.[17] Für die Wertung, in welchem Maße künftige Zahlungsmittelabflüsse heute schon erfolgswirksam werden, steht das schuldrechtliche Verursachungsprinzip zur Verfügung, welches besagt, daß eine künftige Zahlung dann als verursacht anzusehen sind, wenn der Tatbestand, dessen Rechtsfolge diese Zahlung ist, in der Abrechnungsperiode im wesentlichen verwirklicht ist.[18]

Die Gegenposition stellt auf den wirtschaftlichen Sinngehalt ab, der mit einem konkreten Zahlungsvorgang verbunden ist: Steht dieser in einem nach-

---

lanztheoretischen Meinung zuzuordnen zu sein. Vgl. *Schmalenbach,* Eugen (1962): Dynamische Bilanz, 13. Aufl., Köln und Opladen 1962, S. 66 ff. Die Klassifizierungen *Schmalenbachs* enthalten für sich betrachtet noch keine Theorie, weil durch sie noch keine definitorische Festlegung erfolgt, was genau unter Aufwand und Ertrag zu verstehen sei.

[15] Hier und im Folgenden wird bewußt auf die Begriffe „statische" und „dynamische Bilanztheorie" verzichtet, da diese Begriffe in der Diskussion zu oft den Charakter von Etikettierungen annehmen. Wie schwierig es ist, unter Verwendung dieser Begriffe zu einer differenzierten Sichtweise zu gelangen, zeigt der von *Moxter* geprägte Begriff der „Fortführungsstatik", der wohl eine kinetische Unmöglichkeit darstellen dürfte; vgl. *Moxter,* Adolf (1984): Bilanzlehre Band I, 3. Aufl., Wiesbaden 1984, S. 6 ff.

[16] Vgl. hierzu etwa eine — für diese Haltung charakteristische — Formulierung: „Aufwendungen und Erträge können einem Geschäft nur insoweit zugerechnet werden, als sie sich aus diesem Geschäft ergeben. Für die Aufwandsseite bedeutet dies, daß Aufwendungen dem Geschäft nur insoweit zugerechnet werden können, als dies zur Erbringung des Geschäftes, zur Erstellung der geforderten Leistung erforderlich ist. Kriterium hierfür ist die Erfüllung des Geschäftes. Alles das, was an Aufwendungen hierzu unmittelbar aufzubringen ist, ist dem Geschäft unmittelbar zuzurechnen. Nichts mehr und nichts weniger. Leistungen, die sich darüberhinaus im Interesse der Unternehmung ergeben, sind dem Geschäft also nicht zuzurechnen." *Jonas,* Heinrich H. (1986): Die in der aktienrechtlichen Handelsbilanz zulässige Rückstellung für drohende Verluste aus schwebenden Geschäften, in: BB 1986, S. 1734.

[17] Vgl. hierzu etwa *Müller,* Welf (1981): Gedanken zum Rückstellungsbegriff, in: ZGR 1981, S. 126–144, insbes. S. 137 ff.

[18] Vgl. zu diesem Themenkomplex m.w.V. etwa *Eibelshäuser,* Manfred (1981): Der Bundesfinanzhof und die statische Bilanzauffassung, in: ZfbF 1981, S. 60 ff. oder auch *Naumann,* Klaus-Peter (1991): Rechtliches Entstehen und wirtschaftliche Verursachung als Voraussetzung der Rückstellungsbilanzierung, in: WPg 1991, S. 530 f.

vollziehbaren Zusammenhang zu einem einzeln abgrenzbaren Vorgang der betrieblichen Wertschöpfung, so liegt seine Qualifikation als Umschichtungsvorgang nahe.[19] Bei der Suche nach einer begrifflichen Abgrenzung all jener Geschäftsvorfälle, die gemeinsam zu einem solchen einheitlichen Umschichtungsvorgang gehören, stößt man auf den insbesondere von *Leffson* verwendeten Begriff des „eingeleiteten Geschäftes".[20]

Von eingeleiteten Geschäften spricht man etwa dann, „(...) wenn im abgelaufenen Jahr elementare Geschäftsvorgänge durch Einkauf von Waren oder Wertpapieren oder durch die Herstellung von Erzeugnissen eingeleitet sind, die erst im folgenden Rechnungsjahr im Verkaufsakt ihren Abschluß finden."[21] Der Begriff des eingeleiteten Geschäftes stellt also unmittelbar auf den wirtschaftlichen Zusammenhang verschiedener, voneinander rechtlich getrennter Vorfälle ab.

Dem wirtschaftlichen Zusammenhang zwischen einzelnen schuldrechtlich voneinander unabhängigen Vorfällen bei der Auslegung von Bilanzierungsfragen *de lege lata* eine eigenständige Beweiskraft zuzumessen, trifft in weiten Teilen des Schrifttums auf ausgeprägte Vorbehalte:[22] Die kritische Einstellung ergibt sich wohl einerseits daraus, daß im Gegensatz zu einer Würdigung von Sachverhalten, die auf den entwickelten Auslegungskanon des Schuldrechts zurückgreift, das Denken in wirtschaftlichen Zusammenhängen noch dogmatisch ungefestigter Boden sein dürfte.[23]

Andererseits wird gegen einen Rückgriff auf betriebswirtschaftliche Erkenntnisse in dieser Fragestellung oft angeführt, daß die in der Betriebswirtschafts-

---

[19] Vgl. etwa *Leffson,* Ulrich (1987): Grundsätze ordnungsmäßiger Buchführung, 7. Aufl., Düsseldorf 1987 S. 251: „Auf der Erfolgsneutralisierung von Ausgaben, die erst in späteren Perioden zu Aufwand werden, beruht das Grundprinzip der Aktivierung und damit die Bilanz überhaupt." Exemplarisch für viele Stellungnahmen zu Einzelproblemen der Rechnungslegung, in denen dieser Argumentationslinie gefolgt wird, vgl. etwa *Förschle,* Gerhart: Bilanzierung sogenannter Sondereinzelkosten des Vertriebs aus handelsrechtlicher Sicht, in: ZfB-Ergänzungsheft 1/1987, S. 96–117, insbes. S. 99 f. Zur Zuordnung von einzelnen Zahlungen im Rahmen eines Umschichtungsvorganges sowie zur Diskussion vgl. aus neuester Sicht m.w.V. *Naumann,* Klaus-Peter (1991): a.a.O., S. 530 f.

[20] Vgl. insbesondere *Leffson* Ulrich (1987): a.a.O., S. 393 ff., *Schmalenbach* unterscheidet nicht zwischen schwebenden und eingeleiteten Geschäften, vgl. *Schmalenbach,* Eugen (1962): a.a.O., S. 64 ff.

[21] *Koch,* Helmut (1960): Die Problematik des Teilwertes, in: ZfhF 1960, S. 335.

[22] Vgl. hierzu vorallem die Diskussion um den „angebliche(n) Grundsatz der einheitlichen Behandlung des schwebenden Vertrages" *Döllerer,* Georg (1980): Droht eine neue Aktivierungswelle?, in: BB 1980, S. 1335 ff. m. w. V.

[23] So spricht etwa *Groh* in diesem Zusammenhang vom „amorphen Verursachungsbegriff der Betriebswirte", *Groh,* Manfred (1989): Vor der dynamischen Wende im Bilanzsteuerrecht, in: BB 1989, S. 1588, vgl. auch *ders.*: *(1980)*: Zur Bilanztheorie des BFH, in: StbJb 1979/1980, S.128 f., in diesem Sinne ebenfalls *Müller,* Welf (1981): a.a.O., S. 137 f., grundlegend hierzu auch die Ausführungen von *Westermann,* Harm-Peter (1987): Das Gesellschaftsrecht zwischen bürgerlichem Recht, Steuerrecht und Bilanzrecht, in: Havermann, Hans (Hrsg.): Bilanz- und Konzernrecht, Festschrift für Dr. Reinhard Goerdeler, Düsseldorf 1987, S. 697–722.

lehre oftmals diskutierten Entscheidungsprobleme[24] grundsätzlich anderer Natur seien als die Ausschüttungs- und Informationszielsetzungen der Bilanz.[25] Hierbei spielt eine besondere Rolle, daß die Interessenlage der Adressaten externer Rechnungslegung im Regelfalle widersprüchlich ist. Die Erfolgsermittlung in der Bilanz steht vor der Schwierigkeit, diesen Interessenkonflikt durch die Verwendung eindeutiger Rechtsnormen schlichten zu müssen, während sich betriebswirtschaftliche Zurechnungskriterien i. d. R. auf das Optimierungskalkül eines einzigen Entscheiders mit einer eindeutig formulierten Zielfunktion beziehen.

Die auf diesen Sachverhalt anspielende Sentenz, die Bilanz im Rechtssinne sei keine Kostenrechnung,[26] kann jedoch nicht darüber hinwegtäuschen, daß auch die schuldrechtliche Dogmatik keineswegs zu dem Zwecke entwickelt wurde, Kriterien für die Projektion von Zahlungsvorgängen auf die Reinvermögensebene der externen Rechnungslegung vorzugeben.[27] Ein grundsätzliches Primat zivilrechtlich geprägter Subsumptionstechniken ist daher abzulehnen.[28]

Ein Argumentieren auf der Grundlage des wirtschaftlichen Zusammenhanges zwischen einzelnen Rechtsgeschäften setzt allerdings voraus, daß sich tatsächlich allgemeine Kriterien zur sachlogischen Zuordnung von Vorgängen finden lassen, die miteinander im Rahmen eines eingeleiteten Geschäftes verknüpft sind. Unter Rückgriff auf elementare Konzepte zur Erfassung von Zusammenhängen zwischen Phänomenen der Seinssphäre werden im Folgenden mögliche Zuordnungsregeln diskutiert.

---

[24] Zur Dogmengeschichte der Zurechnungsprinzipien der betriebswirtschaftlichen Kostentheorie vgl. *Schneider,* Dieter (1961): Kostentheorie und verursachungsgemäße Kostenrechnung?, in: ZfhF 1961 S. 677–704.

[25] Zur Zweckgebundenheit des betriebswirtschaftlichen Wertbegriffes vgl. grundlegend *Busse von Colbe,* Walther (1984): Bewertung als betriebswirtschaftliches Problem, in: *Raupach,* Arndt (Hrsg.) Werte und Wertermittlung im Steuerrecht, Köln 1984, S. 39 ff.

[26] BFH 17.7.1974 — IR 195/72, S. 116, BStBl. II 1974, S. 684. *Döllerer* glaubt, hierin den „tieferen Grund" für einen Vorrang der rechtlichen vor der wirtschaftlichen Betrachtung sehen zu müssen. *Döllerer,* Georg (1974): Zur Bilanzierung des schwebenden Vertrags, in: BB 1974, S.1548.

[27] Vgl. zu diesem Themenkomplex *Schneider,* Dieter (1992): Theorien zur Entwicklung des Rechnungswesens, in: ZfbF 1992, S. 3 ff. Gerade der Gedanke der Periodisierung von einzelnen Zahlungsvorgängen, der weite Regelbereiche des Bilanzrechts beherrscht, scheint mit Mitteln des schuldrechtlichen Auslegungskanon nicht erklärbar zu sein.

[28] Sollte dieses Primat mit dem Argument der Einheit der Rechtsordnung begründet werden, so muß erst bewiesen werden, daß die zivilrechtlichen und steuerrechtlichen Teleologien miteinander kompatibel sind, vgl. hierzu m. w. V. etwa *Westermann,* Harm Peter (1987): a.a.O., insbes. S. 110 f., *Tipke,* Klaus und Joachim *Lang* (1991): Steuerrecht, 13. Aufl., Köln 1991, S. 7 ff., im Gegensatz hierzu *Döllerer,* Georg (1980): Droht eine neue Aktivierungswelle?, in: BB 1980, S. 1333–1337, insbes. S. 1336.

1.2. Zurechnungsregeln

1.2.1. Kausalprinzip: Ursache-/Wirkungszusammenhang (causa efficiens)

Kausalität bezeichnet „(...) eine gewisse gesetzmäßige Verknüpfung zweier Ereignisse, wobei das frühere als Ursache, das spätere als Wirkung bezeichnet wird".[29]

Für sich genommen dürfte dieser Begriffsabgrenzung noch keinerlei empirischer Gehalt zukommen, da sie den zu definierenden Begriff lediglich zu zwei anderen undefinierten Begriffen in Beziehung setzt.

Eine einfache Vorstellung von Kausalität kann man anhand des sogenannten Prinzips der Trägheit gewinnen:[30] Es hat zum Inhalt, daß jede Veränderung einer Sache gegenüber ihrem Ausgangszustand einen Anstoß voraussetzt. Dieser Anstoß ist genau dann Ursache, wenn er eine nicht wegzudenkende Bedingung *(conditio sine qua non)* für das tatsächliche Eintreten jenes Ereignisses, das als Wirkung bezeichnet wird, darstellt.[31]

Der Kausalitätsbegriff bezeichnet mithin die reale Abhängigkeit zweier Ereignisse, Ursache und Wirkung genannt, und nicht etwa einen reinen logischen Zusammenhang. Allerdings spielen die Grundsätze der formalen Logik bei der Beobachtung von Kausalketten eine große Rolle, denn es ist eine der Grundvoraussetzungen vernünftiger Erkenntnis, daß kausale Beziehungen zwischen Seinsphänomenen nicht unter Abweichung von formallogischen Prinzipien wahrgenommen werden können.[32]

Nach verbreitetem Verständnis ist die Kausalität eine objektive, d. h. von den Wertungen des Betrachtenden unabhängige Beziehung zwischen den Dingen.[33] Es zeigt sich jedoch, daß die Aussage, ein Phänomen der Seinssphäre sei als Ur-

---

[29] *Planck,* Max (1958): Der Kausalitätsbegriff in der Physik, in: *ders.:* Vorträge und Reden, Braunschweig 1958, S. 219.

[30] Vgl. hierzu *Watermann,* Friedrich (1966): Die Ordnungsfunktion von Kausalität und Finalität im Recht, Berlin 1966, S. 20 f.

[31] Eine dogmenhistorisch fundierte Analyse der Begriffe Ursache, Grund und Bedingung bietet *Gass,* Ernst (1960): Ursache, Grund und Bedingung im Rechtsgeschehen, Graz/Köln 1960, S. 10 ff. Für verschiedene Definitionsfassungen des Begriffes der Kausalität vgl. auch *Knöpfel,* Gottfried (1989): Nicht determinierte Kausalität als Schlüssel zur Freiheitsfrage, in: Rechtstheorie 1989, S.342–379.

[32] Gerade der Begriff der *conditio sine qua non* gehört der Logik an, vgl. *Watermann,* Friedrich (1966): a.a.O., S. 20 ff. Zur Abgrenzung der Seinsebene von der Ebene formaler Logik vgl. auch die Darstellung bei *Gass,* Ernst(1960): a.a.O., S. 10 ff.

[33] Vgl. *Watermann,* Friedrich (1966): a.a.O., S. 9. Entsprechend der einflußreichen Erkenntnistheorie *Imanuel Kant*s ist Kausalität allerdings — ebenso wie Raum und Zeit — kein Phänomen der Seinssphäre, sondern ein synthetisches Urteil *a priori,* d.h. ein bestimmte Vorprägung des menschlichen Bewußtseins, die vernünftige Erkenntnis der Seinssphäre erst ermöglicht.

sache eines anderen anzusehen, offenbar auch davon abhängt, wie ein Betrachter die Seinssphäre gedanklich strukturiert:

Dies wird besonders sinnfällig an der Frage, ob auch die Unterlassung einer Handlung eine Ursache darstellen kann. Man würde dazu neigen, dies mit Blick auf unsere Begriffslegung zu verneinen: Es bereitet Schwierigkeiten, die Unterlassung einer Handlung als Anstoß zu verstehen, der den Ausgangszustand einer Sache ändern könnte. Bei näherem Hinsehen ergibt sich jedoch das Problem, was überhaupt unter einem über die Zeit hinweg unverändertem Ausgangszustand zu verstehen ist.

Beispiel: Ein PKW fährt auf einen anderen auf, der vor einem Hindernis plötzlich gebremst hat. Die Frage, ob das plötzliche Bremsen des vorderen PKW oder das Unterlassen der Bremsung des hinteren PKW ursächlich für den Unfall ist, hängt davon ab, wie man den Ausgangszustand definiert. Man könnte sagen: „Beide PKW fahren hintereinander in einem Abstand von 30 m und mit einer Geschwindigkeit von 70 km/h.“, Man könnte aber auch sagen: „Beide PKW fahren hintereinander; beide Fahrer üben die im Verkehr notwendige Aufmerksamkeit.“; man könnte drittens sagen: „Beide PKW fahren hintereinander; beide Fahrer befinden sich in einem Bewußtseinsstadium gesteigerter Konzentration.“ Unter diesen drei Alternativen gelangt man jeweils zu unterschiedlichen Aussagen über die Verursachung des Unfalls. Der daraus folgende haftungsrechtliche, der physikalische und der psychologische Kausalitätsbegriff unterscheiden sich mithin darin, anhand welcher Merkmale der jeweilige Ausgangszustand definiert ist und welche Merkmale als unbeachtlich hingestellt werden.

Schon das Denken in einer dieser Alternativen ist eine Vereinfachung der Wirklichkeit, indem von einer Vielzahl kausal wirkender Einzeleinflüsse abstahiert wird. Nur so kann es gelingen, die Komplexität wirklicher Ursache-Wirkungszusammenhänge vernünftig, d. h. in Abhängigkeit von einem vorgegebenen Erkenntniszweck zu strukturieren.[34]

1.2.2. Finalität: Zweck-/Mittelzusammenhang (causa finalis)

Finalität ist „(...) die sich im menschlichen Handlungsvollzug offenbarende, zu einer unlöslichen Einheit verbundene Wechselwirkung psychischer Prozesse (...), die den Menschen befähigen, ein bestimmtes Handlungsziel geistig zu antizipieren und dieser Zielsetzung entsprechend sein Tun zu steuern“.[35]

---

[34] Vgl. hierzu auch *Stützel,* Wolfgang (1958): Volkswirtschaftliche Saldenmechanik, Tübingen 1958, S. 88 ff.

[35] *Watermann,* Friedrich (1966): a.a.O., S. 129.

Gegenüber dem reinen Kausalitätsbegriff kommt nun zusätzlich ein Subjekt mit ins Spiel, das in der Lage ist, Kausalbeziehungen zwischen Objekten zu erkennen und zweckgerichtet auszunutzen. Kausalität ist daher keine Kategorie, die auf irgendeine Weise als Alternative zur Finalität denkbar ist; sie ist vielmehr deren unabdingbare Voraussetzung.

Als „(...) spezifische Determinationsform der durch Kausalität vorgegebenen Seinsstruktur“ [36] beinhaltet der Finalzusammenhang die folgenden drei Phasen:[37]

(1) Zwecksetzung

(2) rückläufige Auswahl jener Mittel, deren Einsatz geeignet ist, den vorgegebenen Zweck ursächlich zu bewirken.

(3) Kausales Bewirken des willentlich vorgegebenen Zweckes durch die ausgewählten Mittel.

Das final handelnde Individuum benutzt also die kausalen Beziehungen zwischen den Dingen, um seinem Willen entsprechend die Wirklichkeit zu gestalten. Finalität ist mithin eine Bewußtseinskategorie.[38]

Nach dieser Abgrenzung der beiden Konzepte könnte man meinen, daß zwischen dem Kausal- und dem Finalkriterium als Zuordnungsregeln für die oben angeführten Rechnungslegungsfragen überhaupt kein Gegensatz besteht. Denn die kausale Beziehung zwischen einzelnen Systemelementen ist ja gerade Instrument der finalen Gestaltungshandlung.

Finalbezug von Mittel und Zweck sowie Kausalbezug von Ursache und Wirkung klaffen aber dann auseinander, wenn der final Handelnde Kausalbeziehungen falsch prognostiziert, so daß der ursprünglich gewollte Mittel-/Zweckzusammenhang mit dem schließlich realisierten Ursache-/Wirkungszusammenhang nicht deckungsgleich ist. Auch kann Finalität als Erkenntnisgegenstand gegenüber den kausalen Wirkungsketten dann ein eigenes Gewicht erhalten, wenn aufgrund von unvollkommener Information Kausalbeziehungen nicht durch außenstehende Beobachter nachvollziehbar sind: So mag der Wille eines Handelnden, ein bestimmtes Ergebnis zu erreichen, indem er eine bestimmte Handlung tätigt, bzw. ein bestimmtes Ereignis herbeiführt, leichter durch Dritte zu beurteilen sein, als die Frage, ob durch dieses Ereignis das anvisierte Ergebnis auch tatsächlich kausal bewirkt wird. Das Vollziehen der Handlung selber mag nämlich schon einen zielgerichteten Willen dokumentieren.

---

[36] *Watermann,* Friedrich (1966): a.a.O. , S. 45.

[37] Diese „Kategorialanalyse des Finalnexus“ geht zurück auf *Hartmann, N*icolai (1966): Teleologisches Denken, 2. unv. Aufl., Berlin 1966, S. 68 ff.

[38] Vgl. zu dieser Einordnung *Hartmann,* Nicolai (1966): a.a.O., S. 3 ff.

1.2.3. Finale vs. kausale Zurechnung in der externen Rechnungslegung

Das Zurechnungsproblem der externen Rechnungslegung hat die Schlüsselung von Zahlungsvorgängen zu produktiven Umschichtungsprozessen zum Gegenstand. Eine Zahlung ist dann einem bestimmten Umschichtungsvorgang zuzurechnen, wenn die Gegenleistung, welche durch diese Zahlung erwirkt wird, im Rahmen einer solchen Wertumschichtung von Bedeutung ist.

Wollte man nun ein Zurechnungskriterium auf der Grundlage rein kausaler Beziehungen konstituieren, so müßte man jeweils die Frage beantworten, ob die einem Zahlungsvorgang zugeordnete Gegenleistung im Rahmen eines bestimmten eingeleiteten Vorganges der betrieblichen Wertschöpfung eine nicht wegzudenkende Bedingung für den Erfolg ist. Dies stellt unmittelbar auf das Erkennen der produktionstechnologischen Zusammenhänge ab: Ursächlich für die Entstehung eines Outputs im Sinne der *conditio sine qua non* kann nur derjenige Anteil an Inputfaktoren sein, der bei einem vorgegebenen Produktionsverfahren eine effiziente Faktoreinsatzmenge ist.[39]

Insbesondere, wenn man sich vor Augen hält, daß Umschichtungsvorgänge im Regelfalle erst in künftigen Perioden zu Zahlungsmittelrückflüssen führen, wird die Problematik einer derartigen Zurechnungskonzeption offenbar: Die Anwendung kausaler Zuordnungsregeln würde bedeuten, daß man Ursache-/Wirkungsketten in die Zukunft fortschreiben müßte und auf diese Weise die Frage nach der Effizienz vergangener und gegenwärtiger Handlungen für künftige Markterlöse aufwerfen müßte:[40] Eine Rechnungslegung basierend auf dem Kausalprinzip wäre demzufolge zugleich Effizienzkontrolle gegenwärtiger Vorgänge in Bezug auf den Eintritt zukünftiger (!) Ereignisse und würde damit die Erfolgsermittlung zu einem Problem von schier unlösbarer Komplexität machen.[41] Schon allein mit Blick auf die Glaubwürdigkeit der externen Rechnungslegung und ihrer Träger sollte von dem Anspruch Abstand genommen

---

[39] Zur axiomatischen Fundierung des Effizienzbegriffes in der Produktionstheorie vgl. etwa *Hildenbrand,* Kurt/*Hildenbrand,* Werner (1975): Lineare ökonomische Modelle, Berlin, Heidelberg, New York 1975, S. 22 ff., 34 ff.

[40] Eine Formulierung, die offenbar den Versuch hierzu beinhaltet, bietet das BFH-Urteil vom 19.12.1957 IV 432/56 BStBl. 1958 III S. 260, wo es heißt, daß Aufwendungen in Form von Rechnungsabgrenzungsposten nur insoweit bilanzierungsfähig seien, als „(...) zwischen dem vorhergehenden Aufwand und dem Ertrag einer späteren Rechnungsperiode bei objektiver Betrachtung ein eindeutig erkennbarer ursächlicher wirtschaftlicher Zusammenhang bestehe." Vgl. hierzu *Jacobs,* Otto H. (1969): Zum Problem der Rechtssicherheit und Tatbestandsmäßigkeit der Besteuerung bei der Bilanzierung in der Ertragsteuerbilanz, in: StuW 1969, S. 634–658, S.646.

[41] Vgl. in diesem Sinne BFH-Urteil vom 6.3.1975 IV R 146/70 BStBl II 1975, S. 574. Kritisch hierzu *Glade,* Anton (1975): Die Bedeutung betriebswirtschaftlicher Erkenntnisse für steuerrechtliche Entscheidungen des Bundesfinanzhofs, in: FR 1975, S. 470.

werden, mittels der Bilanzgewinnermittlung Effizienzprüfungen vornehmen zu können.[42]

Dieses Problem besteht nicht, wenn der Mittel-/Zweckzusammenhang zum relevanten Zurechnungskriterium erhoben wird: Final für den Eintritt eines bestimmten Ereignisses sind alle Handlungen, die von dem handelnden Subjekt zu einem vorgegebenen Zweck getätigt wurden. Die Ausführung der entsprechenden Handlung dokumentiert dabei in vielen Fällen schon ihre Zweckgebundenheit; eine Effizienzprüfung erübrigt sich, soweit sie über eine Abwägung der Angemessenheit der Mittel im Hinblick auf den verfolgten Zweck im Sinne einer Abwägung zwischen getätigten Auszahlungen und erwarteten Einzahlungen hinausgeht.

Ein weiterer Grund dafür, das Finalprinzip und nicht etwa das Kausalprinzip als tragenden Zurechnungsgrundsatz anzusehen, besteht darin, daß ein technologisch ineffizienter Einsatz von Produktionsfaktoren für sich genommen noch kein Anlaß zum Ausweis negativer Erfolgsbeiträge sein darf: Dies folgt aus dem pagatorischen Prinzip der externen Rechnungslegung, wonach man die Erfolgswirksamkeit von Zahlungsvorgängen grundsätzlich an der Bewertungsalternative mißt, daß die zu dem Handlungszweck verausgabten Mittel in der Kasse der Unternehmung geblieben wären, und nicht an der Bewertungsalternative, daß die zum Handlungszweck verausgabten Mittel effizient eingesetzt worden wären.[43]

Der Mittel-/Zweckzusammenhang wird diesem Erfordernis gerecht, indem diejenigen Mittel einem (künftigen) Ertrag als Aufwand zugeordnet werden, die für den Ertragszweck auch tatsächlich verausgabt wurden. Der Ursache-/Wirkungszusammenhang (*causa efficiens*) bezieht sich demgegenüber auf die Frage, welche Mittel zum Erreichen des Ertragszweckes notwendig waren. Kausale Zurechnung kann deshalb zum Ausweis rein kalkulatorischer Erfolgspositionen (Opportunitätskosten) führen, denen keine Zahlungsströme zugrunde liegen.[44]

---

[42] Vgl. zum Problemkreis der Glaubwürdigkeit von Prüfervermerken insbes. die kritischen Anmerkungen von *Clemm*, Hermann (1977): Die Bedeutung des Bestätigungsvermerkes des Abschlußprüfers einer Aktiengesellschaft nach derzeitiger gesetzlicher Regelung und nach dem Verständnis der Allgemeinheit, in: WPg 1977, S. 145–158.

[43] Vgl. zu dieser Formulierung der Bewertungsalternative ausführlich *Krümmel*, Hans-Jacob (1992): a.a.O., S. 309 ff., zur Entwicklung des Begriffs: *Baetge*, Jörg (1986): Grundsätze ordnungsmäßiger Buchführung, DB 1986, Beilage 26, S. 1 ff., bzw. *Fey*, Dirk (1987): Imparitätsprinzip und Grundsätze ordnungsmäßiger Buchführung im Bilanzrecht 1986, Münster 1987, S. 119 ff.

[44] Grundlegend zu diesem Problemkreis: *Lehmann*, Matthias: Das Teilwertkonzept und das Bilanzieren von Änderungen zwischen Entscheidungszeitpunkt und Bilanzstichtag, in: DB 1990, S. 2481 ff., sowie auch *Krümmel*, Hans-Jacob (1992): a.a.O., S. 312 ff. An dieser Stelle sei nur darauf hingewiesen, daß eine solche Bilanzierung auf der Basis von Schattenpreisen zu einer Annäherung des Bilanzgewinnes an den ökonomischen Gewinn führen würde. Vgl. ins-

Wenn mithin nur das Finalkriterium als tragendes Zurechnungskriterium der externen Erfolgsermittlung in Betracht gezogen werden kann, so muß einschränkend eingeräumt werden, daß Kausalitätserwägungen vor allem zum Zwecke der intersubjektiven Nachvollziehbarkeit von Bewertungen in der Rechnungslegung angestellt werden:[45]

— Handlungen, die zur Erreichung eines intendierten Ziels für jedermann ersichtlich *ex ante* ineffizient sind, stehen in der Regel auch in keinem finalen Zusammenhang zu dem vorgegebenen Ziel.

— Handlungen, deren Ineffizienz sich nach ihrer Durchführung — also *ex post* — erweist, sind nicht selten Indiz für Fehldispositionen, die tatsächlich auch zu pagatorischen Verlusten führen.[46]

Außerdem ist das pagatorische Prinzip der handelsrechtlichen Bilanzierung zwar im Grundsatz wohl unangefochten,[47] allerdings bestehen in Gesetz und Rechtsprechung gewichtige Regelungen mit weitem und sogar allgemeinem Geltungsbereich, die dieses Prinzip wiederum durchbrechen: Zu denken ist hierbei insbesondere an den von der Finanzrechtsprechung entwickelten und im Einkommensteuerrecht kodifizierten Teilwertbegriff, der aus seiner Definition heraus den Ansatz von Aufwendungen allein aufgrund von suboptimalen Entscheidungen des Unternehmers verglichen mit der Marktlage bzw. dem Informationsstand eines Stichtages fordert.[48] Zieht man die tatsächlich bestehende Auslegungskompetenz der Finanzgerichte für die Grundsätze ordnungsmäßiger Buchführung in Betracht, so wird man die enorme Ausstrahlung des Teilwertbegriffes, der im Folgenden noch Gegenstand eingehender Betrachtungen sein wird,[49] auch auf die Handelsbilanz kaum von der Hand weisen können.

---

besondere auch *Scarpens*, Robert W.(1978): A Neoclassical Measure of Profit, in: The Accounting Review 1978, S. 448–469 m. w. V.

[45] In diesem Sinne vgl. etwa *Moxter*, Adolf(1988): Aktivierungspflichtige Herstellungskosten in Handels-und Steuerbilanz, in: BB 1988, S. 937–945, inbes. S. 943 ff., der zu Ergebnissen kommt, die den Aussagen dieses Abschnittes widersprechen. Überhaupt scheint *Moxter* das Kausalprinzip — im geraden Gegensatz zu unserer Darstellung — als universales Zurechnungskriterium der externen Rechnungslegung im Sinne einer intersubjektiven Nachvollziehbarkeit anzusehen, vgl. etwa auch *Moxter*, Adolf (1988a): Periodengerechte Gewinnermittlung und Bilanz im Rechtssinne, in: Knobbe-Keuk, Brigitte et al. (Hrsg.): Handelsrecht und Steuerrecht, Festschrift für Georg *Döllerer*, Düsseldorf 1988, S. 458.

[46] Siehe unten Abschnitt 1.4. , S. 39 ff.

[47] Bei Bilanzen, deren alleiniger Zweck die Anlegerinformation ist, wird allerdings eine Bilanzierung auf der Grundlage der Schattenpreise des Faktoreinsatzes diskutiert; vgl. etwa *Scarpens*, Robert W. (1978): a.a.O., S. 448–469. Dabei bleibt offen, wie man unter den Verhältnissen unvollkommener und unvollständiger Märkte derartige Schattenpreise ermittelt.

[48] Pointiert zu diesem Problemkreis: *Lehmann*, Matthias (1990): Das Teilwertkonzept und das Bilanzieren von Änderungen zwischen Entscheidungszeitpunkt und Bilanzstichtag, DB 1990, S. 2481 ff.

[49] Siehe unten 2.4.3., S. 67 ff.

Die wertende Betrachtung von Handlungsketten auf der Basis finaler und kausaler Beziehungen hat in verschiedenen Rechtsgebieten — so etwa des Strafrechts, des Haftungsrechts und auch des Steuerrechts — Tradition. Um die mögliche Tragweite dieser Zurechnungsregeln im Bilanzrecht zu ermessen, erscheint es von Interesse, auf welche Weise diese beiden Kategorien in anderen Rechtsgebieten zur Beantwortung von Zuordnungsfragen nutzbar gemacht werden.

1.2.4. Exkurs: Das Veranlassungsprinzip im Einkommensteuerrecht

Es ist eine Grundsatzfrage des Einkommensteuerrechts, ob bestimmte Handlungen des Steuerpflichtigen, die Umschichtungen, Minderungen oder Steigerungen seines Vermögens zur Folge haben, seinen privaten oder seinen beruflichen Verhältnissen im Rahmen der Erzielung von Einkünften nach § 2 Abs. 1 EStG zuzuordnen sind. Eine Fülle von gesetzlichen Regelungen befaßt sich mit der Klärung dieser Fragestellung im Einzelfall. Beispielhaft seien hier die wichtigsten herausgegriffen:

— § 4 Abs. 4 EStG: „Betriebsausgaben sind die Ausgaben, die durch den Betrieb veranlaßt sind."

— § 9 Abs. 1 EStG: „Werbungskosten sind Aufwendungen zur Erwerbung, Sicherung und Erhaltung der Einnahmen."

— § 4 Abs. 1 Satz 1 EStG: „Entnahmen sind alle Wirtschaftsgüter (...), die der Steuerpflichtige für sich, für seinen Haushalt oder für andere betriebsfremde Zwecke im Laufe eines Wirtschaftsjahrs entnommen hat."

— § 4 Abs. 1 Satz 5 EStG: „Einlagen sind alle Wirtschaftsgüter (...), die der Steuerpflichtige dem Betrieb im Laufe des Wirtschaftsjahrs zugeführt hat."

— § 9 Abs. 1 Nr. 1, Satz 1 EStG: „Werbungskosten sind auch Schuldzinsen und auf besonderen Verpflichtungsgründen beruhende Renten und dauernde Lasten, soweit sie mit einer Einkunftsart in wirtschaftlichem Zusammenhang stehen."[50]

Alle aufgeführten Gesetzesstellen — die Aufzählung ließe sich fortsetzen — haben zum Inhalt, den Bereich der Einkünfteerzielung innerhalb einer vorgegebenen Einkunftsart gegenüber dem Privatbereich des Steuerpflichtigen abzugrenzen. Es werden jedoch unterschiedliche Formulierungen verwandt. Aus Gründen einer gleichmäßigen Besteuerung der wirtschaftlichen Leistungsfähigkeit über alle Einkunftsarten und Einzelverhältnisse hinweg ist es erforderlich, zur Lösung dieser Abgrenzungsfragen ein einheitliches und im Einzelfall

---

[50] Auswahl in Anlehnung an *Tipke*, Klaus (1979): Zur Abgrenzung der Betriebs- und Berufssphäre von der Privatsphäre im Einkommensteuerrecht, in: StuW 1979, S. 193–208.

praktikables Abgrenzungskriterium zu entwickeln.[51] Das steuerrechtliche Schrifttum hat sich in einer Fülle von teilweise kontroversen Stellungnahmen mit dieser Themenstellung beschäftigt.[52]

Gegenstand dieser Bemühungen ist das sogenannte „Veranlassungsprinzip",[53] das in seiner Begriffsprägung die Formulierung einzelner, oben angeführter Gesetzesstellen aufgreift, in seinem Anwendungsbereich aber eine allgemeine Abgrenzungsregel darstellen soll.

Strittig ist dabei vor allem, inwieweit das Veranlassungsprinzip einen „objektiven" oder aber einen „subjektiven" Zusammenhang zwischen Betriebsausgaben und betrieblicher Einkünfteerzielung - oder beides - bedingt. Die Grenzziehung zwischen „objektiv" und „subjektiv" wird dabei oft mittels des gegensätzlichen Begriffspaares „Kausalität/Finalität" vorgenommen:[54] Eine objektive Verursachung von Ausgaben durch die betriebliche Tätigkeit wird in einem eindeutigen wirtschaftlichen (Kausal-)Zusammenhang der betrachteten Ausgabe mit dem Geschehen im Betrieb gesehen, während das subjektive Element in der Absicht des Steuerpflichtigen liegt, mittels der Aufwendungen Einkünfte zu erzielen.[55]

Gegenüber diesem Denken in Gegensätzen und polaren Begriffspaaren erscheint die durch *Tipke* vorgenommene Deutung des Veranlassungsprinzips aufgrund ihrer differenzierenden Betrachtungsweise eine nützlichere Diskussionsgrundlage abzugeben:[56]

---

[51] Vgl. *Tipke,* Klaus (1979): Zur Abgrenzung der Betriebs- und Berufssphäre von der Privatsphäre im Einkommensteuerrecht, in: StuW 1979 S. 195 ff. bzw. *Ruppe,* Hans Georg (1980): Die Abgrenzung der Betriebsausgaben/Werbungskosten von den Privatausgaben, in: Söhn, Hartmut(Hrsg): a.a.O., S. 103–147.

[52] Wegweisend insbes. die Beiträge zur Tagung der deutschen steuerjuristischen Gesellschaft 1979, hrsg. v. *Söhn,* Hartmut: Die Abgrenzung der Betriebs-und Berufssphäre im Einkommensteuerrecht, Köln 1980, vgl. etwa *Bornhaupt,* Kurt Joachim von (1980): Der Begriff der Werbungskosten unter besonderer Berücksichtigung seines Verhältnisses zum Betriebsausgabenbegriff, in: *Söhn,* H. (Hrsg): a.a.O. S. 149–199, sowie *ders.* (1982): Zur Problematik des Werbungskostenbegriffs, in: FR 1982, S.313–321, bzw. *Kröger,* Horst (1978): Zum Veranlassungsprinzip im Einkommensteuerrecht, in: StuW 1978, S. 289–294, bzw. *Kruse, Heinrich* Wilhelm (1981): Über Werbungskosten, in: FR S. 473–479, bzw. *Söhn,* Hartmut(1980): Betriebsausgaben, Privatausgaben, gemischte Aufwendungen, in: *Söhn,* Hartmut (Hrsg): a.a.O., 1980, S. 13–101 mit zahlreichen weiteren Nachweisen, bzw. *Tipke,* Klaus(1979): a.a.O., S. 193–208, oder *Wassermeyer,* Franz: Die Abgrenzung des Betriebsvermögens vom Privatvermögen, in: *Söhn,* H. (Hrsg.): a.a.O., S. 315–337.

[53] Vgl. *Kröger,* Horst (1978): a.a.O., S. 289–294, insbes. S. 289.

[54] Vgl. etwa *Bornhaupt,* Kurt Joachim von (1982): Zur Problematik des Werbungskostenbegriffs, in: FR 1982, S. 314.

[55] Ebd.

[56] Vgl. *Tipke,* Klaus (1979): a.a.O., S. 193 ff., im gleichen Sinne *Kröger* (1978): a.a.O., S. 289 ff.

Hierbei wird zunächst berücksichtigt, daß Aufwendungen in der Regel auf menschlichen Handlungen beruhen und damit Willensakte zur Grundlage haben. Deshalb muß bei der steuerlichen Würdigung des Ausgabecharakters im ersten Schritt geklärt werden, ob die zugrundeliegenden Handlungen der privaten oder der beruflichen Sphäre angehören. Dies geschieht, indem die Frage nach dem auslösenden Motiv[57] bzw. der Zwecksetzung, die der Steuerpflichtige mit der Handlung verfolgt hat, deren unmittelbare Konsequenz die Ausgabe ist,[58] beantwortet wird.[59] Eine Unterscheidung zwischen *causa movens* und *causa finalis* ist dabei schwierig zu treffen und praktisch nicht von großem Belang[60].

Ein objektiver Zusammenhang zwischen Einkunftserzielung und der in Frage stehenden Handlung sei darüberhinausgehend lediglich für Zwecke der Beweiswürdigung, nicht aber zur Erfüllung des Veranlassungstatbestandes von Bedeutung.

Im zweiten Schritt wird der kausale Zusammenhang zwischen dieser Handlung und der ihr zugeordneten Ausgabe näher betrachtet. Nach der insbesondere in haftungsrechtlichen Fragen angewandten Äquivalenztheorie ist jeder Vorgang ursächlich für einen Erfolg, der nicht hinweggedacht werden kann, ohne daß der Erfolg in seiner konkreten Gestalt entfiele.[61] Die Problematik einer solchen Betrachtungsweise besteht darin, daß sie eine absolute Gleichordnung aller tatsächlichen Ursachenkomponenten vornimmt. Es dürfte jedoch kaum ungewöhnlich sein, daß eine Ausgabe auf einem ganzen Bündel voneinander verschiedener Ursachen beruht, die möglicherweise unterschiedlichen Sphären angehören und trotzdem jeweils einzeln nicht hinweggedacht werden können, ohne daß der „Erfolg“, d. h. hier die in Frage stehende Ausgabe entfiele.

Beispiel: Man stelle sich vor, der im vorhergehenden Abschnitt beschriebene Auffahrunfall sei auf einer beruflich veranlaßten Fahrt des zivilrechtlich haftbaren Fahrers geschehen. Man stelle sich weiter vor, daß der zivilrechtlich haftbare Fahrer zum Zeitpunkt des Unfalls aus privatem Anlaß schwer angetrunken war. Soll nun geklärt werden, ob der Unfallschaden beruflich oder privat veranlaßt ist, so kann diese Frage auf der Basis der Äquivalenztheorie nicht eindeutig entschieden werden: Sowohl die Trunkenheit als auch der Geschäftstermin müssen als Ursache im Sinne der *conditio sine qua non* angesehen werden.

---

[57] *causa movens*, auch Beweggrund genannt.

[58] *causa finalis*

[59] Vgl. *Tipke*, Klaus (1979): a.a.O., S. 199.

[60] Vgl. *Hermann/Heuer/Raupach*: Kommentar zum Einkommensteuergesetz § 4 Anm. 46 h, zur grundsätzlichen Unterscheidung von Motiv und Ursache vgl. etwa *Knöpfel*, Gottfried (1989): a.a.O., S. 374 f.

[61] *conditio sine qua non.* Zur Äquivalenztheorie in diesem Zusammenhang vgl. etwa *Ruppe*, Hans Georg (1980): Die Abgrenzung der Betriebsausgaben/Werbungskosten von den Privatausgaben, in: Söhn, Hartmut(Hrsg): a.a.O., S. 129 ff.

In ihrer reinen Fassung ist die Äquivalenztheorie mithin für die Abgrenzungsfunktion des Veranlassungsprinzips unbrauchbar, weil ihr die Eindeutigkeit fehlt: Notwendig ist eine wertende Selektion[62] aller betrieblichen und privaten Ursachen einer Ausgabe mit dem Ziel der Heraushebung einer wesentlichen Ursache gegenüber anderen unwesentlichen Ursachen. Diese wertende Selektion kann sich in ihrer Begründung allerdings nicht auf Prinzipien der formalen Logik stützen, sondern ist abhängig von unmittelbaren Werturteilen auf der Basis einer teleologischen Interpretation des betroffenen Rechtsgebietes, bzw. der Frage: Von welchen ursächlich wirkenden Faktoren der Seinssphäre soll bei der Beschreibung der Situation des Ausgangszustandes abstrahiert werden, von welchen nicht?

„Welches Ausleseprinzip eine sog. juristische Kausaltheorie für eine Selektion der Kausalfaktoren verwendet, richtet sich nach dem Zweck (...), der mit dieser juristischen Kausaltheorie verfolgt werden soll. Jede juristische Kausaltheorie ist eine juristische Zweckschöpfung, und das zur Zweckverwirklichung notwendige Ausleseprinzip erklärt und rechtfertigt die intendierte Auswahl der rechtserheblichen Ursachen unter der Vielzahl der tatsächlichen Ursachen. Normzweck und Normsituation in den einzelnen Rechtsgebieten sind unterschiedlich. Dies verhindert sowohl die Ausbildung einer allgemeingültigen Kausalitätstheorie wie auch eine schlichte Übernahme (irgend)einer Kausalitätstheorie in das Steuerrecht."[63]

Eine derartige „wertende Selektion" könnte etwa auf der Grundlage der sogenannten Adäquanztheorie des Zivilrechtes stattfinden, nach der eine Bedingung für einen Erfolg ursächlich ist, wenn sie seine objektive Möglichkeit generell — d. h. abstrahierend von den möglicherweise ungewöhnlichen Verhältnissen des Einzelfalles — in nicht unbeträchtlicher Weise erhöht.[64] Andere in Frage kommende Auswahlkriterien unterscheiden sich in ihrer Formulierung nicht beträchtlich von der Adäquanztheorie, so daß auf eine eingehende Erörterung an dieser Stelle verzichtet werden kann.[65]

Beispiel: Es steht in Frage, ob die berufliche Veranlassung als adäquate Ursache des vorher beschriebenen Auffahrunfalls angesehen werden kann, was zur Absetzbarkeit der Folgekosten führen würde. Die Rechtsprechung sieht in diesem Falle nicht die berufliche Tätigkeit als adäquate Ursache an, obwohl hierin das Motiv des Autofahrens besteht. Es ist nämlich davon auszugehen, daß ge-

---

[62] Vgl. zum Folgenden *Söhn,* Hartmut (1980): Betriebsausgaben, Privatausgaben, gemischte Aufwendungen, in: Söhn (Hrsg): a.a.O., S. 66 ff., bzw. *Ruppe,* Hans Georg (1980): a.a.O., S.135 ff.

[63] *Söhn,* Hartmut (1980): a.a.O., S. 71.

[64] Vgl. hierzu *Söhn,* Hartmut (1980): a.a.O., S. 73 ff., bzw. *Tipke,* Klaus (1979): a.a.O., S. 200 f., grundsätzlich zu Äquivalenz- und Adäquanztheorie vgl. auch *Stützel,* Wolfgang (1958): Volkswirtschaftliche Saldenmechanik, a.a.O., S. 90 ff.

[65] Vgl. *Söhn,* Hartmut(1980): a.a.O., S. 70 f.

rade die Trunkenheit des Fahrers die Wahrscheinlichkeit eines solchen Unfalles generell bedeutend erhöht, so daß demgegenüber der berufliche Anlaß als Ursache zurücktritt. Wäre allerdings eine kurze, nicht weiter erklärbare Konzentrationsschwäche des (nüchternen) Fahrers ausschlaggebend gewesen, so würde man die berufliche Veranlassung als adäquate Ursache ansehen, da im Vergleich zu dieser nicht weiter erklärbaren Konzentrationsschwäche, die ein ungewöhnliches Merkmal des Einzelfalles darstellt, der berufliche Anlaß die Wahrscheinlichkeit eines solchen Unfalles in nicht unbeträchtlicher Weise erhöht hat.[66]

Welche Bedeutung hat nun das Veranlassungsprinzip zur Trennung von Privat- und Erwerbssphäre für die hier zu behandelnden Probleme der Erfolgsermittlung in der externen Rechnungslegung?

Das Veranlassungsprinzip des Einkommensteuerrechtes in seiner oben beschriebenen Deutung aphostrophiert insbesondere die Willenshandlung, die einem Zahlungsvorgang normalerweise zugrundeliegt.[67] Zuordnungsprobleme werden dann aufgrund einer wertenden Analyse dieses Willensaktes gelöst, wobei kausale Verknüpfungen von Willensakt, Handlung und finanziellen Folgen der Handlung die Grundlage der Betrachtung bilden, aber ihrerseits Gegenstand einer am Gesetzeszweck orientierten und deshalb wertenden Selektion sind. Ein gewisser Ermessensspielraum bei der Beurteilung, welche Ursache als ausschlaggebend für die Abgrenzung betrachtet wird, wird dabei bewußt in Kauf genommen. Wer geglaubt hat, derartige Abgrenzungsfragen ließen sich mit der Eindeutigkeit chemischer Ausfällungsprozesse lösen, wird sich deshalb enttäuscht sehen.

Daß der Betrachter die Tauglichkeit von sich wechselseitig überschneidenden Kausalketten für die Fundierung von Zurechnungskriterien anhand des Gesetzeszweckes wertend überprüft, erscheint für die folgenden Ausführungen wesentlich: Sachverhalte, die Kategorien der Seinsebene darstellen, haben für sich genommen keine eigenständige Aussagekraft, wenn ihre Bedeutung nicht mit Blick auf die Intentionen des Gesetzgebers erhärtet werden kann.

1.2.5. Das Prinzip vom mangelnden Grunde

Als Kontrapunkt zum oben entwickelten Konzept der wertenden Selektion von sich wechselseitig überschneidenden Kausalketten sei nun das sogenannte

[66] Hierzu und zur Kritik der diesbezüglichen Rechtsprechung vgl. *Tipke*, Klaus/*Lang*, Joachim (1991): Steuerrecht, 13. Aufl., Köln 1991, S. 247 f., bzw. *Kröger*, Horst (1978): a.a.O., S. 290 f.

[67] Darauf, daß auch „unfreiwillige" Zahlungen — etwa die Schadensersatzleistungen nach einem Autounfall — finalen Charakter tragen, nämlich indem ihnen ein risikobehaftetes Handeln zugrundeliegt, welches entweder privat oder beruflich motiviert ist, weist *Tipke*, Klaus/*Lang*, Joachim (1992): a.a.O., S. 246 f. hin.

„Prinzip vom mangelnden Grunde" kurz besprochen, daß — soweit ersichtlich — von *Dieter Schneider* auf Rechnungslegungsprobleme übertragen und in die Fachdiskussion eingeführt worden ist.[68]

Dieses Prinzip entstammt der Entscheidungstheorie unter Unsicherheit und besagt im Grundsatz, daß wenn

(1) alle Zukunftslagen, die jeweils alternativ eintreten können, bekannt sind, und

(2) weiter keine Informationen gegeben sind, anhand derer man sich Erwartungen über die Eintrittswahrscheinlichkeiten der einzelnen Zukunftslagen bilden könnte,

(3) es eine zulässige Strategie sei, im Entscheidungskalkül allen Zukunftslagen ein und dieselbe Wahrscheinlichkeit beizulegen.

Schneider sieht eine Anwendung dieses Prinzips in der Rechnungslegung etwa in der gleichmäßigen erfolgswirksamen Periodisierung von Zahlungsvorgängen: Wenn eine Zahlung über eine abgrenzbare Anzahl von Perioden hinweg Erfolgswirkung entfalte, so sei jede einzelne Periode mit dem gleichen Teilbetrag dieser Zahlung zu belasten, solange kein Grund ersichtlich sei, anzunehmen, daß die Zahlung einer Periode in stärkerem Maße zurechenbar sei als einer anderen.

„Indes ist der Vorgang der Urteilsbildung derselbe, ob im Nachhinein gefragt wird: Wie sind die einzelnen Kostenträger zu belasten? — oder im Voraus überlegt wird: Wie sind den einzelnen Nutzungsperioden planmäßige Abschreibungen zuzuteilen? — bzw. Wie ist die Glaubwürdigkeit einer Zukunftslage gegenüber einer anderen einzuschätzen? In jedem dieser Fälle geht es darum, Gründe zu finden und zu prüfen, die für oder gegen die stärkere Gewichtung (Belastung) einzelner Einheiten (Kostenträger, Perioden, Zukunftslagen) sprechen."[69] Die Ermangelung eines Grundes hat dann die Gleichgewichtung der betrachteten Einheiten zur Folge[70].

Das Prinzip vom mangelnden Grunde bietet eine interessante Argumentationsbasis zur kritischen Würdigung differenzierter Zurechnungsmethoden, die oft mit konstruiert wirkenden Kausalbetrachtungen gerechtfertigt werden. Es verhilft dazu, den Stellenwert kausaler Beziehungen für das Rechnungswesen ins rechte Licht zu rücken: So kann die Notwendigkeit einer Periodisierung von

---

[68] *Schneider,* Dieter (1974): Abschreibungsverfahren und Grundsätze ordnungsgemäßer Buchführung, in: WPg 1974, S. 368 ff., bzw. *ders.*: Investition und Finanzierung, 6. Aufl., Wiesbaden 1990, S. 349 ff.

[69] *Schneider,* Dieter (1974): a.a.O., S. 368.

[70] Aufbauend auf diesen Überlegungen wird gefolgert, die lineare Abschreibung als einzig GoB — konforme Methode anzusehen. Vgl. hierzu auch bereits *Schneider,* Dieter (1970): Sieben Thesen zum Verhältnis von Handels- und Steuerbilanz, in: BB 1970, S. 1698—1705, S. 1703 f.

Zahlungsvorgängen unabhängig vom Nachweis eines unmittelbaren Verursachungszusammenhanges zwischen Zahlung und konkreten Vorgängen in den einzelnen Zeitintervallen bestehen.

1.2.6. Zusammenfassung

Zusammenfassend können die drei erläuterten Zurechnungsprinzipien in ihrer Tragweite für das Problem der Zurechnung von Zahlungen zu Umschichtungsvorgängen gegeneinander abgeschichtet werden:

— Ausschlaggebend ist grundsätzlich der finale Charakter einer zahlungswirksamen Handlung.

— Die Betrachtung kausaler Beziehungen ist dann von Belang, wenn der finale Charakter unternehmerischer Handlungen entweder nicht von außen nachvollzogen werden kann, oder aber der gewollte Zweck-/Mittel-Zusammenhang derart vom realisierten Ursache-/Wirkungszusammenhang abweicht, daß vom Fortbestehen eines finalen Nexus zwischen den einzelnen Elementen nicht mehr die Rede sein kann.

— Das Prinzip vom mangelnden Grunde greift ein, wenn für Zurechnungen — insbesondere Periodisierungen — differenzierte Kriterien auf der Grundlage einer wertenden Selektion kausaler Beziehungen nicht herleitbar sind, eine Periodisierungserfordernis aber evident ist.

1.3. Geschäftszwecke

1.3.1. Begriffsbestimmung

Unter einem Geschäftszweck sei die subjektive, d. h. einseitige, von den Erwartungen und Motiven des Vertragspartners unabhängige Absicht verstanden, die ein Unternehmer mit der Übernahme einer bestimmten, einzelnen Rechtsposition verfolgt.

Der Begriff des Geschäftszweckes bezieht sich demzufolge nicht etwa auf die Interpretation der beidseitigen Interessenlage in gegenseitigen Verträgen, deren rechtliche Form für den vereinbarten Vertragsinhalt untypisch sein mag, im Sinne einer „Funktionsanalyse von Rechtsfiguren“[71], sondern auf die einseitige Motivation eines — nämlich des rechnunglegenden — Partners, eine Rechtsposition einzugehen.

---

[71] Vgl. zu diesem Begriff *Jahr,* Günter (1966): Funktionsanalyse von Rechtsfiguren als Grundlage einer Begegnung von Rechtswissenschaft und Wirtschaftswissenschaft, in: ZfB 1966, S. 757–768.

Bekanntlich wird das erwerbswirtschaftliche Prinzip der Erzielung eines möglichst hohen Gewinnes als wichtiges Definitionsmerkmal eines Unternehmens gegenüber anderen institutionellen Formen betrieblichen Wirtschaftens angesehen.[72] Trotzdem kann es innerhalb einer Unternehmung auch zu Transaktionen kommen, die weder unmittelbar noch mittelbar auf das erwerbswirtschaftliche Prinzip zurückzuführen sind. Hiermit ist schon das erste Unterscheidungsmerkmal zur Einstufung von Geschäftszwecken gegeben:

Was sich etwa für konkrete Folgen für die Rechnungslegung daraus ergeben können, ob ein Unternehmer beispielsweise einen Ausbildungsvertrag lediglich aus sozialer Verantwortung oder aber mit der Zielrichtung der langfristigen Aufstockung seines qualifizierten Mitarbeiterstammes abschließt, soll an dieser Stelle noch nicht eingehend besprochen werden[73]; es dürfte aber leicht einzusehen sein, daß Zahlungsvorgänge, die in keinem Zusammenhang zur Erwerbssphäre der Unternehmung stehen, eine andere erfolgsrechnerische Würdigung verlangen als solche, mit denen sich ein Erwerbsmotiv verbindet.

Die subjektive Absicht, die mit der Übernahme einer Einzelposition verbunden ist, unterliegt noch weiteren Differenzierungen: Es stellt sich die Frage, welchen konkreten Umschichtungsvorgängen der betrieblichen Wertschöpfung die durch Zahlungsvorgänge erworbenen Rechtspositionen zuzuordnen sind: Auf welche Weise kann man einzelne Umschichtungsvorgänge aus der Gesamtheit des betrieblichen Wirtschaftens herausheben?

Eine systematische Würdigung der besonderen Beziehung einer Rechtstransaktion zu einem Umschichtungsvorgang in der Rechnungslegung muß dabei ausgehend von einer Interpretation der gesetzlich intendierten Bilanzierungziele erfolgen und ständig daraufhin überprüft werden, inwieweit sie einen Beitrag zu einer Rechnungslegung im Sinne dieser Zielvorstellungen leisten kann.

In weiten Teilen des Schriftums ist wiederum die Neigung erkennbar, Geschäftszwecke allein anhand von rechtlichen Gestaltungsmerkmalen der zugrundeliegenden Positionen zu beurteilen.[74] Unbestritten ist, daß der rechtlichen Gestalt eines Geschäftes aufgrund der Trennschärfe und rechtsdogmatischen Profilierung schuldrechtlicher Kategorien eine große Bedeutung zukommt. Trotzdem muß allgemein zur Diskussion gestellt werden, inwieweit der subjektive Geschäftszweck neben den vorgegebenen rechtlichen Ausgestaltungsmerkmalen eine eigenständige Größe ist.

---

[72] Vgl. *Gutenberg*, Erich (1979): Grundlagen der Betriebswirtschaftslehre Bd. 1, 23. Aufl., Berlin, Heidelberg, New York 1979, S. 464 ff.

[73] Vgl. Abschnitt 3.5., S. 139 ff.

[74] Als praktisches Beispiel hierfür vgl. etwa die Gleichsetzung eines Dauerschuldverhältnisses mit einem Beschaffungsvorgang bei *Biener*, Herbert (1988): Rückstellungen für drohende Verluste aus schwebenden Geschäften bei Dauerrechtsverhältnissen, in: Knobbe-Keuk, Brigitte et al. (Hrsg.): Handelsrecht und Steuerrecht, Festschrift für *Dr. Dr. hc. Georg Doellerer*, Düsseldorf 1988, S. 45–64.

1.3.2. Bedingungen eines Eigengewichtes von Geschäftszwecken in der Rechnungslegung

Ausgehend von den herkömmlichen Begriffen der ökonomischen Theorie können folgende (Modell-)Bedingungen aufgezeigt werden, unter denen es nicht ganz abwegig erscheint, subjektiven Transaktionsmotiven bei der Rechnungslegung einen eigenen Stellenwert zuzuerkennen:

(1) Es muß unvollkommene Voraussicht im Blick auf zukünftige Umweltsituationen herrschen;[75]

(2) Das Marktsystem muß unvollkommen und/oder unvollständig sein;

(3) Die Erwartungen der Marktteilnehmer in bezug auf künftige Verhältnisse dürfen nicht identisch sein.

In einer Welt vollkommener und vollständiger Märkte[76] sind die Zahlungsmittelstöme, die in allen möglichen alternativen Umweltzuständen der Zukunft aus der Vermögensposition einer wirtschaftlichen Einheit entspringen können, vorab bekannt, und es läßt sich für jeden Zahlungsmittelbestand in einer beliebigen künftigen Umweltsituation ein Gleichgewichtspreis am Markt herleiten. Da auf solche Weise der Kapitalwert einer Unternehmung jederzeit ableitbar und sofort realisierbar ist und überdies als unverfälschter Indikator der gesellschaftlichen Wertschätzung gelten kann, erweist sich die gesonderte Ermittlung eines Periodenerfolges als überflüssig.[77] Die Transformation von künftigen Zahlungsmittelströmen auf die Reinvermögensebene wird unmittelbar durch den Preismechanismus wahrgenommen.

Sobald allerdings diese Marktbewertung alternativer Umweltsituationen entfällt, kann die Erfolgsrechnung ein eigenständiges Informationsgewicht[78] erhalten. Subjektive Anschauungen bezüglich der besonderen Bedeutung einer bestimmten Transaktion im Rahmen der betrieblichen Wertschöpfung kommen allerdings erst dann zum Tragen, wenn zusätzlich die Annahme aufgegeben wird, daß die Wirtschaftssubjekte für jeden künftigen Zustand der Welt identi-

---

[75] Vgl. *Beaver,* W. H. und *Demski,* J. (1979): The Nature of Income Measurement, in: Accounting Review 1979, S. 40

[76] *Arrow-Debreu-Welt,* vgl. 1.1., S. 15 ff. Unsicherheit ist in einem solchen System durch alternative Entwicklungspfade des Zustandes der Welt in der Zukunft gefaßt. Die Wahrscheinlichkeiten der alternativen Zukunftssituationen sind dabei bekannt.

[77] *Beaver/Demski*(1979): a.a.O., S. 41, konstatieren mit Blick auf eine solche Situation: „In short, existence of uncertainity in and of itself creates no problem with, or interest in, income measurement."

[78] *Beaver/Demski* (1979): a.a.O., S. 43, setzen in ihrer Stellungnahme die Unvollständigkeit des Marktsystems mit dem Begriff unvollkommener Information gleich. Zum hier angesprochenen Themenkreis vgl. auch den Überblick bei *Ballwieser,* Wolfgang (1982): Zur Begründbarkeit informationsorientierter Jahresabschlußverbesserungen, in: ZfbF 1982, S. 772 ff.

sche Erwartungen hegen.[79] Dies ist der Fall, wenn entweder das gesamte wirtschaftlich belangvolle Informationsvolumen einer Volkswirtschaft nicht allen Beteiligten zugänglich ist *(unvollkommene Information)* oder wenn aus der Analyse der vorhandenen Informationen jeweils individuell verschiedene Schlüsse gezogen werden können *(heterogene Erwartungen)*.

Bei homogenen Zukunftserwartungen und einheitlicher Optimierungsvorgabe würde sich dagegen jedes rational handelnde Individuum unter den bestehenden Restriktionen gleich verhalten, d. h. einen einzigen, aufgrund der Informationslage als effizient erachteten Handlungspfad beschreiten. Unter solchen Verhältnissen besteht kein Anlaß, subjektive Motive des Handelnden bei der Verknüpfung von Zahlungsmittel- und Reinvermögensebene zu berücksichtigen.

Sobald man die Bedingung homogener Erwartungen aufgibt, werden alternative Handlungspfade verschiedener Wirtschaftssubjekte, die sich rational verhalten, um ein vorgegebenes Ziel effizient zu erreichen, denkbar. Zwischen Transaktionsmotiven und individueller Erwartungsbildung besteht dabei ein dynamisches Verhältnis gegenseitiger Beeinflussung: Die Zukunftserwartung bedingt die Zweckbestimmung einer Transaktion und die dadurch bewirkte Änderung der bindenden Restriktionen bzw. der Informationsbeschaffungsmöglichkeiten, unter denen ein Unternehmen handelt, hat unter sich ändernden Umweltverhältnissen Einfluß auf die Erwartungsbildung. Aus diesem Grunde muß die individuelle Zweckgebundenheit von Transaktionen auf irgendeine Weise in der externen Rechnungslegung Berücksichtigung erfahren[80]: Denn es ist nicht ersichtlich, daß es einen Indikator gibt, der die gesellschaftliche Wertschätzung des Handlungspfades einer Unternehmung ohne die Einbeziehung dieser subjektiven Erwartungen wiedergeben könnte.[81]

In den allermeisten Fällen werden sich mögliche unternehmensexterne Beobachter — und hier sind vor allem die prüfenden Instanzen anzuführen — überhaupt keine Erwartungen über — beispielsweise — die Rentierlichkeit einer bestimmten Investition gebildet haben, solange diese nicht durch konkrete — auch für „Outsider" sichtbare — Entwicklungen der Welt erhärtet werden können.[82] Es bleibt in dieser Situation überhaupt nichts anderes übrig, als die subjektiven

---

[79] Zur theoretischen Aufarbeitung dieses Konzeptes vgl. *Merton*, Robert. C. (1987) A Simple Modell of Capital Market Equilibrium with Incomplete Information, in: Journal of Finance 1987, S. 483—510.

[80] Zur Tragweite der Zweckbestimmung einer Bilanzposition vgl. aus dogmenhistorischer Sicht *Gutenberg*, Erich (1964): Das Verhältnis der Wirtschaftswissenschaft zur Rechtswissenschaft, in: Schriften des Vereins für Socialpolitik NF 33 Jg. 1964, S. 133–141.

[81] Kritisch zur Konzeption des Bilanzgewinns als Wohlfahrtsindikator unter den geschilderten Modellbedingungen äußern sich *Beaver/Demski* (1979): a.a.O., S. 41 ff.

[82] Vgl. die Ausführungen oben 1.1.1, S. 17f. zur Anschauung des Unternehmertums als Suchprozeß nach Marktunvollkommenheiten im Ansatz von *Kirzner*, Israel (1973): a.a.O.

Transaktionsmotive einer Unternehmensführung insoweit in die Erfolgsrechnung mit einzubeziehen, als sie nicht durch die tatsächlich beobachtbare Entwicklung der äußeren Umwelt am Bewertungsstichtage in Frage gestellt werden.

Subjektivität von Wertansätzen in diesem Sinne bedeutet aber nicht, daß die subjektiven Erwartungen sich einer interpersonellen Nachprüfbarkeit entziehen: Zur Lösung dieses nur scheinbaren Konfliktes zwischen subjektiven Erwartungen und willkürfreier Rechenschaftslegung bietet sich der Begriff der Objektivierung von Wertansätzen an. Diese Vokabel ist nur allzuoft von Vertretern verschiedenster Provenienz als bilanztheoretische Allzweckwaffe ins Feld geführt worden. Richtig angewendet, hat sie jedoch eine große Tragweite: Objektivierung bedeutet nichts anderes, als daß subjektive Wertvorstellungen und Zweckgebungen, die entscheidend für den Ansatz eines Bilanzwertes sind, gegen eine nachträgliche Manipulation geschützt werden, indem sie für Dritte nachprüfbar — und mithin willkürfrei — dokumentiert werden. Worin eine solche eindeutige Dokumentation der subjektiven Zweckgebung einer Transaktion im einzelnen bestehen kann, dazu später.

1.4. Bezugspunkt von Geschäftszwecken: Die betriebliche Disposition

1.4.1. Begriffsbestimmung, Motivation

Nachdem die mögliche Bedeutung des finalen Konzeptes sowie die Umweltbedingungen, unter denen es greift, verdeutlicht wurden, tut es not, den Bezugsraum zweckorientierter Bewertungskonzeptionen abzugrenzen: Bisher war die Rede von Umschichtungsvorgängen. Unklar blieb dabei, welche betrieblichen Vorgänge als einheitlich einem solchen Umschichtungsvorgang angehörig anzusehen sind.

Was soll eigentlich zweckbezogen bewertet werden, oder anders ausgedrückt: Wie lassen sich einzelne zahlungswirksame Vorgänge, die im Entscheidungskalkül des dispositiven Faktors einander zweckgebunden zugeordnet sind, aus der Gesamtheit des wirtschaftlichen Geschehens in einer Unternehmung abheben?

Um diese Zurechnungseinheit näher zu charakterisieren, wird der Begriff der betrieblichen Disposition eingeführt.

Unter einer betrieblichen Disposition sei verstanden:

(1) Ein Bündel von Rechtspositionen, die entweder durch Zahlungsvorgänge in der Vergangenheit erworben wurden oder aber in Zukunft zu Zahlungsvorgängen führen;

(2) die einander durch den dispositiven Faktor zweckgebunden zugeordnet sind, und

(3) deren Ergebnis — ausgedrückt als Saldo der aus ihnen hervorgehenden Zahlungen unmittelbar Bestandteil des Kapitalwertes der gesamten Unternehmung ist. Außer diesem in geldlicher Qualität faßbaren Ergebnis entfaltet eine Disposition keine weiteren positiven oder negativen Wirkungen auf den gesamten Kapitalwert des Betriebes.

Ad (1): Hier und im folgenden soll unter „Rechtsposition" jede Gegenleistung verstanden werden, die im Rahmen eines schuldrechtlichen Vertrages einem Zahlungsvorgang gegenübersteht. Einzelwirtschaftliche Wertschöpfung findet letzlich nur durch den Zugang und Abgang derartiger Rechtspositionen statt. Weil Unternehmenstätigkeit allerdings in der Zeit abläuft, gehören zu einer eingeleiteten Disposition gleichwohl auch Rechtspositionen, die im Zeitpunkt der Rechnungslegung noch nicht existieren, deren Entstehen aber bei der Abwicklung der Disposition in der Zeit mit Sicherheit erwartet wird.

Beispiel: Anschaffung eines Investitionsgutes verbunden mit der künftigen Fertigung sowie dem Verkauf von Produkten: Die Produkte bzw. die durch sie verkörperten Rechtspositionen existieren am Bewertungsstichtage möglicherweise noch nicht, bilden aber gemeinsam mit der Anschaffung des Investitionsgutes eine Dispositionseinheit und beeinflussen dadurch die Bewertung des „nackten" Investitionsgutes in der externen Rechnungslegung[83].

Ad (2): Die subjektive Zweckgebung der einzelnen Rechtsposition durch die Entscheidungsträger in der Unternehmung ist ausschlaggebend für ihre Zuordnung zu einem spezifischen Umschichtungsvorgang. Nicht auszuschließen ist, daß sich dieser Zweckzusammenhang bei der Abwicklung der Transaktionen als Fehleinschätzung erweist; dem externen Beobachter des betrieblichen Geschehens wird dies aber erst durch konkret sichtbare Änderungen der äußeren Verhältnisse offenbar. In diesem Falle löst sich der ursprüngliche Mittel-Zweck-Zusammenhang zwangsläufig auf. Soweit allerdings die Einschätzung des Disponierenden, die sich in der zweckgebundenen Zuordnung niederschlägt, nicht durch sichtbare Gegebenheiten der äußeren Umwelt widerlegt wird, muß diese als ausschlaggebendes Abgrenzungskriterium gewertet werden.

Beispiel: Eine fungible Position von Wertpapieren wird aufgrund der Absicht, diese Position bis zu ihrer vertraglichen Auflösung im Bestand zu halten und nicht zu veräußern, dem Anlagevermögen zugeordnet: Solange sich die Absicht der Bestandhaltung mit Blick auf die wirtschaftlichen Verhältnisse der Unternehmung als durchführbar erweist, kann die zweckbezogene Zuordnung der

---

[83] Zur Bilanzierung von eingemauerten Hochöfen vgl. die Ausführungen von *Stützel* in: *Christians,* F. *Wilhelm, Pale,* Karl, *Stützel,* Wolfgang *und Weinkämptner,* Franz-Josef (1983): Die Eigenkapitalknappheit in der Wirtschaft, in: Zeitschrift für das gesamte Kreditwesen 1983, S.1087, daran anschließend unsere Betrachtung unten Abschnitt 4.2.1., S. 159 ff.

Position nicht bestritten werden: Solange aus der Bestandhaltung kein konkreter Verlust in Form negativer Zahlungssalden erwartet werden kann, folgt daraus die Bewertung der Position zu ihrem Anschaffungswert.[84]

Ad (3): Durch die Forderung, der Zahlungssaldo einer Disposition müsse unmittelbarer und für sich genommen isolierbarer Bestandteil des Gesamtkapitalwertes der Unternehmung sein, soll hervorgehoben werden, daß eine Disposition außer dem ihr zurechenbaren Zahlungsmittelsaldo keine wie auch immer greifbaren Auswirkungen auf das geldliche Schicksal der Unternehmung entfalten darf. Dabei kommt es nicht darauf an, ob das Bündel an Rechtspositionen, das derselben Disposition angehört, unabhängig vom Unternehmensganzen gedacht werden kann; ausschlaggebend ist allein, ob das Unternehmensganze unabhängig von diesem Bündel Bestand hat, so daß dieses Bündel den Gesamtkapitalwert lediglich durch den Saldo der ihm zuzuordnenden Zahlungsströme beeinflußt. Die korrekte Formulierung dieser Alternativvorstellung des Nichtvorhandenseins der in Rede stehenden Positionen lautet: Man stelle sich vor, sie wären nicht vorhanden, und die dafür verausgabten Beträge wären in der Kasse des Unternehmens verblieben.[85]

Beispiel: Der Abschluß eines Ausbildungsvertrages ist nicht als eigenständige Disposition zu werten, weil außer den unmittelbar der Vertragsbeziehung zurechenbaren Ein- und Auszahlungen als wertbildende Komponente noch die Erwartung des Disponierenden hinzutritt, dadurch langfristig — d. h. über den Zeitraum der einzelnen Vertragsbeziehung hinaus — sich einen qualifizierten Personalbestand aufzubauen. Die bloße Gegenüberstellung von zurechenbaren Zahlungsbewegungen ist demnach nicht geeignet, dem gesamten — für den Unternehmenswert relevanten — Zweckzusammenhang einer solchen Rechtsbeziehung gerecht zu werden[86].

Die Begriffslegung der Disposition soll dazu dienen, das Unternehmensgeschehen in einer Betrachtungsperiode in einzelne, parallel laufende Handlungs-

---

[84] Vgl. als Einführung in den Problemkreis: *Bieg*, Hartmut (1985): Ermessensentscheidungen beim Handelsbilanzausweis von „Finanzanlagen“ und „Wertpapieren des Umlaufvermögens“ — auch nach neuem Bilanzrecht? in: DB 1985, Beilage 24, S. 1–16 sowie unsere Ausführungen unten Abschnitt 3.2.3., S. 89 ff.

[85] Diese pagatorische Bewertungsalternative muß wohl als grundlegend für die handelsrechtliche Bilanzierung angesehen werden, vgl. *Krümmel*, Hans-Jacob (1992): a.a.O., S. 314 ff. Man mag darin eine einschneidende Vereinfachung sehen, da die Änderung von Handlungsrestriktionen durch den Wegfall der in Rede stehenden Positionen — beispielsweise von Finanzierungs- oder aufsichtsrechtlichen Restriktionen nicht berücksichtigt wird. Wenn man aber an der Vorgehensweise festhalten will, das gesamte Unternehmensgeschehen in einzelne Betrachtungsobjekte aufzuspalten, dann bleibt wohl nichts anderes übrig, als mit diesen Vereinfachungen zu leben.

[86] Vgl. einführend *Herzig*, Norbert (1986): Rückstellungen für Verbindlichkeiten aus Arbeitsverhältnissen, in: StbJb 85/86 S. 61–112, sowie unsere Ausführungen unten Abschnitt 3.5., S. 139 ff.

komplexe aufzuspalten, die ihrerseits Anknüpfungspunkte der Erfolgsrechnung bilden. Es soll hierbei keineswegs angestrebt werden, alle Zahlungsvorgänge lückenlos auf einzelne Dispositionen zu schlüsseln und mithin den gesamten Kapitalwert als abgezinste Summe der Ergebnisse von Einzeldispositionen herzuleiten. Es werden lediglich Anhaltspunkte entwickelt, um bestimmte Zahlungsvorgänge bestimmten Umschichtungsvorgängen zuordnen zu können. Dabei kann nicht vermieden werden, daß letztlich ein Rest an nicht schlüsselbaren Zahlungen übrigbleibt.

1.4.2. Dispositionsbegriff und Vertragsinteresse

Welche Kriterien könnte man aufstellen, um zu entscheiden, ob eine im Unternehmen vorhandene Rechtsposition mit anderen bestehenden Rechtspositionen in einem dispositiven Entscheidungszusammenhang steht, oder aber isoliert zu betrachten ist?

Es bietet sich an, eine Analyse der Interessenlage an einer Rechtsposition vorzunehmen, so wie sie auch bei der Bemessung von Ansprüchen im Schadensersatzrecht stattfindet.[87] Grundlegend sind hierbei die Begriffe des positiven und des negativen Vertragsinteresses.[88]

„Als positives Vertragsinteresse ist dabei das Interesse an der Wirksamkeit und Erfüllung eines Vertrages anzusehen, als negatives Interesse das Interesse daran, sich auf einen Vertrag nicht eingelassen zu haben."[89]

Erfolgt die Bemessung von Ansprüchen aus der vertraglichen Haftung nach dem positiven Interesse, so wird der Gläubiger so gestellt, als wenn die Verbindlichkeit des Schuldners tatsächlich erfüllt worden wäre. Wird die Bemessung der vertraglichen Haftung nach dem negativen Interesse vorgenommen, dann wird der Gläubiger so gestellt, als hätte die in Rede stehende Verbindlichkeit tatsächlich nie existiert.

Als bewertungsrelevante Faktoren des negativen Interesses an einer bestehenden Rechtsposition käme die Summe aller Aufwendungen in Frage, die in der Vergangenheit für die Anschaffung dieser Rechtsposition getätigt wurden abzüglich des geldlichen Erlöses bzw. der geldlichen Kosten, die sich aus der Liquidation der Rechtsposition ergäben. Das negative Interesse setzt also — vorausgesetzt, dies ist überhaupt möglich — immer die Ablösung einer Rechtsposition als bewertungsrelevante Alternative.[90]

---

[87] Die Darstellung folgt *Rengier*, Hans-Bernhard (1977): Die Abgrenzung des positiven Interesses vom negativen Vertragsinteresse und vom Integritätsinteresse, Berlin 1977, S.49 ff.

[88] Vgl. zu den beiden Arten des Interesses als alternative Betrachtungsweisen auch *Keuk*, Brigitte (1972): Vermögensschaden und Interesse, Bonn 1972, insbes. S. 155 ff.

[89] *Rengier*, Hans-Bernhard (1977): a.a.O., S. 15.

Hingegen steht beim positiven Interesse die Erhaltung und zweckgebundene Verwendung einer Rechtsposition auf bestimmte oder unbestimmte Dauer im Vordergrund. Das positive Interesse an einer Rechtsposition wird deshalb immer größer sein als ihr Liquidationswert, da sonst ihre Bestandshaltung nicht erklärbar wäre. Als wertbildender Faktor einer solchen Position kommt deshalb nicht allein der ihr isoliert nach schuldrechtlichen Maßstäben zuzuordnende Fluß an Zahlungen[91] in Frage; auch andere vorteilhafte Wirkungen, die sie im Zusammenspiel mit anderen in der Unternehmung vorhandenen Vermögenspositionen entfaltet, müssen berücksichtigt werden.

Es kann nun das Gedankenexperiment unternommen werden, daß man sich zur Ermittlung des positiven Interesses an einer Position diese aus dem Gesamtzusammenhang des Unternehmens „wegdenkt".[92] Wenn diese Position nun Bestandteil einer weitergreifenden Disposition ist, würde das Fehlen der betrachteten Verfügungsrechtsposition den Kapitalwert des Unternehmens um einen Wert mindern, der größer ist, als der diskontierte Saldo der Zahlungsvorgänge, die ihr rechtlich zurechenbar sind. Besteht hingegen lediglich ein negatives Interesse an ihrem Vorhandensein, so würde sich der Kapitalwert nur um den Saldo der mit dieser Position verknüpften Zahlungen verändern. Die Position ist in diesem Falle nicht Glied eines weitreichenden eingeleiteten Geschäftes.

Eine derartige „Differenzbetrachtung" ist grundsätzlich ohne Kenntnis des Gesamtkapitalwertes einer Unternehmung möglich: Es werden lediglich qualitative Wertungen über dessen Veränderung unter der Fiktion des Nichtvorhandenseins getroffen.

Man mag den Wert solcher Gedankenexperimente aufgrund von gedachten Alternativhypothesen bezweifeln, insbesondere weil diese Alternativvorstellungen oft keine real beobachtbaren Situationen darstellen. Mittels derartiger Erwägungen soll allerdings auch keine exakte Messung vorgenommen werden; es sollen lediglich erste Indizien hergeleitet werden, um zu beurteilen, ob eine vorhandene Position isoliert zu betrachten ist, oder von weiterreichender Bedeutung für die Unternehmung ist.

---

[90] Ist die Liquidation nicht möglich, so ist der geldliche Minimalaufwand der Bestandhaltung der Position dem negativen Interesse zugrundezulegen.

[91] Unter normalen Marktbedingungen bildet dieser die Grundlage zur Schätzung von Liquidationserlösen.

[92] Zur Problematik solcher Gedankenspiele auf der Grundlage von Alternativvorstellungen vgl. *Rödig*, Jürgen (1969): Die Denkform der Alternative in der Jurisprudenz, Berlin — Heidelberg — New York 1969, S. 19 ff., aus der Sicht der Entscheidungstheorie vgl. *Engels*, Wolfram (1962): Betriebswirtschaftliche Bewertungslehre im Lichte der Entscheidungstheorie, Köln und Opladen 1962, S. 105 ff.

1.4.3. Das Verhältnis der verschiedenen Dispositionen einer einzelnen Unternehmung zueinander

Mit der Begriffsabgrenzung einer Disposition soll eine sachlogisch eindeutige Zuordnung von zahlungswirksamen Vorgängen, die zueinander im Zweckverbund stehen und deshalb zusammen Betrachtungsobjekt der Erfolgsrechnung sein können, gewährleistet werden. Wesentliches Kennzeichen ist dabei der unmittelbare Bezug der Gesamtheit der Rechtspositionen, die gemeinsam eine Disposition bilden, zum Kapitalwert — und damit zur Geldvermögensebene — der Unternehmung. Das Augenmerk dieser Vorgehensweise liegt nicht etwa darauf, den — unter den oben geschilderten Verhältnissen ohnehin nicht ermittelbaren — Kapitalwert der Unternehmung restlos auf einzelne bewertungsrelevante Sachverhalte aufzuspalten. Vielmehr sollen sinnvolle Anhaltspunkte vorgegeben werden, um eingeleitete Geschäfte als konkret beobachtbare Umschichtungsvorgänge gegen das übrige betriebliche Geschehen abzugrenzen. Wie die aufgrund dieser Überlegungen ermittelten Erfolgsgrößen zu interpretieren sind, soll zunächst einmal dahingestellt bleiben.

Nun zeigt es sich, daß es nicht immer gelingt, jeweils nur eine einzige Disposition zu benennen, der eine Rechtsposition angehört. Dispositionen können nämlich zueinander in einem hierarchischen Verhältnis stehen. Das bedeutet, daß die einzelne Disposition ihrerseits Teilmenge eines umfassenderen, elementareren Umschichtungsvorganges sein kann.

In der Sprache der Mengenlehre würde dies lauten:

„Die Menge der Rechtspositionen, die die Disposition A bilden, ist Teilmenge der Menge von Rechtspositionen, die die Disposition B bildet".

Beispiel: Die Disposition „Fertigung und Absatz eines einzelnen Loses der Serie A" kann etwa als Bestandteil der weiter greifenden Disposition „Anschaffung und Betrieb der zur Produktion von Serie A vorgesehenen Anlage" gedeutet werden. Diese letztere Disposition beinhaltet nämlich die Produktion aller einzelnen, auf dieser Anlage gefertigten Lose.

Insbesondere wird zu beobachten sein, daß es eine Vielzahl von Zahlungsvorgängen gibt, die in überhaupt keinem gesonderten Zusammenhang zu einzelnen benennbaren Umschichtungsvorgängen im Unternehmen stehen, sondern sich gleichermaßen auf das gesamte Wertschöpfungsgeschehen im Unternehmen beziehen. Das gesamte Wertschöpfungsgeschehen im Unternehmen bildet deshalb eine Elementardisposition. Zahlungsvorgänge, die sich sonst keiner anderen Disposition zuordnen lassen, denen aber eine Ausstrahlung auf den Gesamtwert der Unternehmung zugesprochen wird, werden herkömmlicherweise dem originären Firmenwert zugeordnet, der ein anderer Begriff für jene Basisdisposition ist, aus der alle anderen Dispositionen entspringen.[93]

Man könnte sich fragen, ob es möglich ist, daß einzelne Dispositionen sich gegenseitig überlappen. Dies wäre dann der Fall, wenn einzelne Rechtspositionen, die einer bestimmten Disposition angehören, gleichzeitig Bestandteil einer anderen Disposition sind, ohne daß zwischen diesen beiden Dispositionen ein hierarchisches Verhältnis wie oben geschildert existiert.

In der Sprache der Mengenlehre hieße dies:

„Die Menge der Rechtspositionen der Disposition A und die Menge der Rechtspositionen der Disposition B haben eine nicht-leere Schnittmenge, wobei gilt, daß A nicht Teilmenge von B und B nicht Teilmenge von A ist.“

Eine solche Formulierung widerspricht allerdings unmittelbar unserer Definition: Danach entfaltet die Abwesenheit der Rechtspositionen, die eine Disposition bilden, aus dem Unternehmensganzen keine weiterreichende Wirkung, als die Abwesenheit der Zahlungen, die sich unmittelbar aus diesen Rechtspositionen ergeben. Gerade dies ist nicht der Fall, wenn es innerhalb dieser Disposition einzelne Rechtspositionen gibt, die gleichzeitig Bestandteil einer anderen, gleichgeordneten Disposition sind.[94]

Im Grenzfall können alle in einer Unternehmung vorhandenen Rechtspositionen zueinander in einem unmittelbaren, von der Unternehmensleitung beabsichtigten Zweckzusammenhang stehen. Alle Verfügungsrechtspositionen verschmelzen hierbei zu einer einzigen, nicht mehr weiter zu untergliedernden Disposition.

1.4.4. Exkurs: Die Unternehmung als Einheitsdisposition bei Wirtschaften nach dem Erwartungswert-/Varianzkriterium und gegenseitig korrelierten Wertschwankungen der gehaltenen Rechtspositionen

Betrachten wir das Verhalten eines wirtschaftlich Handelnden ausgehend von der Standardsituation der modernen Portfoliotheorie.[95]

Diese Entscheidungsituation ist dadurch gekennzeichnet, daß ein Investor, der eine bestimmte Summe Geldes zur Verfügung hat, sich aus verschiedenen, am Markt erhältlichen Wertpapieren ein Portefeuille zusammenstellt, wobei zwei Eigenschaften dieses gesamten Portefeuilles in seine Wertschätzung einge-

---

[93] Zu beachten ist, daß es darüberhinaus Zahlungsvorgänge geben mag, denen weder ein allgemeiner noch ein besonderer Nutzen für die Unternehmung nachgesagt werden kann. Als Beispiel hierfür ließe sich etwa die Anschaffung von Vermögensgegenständen anführen, die ausschließlich privaten Zwecken des Unternehmers dienen. Für die Rechnungslegung dieser Vorgänge dürfte deren Liquidationswert angemessen sein.

[94] Vgl. die Betrachtungen unten 3.4.5., S. 134 ff.

[95] Eine kurze Einführung findet sich etwa bei *Schneider,* Dieter (1990): Investition, Finanzierung und Besteuerung, 6. Aufl., Wiesbaden 1990, S. 376 ff, bzw. *Philippatos,* George C. (1976): Portefeuilletheorie (Auswahlverfahren), in: Handwörterbuch der Finanzwirtschaft, hrsg. v. Hans E. Büschgen, Stuttgart 1976, Sp. 1443–1452.

hen: Das Niveau des erwarteten Gelderlöses beim Verkauf des Portefeuilles in der nächsten Periode sowie das Risiko, welches daraus entspringt, daß der realisierte Verkaufserlös möglicherweise vom erwarteten Verkaufserlös abweicht.[96] Zur Messung dieses Portefeuillerisikos kann die erwartete Varianz des Verkaufserlöses herangezogen werden[97].

Nun sei für jedes einzelne Wertpapier ein Erwartungswert des zukünftigen Verkaufkurses sowie eine Kursvarianz — etwa aufgrund des historischen Kursverlaufes — herleitbar. Der Erwartungswert des gesamten Portfolios ergibt sich dann aus der Summe der Erwartungswerte der einzelnen, darin enthaltenen Wertpapiere. Bei der Ermittlung des Wertes der Risikokomponente — der Varianz des Erlöses des Gesamtportfolios — ist zu berücksichtigen, daß gewöhnlicherweise die Kursverläufe der einzelnen Wertpapiere zueinander eine — unterschiedlich hohe — Korrelation aufweisen. Die Marktwertvarianz des Gesamtportfolios ist aber nur dann mit der Summe der Varianzen der einzelnen Wertpapiere identisch, wenn die Kursschwankungen aller Wertpapiere zueinander unkorreliert sind. In allen anderen Fällen hat die Korrelation Auswirkungen auf den Betrag der Standardabweichung des Erlöses des Gesamtportfolios. Mithin beeinflußt die Übernahme eines einzelnen Wertpapieres in das Portefeuille den Gesamtnutzen dieses Portefeuilles für den Investor auf zweierlei Art und Weise:

(1) Der Erwartungswert des Verkaufserlöses in der nächsten Periode wird um den Erwartungswert des Kurses des einzelnen Wertpapieres gesteigert.

(2) Die Varianz des Verkauferlöses des Gesamtportefeuilles wird beeinflußt, und zwar nach Maßgabe der Korrelation des Kurses des einzelnen Wertpapieres mit dem Wert des Gesamtportefeuilles.

Dieser letzte Punkt hat zur Folge, daß die Entscheidung zum Kauf eines einzelnen Wertpapieres abhängig ist von der Gesamtheit der in diesem Portefeuille schon vorhandenen Wertpapiere. Ausschlaggebend ist nämlich die Frage, auf welche Weise der Kauf des bezeichneten Wertpapieres die Gesamtvarianz des Portefeuilles beeinflußt. Maßgröße hierfür ist wiederum der Wert des Korrelationskoeffizienten zwischen dem Kurs des einzelnen Papieres und dem gewogenen Durchschnittskurs des gesamten Portefeuilles.

---

[96] Der Unterschied einer solchen Modellierung zur *Arrow/Debreu* — Welt ist darin zu sehen, daß die Unsicherheit nicht durch mehrere alternativ mögliche Entwicklungspfade der Umwelt gefaßt wird, sondern durch einen einwertigen Streuungsindikator der zukünftigen Erträge, der diese Entwicklungspfade samt den ihnen zugeordneten Wahrscheinlichkeiten repräsentiert.

[97] Die Varianz ist nur einer von vielen denkbaren Streuungsindikatoren. Sie ist nur unter sehr speziellen Annahmen an die Verteilungsfunktion der Zukunftserträge bzw. an die Struktur der Präferenzen als Argument einer axiomatisch hergeleiteten Risikonutzenfunktion darstellbar. Vgl. *Schneeweiß*, Hans (1967): Entscheidungskriterien bei Risiko, Berlin, Heidelberg, New York 1967, S. 46 ff.

Aus dieser Überlegung folgt, daß auch die zum Bewertungsstichtag realisierten Kurse entsprechend der zwischen den einzelnen Wertpapieren bestehenden und bei der Entscheidung der Portefeuillezusammenstellung berücksichtigten Kurskorrelationen zueinander in Abhängigkeit stehen und sich in der Gesamtheit betrachtet typischerweise ausgleichen.

Werden die herkömmlichen bilanzrechtlichen Bewertungsprinzipien auf die Abbildung der einzelnen Wertpapiere in der Bilanz angewandt, ohne den Portefeuilleeffekt zu berücksichtigen, so wird der dispositiven Einbindung der einzelnen Position überhaupt nicht Rechnung getragen, was — je nach Grad der gegenseitigen Abhängigkeiten der Einzelbestandteile des Portefeuille — zu erheblichen Verzerrungen führen kann.[98]

Ein nach dem Erwartungswert-/Varianzkriterium gemanagtes Portefeuille ist ein Beispiel dafür, wie eine Vielzahl von einzelnen schuldrechtlichen Verhältnissen zu einer einzigen, nach finalen Kriterien nicht mehr untergliederbaren Entscheidungseinheit verschmilzt. Portefeuillegesichtspunkte sind allerdings eine universelle Grundlage für die Gestaltung von Vermögensgesamtheiten. Will man die Aufspaltbarkeit des gesamten Unternehmensgeschehens in einzelne, final abgegrenzte Handlungsstränge beibehalten, so muß man diesen Portfolioeffekt zwischen einzelnen Dispositionen — soweit dieser nicht durch irgendwelche Gegebenheiten dokumentiert ist — vernachlässigen.[99]

1.4.5. Kriterien für die Anwendbarkeit des Dispositionsbegriffes in der Rechnungslegung

Ziel der Einführung des Dispositionsbegriffes war es, eine sachlogisch konsistente Regel aufzustellen, um Zahlungsvorgänge auf die Reinvermögensebene zu projezieren. Dabei ging es zunächst nur um sachlogische Richtigkeit der Abgrenzung, nicht aber darum, auf welche Weise dispositive Zusammenhänge für Zwecke externer Rechnungslegung operationalisiert werden können. Da externe Rechnungslegung Rechenschaftslegung gegenüber Außenstehenden ist, muß der Dispositionszusammenhang zwischen einzelnen Rechtspositionen für Dritte grundsätzlich beobachtbar sein.

Im folgenden werden einige Gesichtspunkte entwickelt, die das Urteil darüber erleichtern sollen, welcher Grad der Vergegenständlichung einem Dispositionszusammenhang zwischen einzelnen Rechtspositionen zukommt: Je besser

---

[98] Zur Diskussion der Problematik der Rechnungslegung von Portfolioaktivitäten vgl. insbesondere *Prahl*, Reinhard und *Naumann*, Thomas K. (1991): Zur Bilanzierung portfolioorientierter Handelsaktivitäten von Kreditinstituten, in: WPg 1991, S. 729 f.

[99] Zur Diskussion um die Berücksichtigung von Portfoliogesichtspunkten innerhalb von einzelnen Dispositionen vgl. Abschnitt 3.4., S. 113 ff.

erkennbar der Zweckverbund einzelner Zahlungsvorgänge ist, desto leichter wird es sein, die Teilmenge von Rechtspositionen, die einander dispositiv zugeordnet sind und deshalb einen gesonderten Handlungsstrang bilden, aus der Gesamtmenge abzuheben.

(1) Innere Stabilität der Disposition: Die Lösung von Zurechnungsproblemen bei der Bilanzierung auf der Basis des Finalnexus wird umso überzeugender sein, je größer die innere Stabilität der Disposition ist, d.h. je schwieriger es für den Unternehmer selber ist, den Zweckzusammenhang zwischen den einzelnen Rechtspositionen einseitig wieder aufzuheben. Unabhängig von den individuellen Verhaltensweisen der jeweiligen Entscheidungsträger wird eine innere Instabilität einer Disposition im Zeitablauf umso wahrscheinlicher sein, je fungibler, d. h. marktgängiger die sie konstituierenden Verfügungsrechtspositionen sind. Die Marktgängigkeit kann dabei anhand der bei einer Liquidation in Kauf zu nehmenden Liquidationsabschläge (-zuschläge) bemessen werden. Sind diese prohibitiv hoch, so wird die Neigung, eine Disposition im Nachhinein aufzulösen, entsprechend gering sein.

Beispiele: Die innere Stabilität der Zuordnung eines sehr marktgängigen Wertpapiers zum Anlagevermögen aufgrund der Absicht, es langfristig im Bestand zu halten, wird immer geringer einzustufen sein als die innere Stabilität einer Sachinvestition in eine spezielle Fertigungsanlage: Aufgrund der niedrigeren Marktgängigkeit des Sachaktivums kann die ursprüngliche Intention durch den Unternehmer im Nachhinein nicht ohne weiteres umgedeutet werden. Man wird dazu neigen, strengere Kriterien zu fordern, um den Absicherungscharakter bestimmter an Börsen gehandelter Termingeschäfte zu erhärten, als wenn dasselbe Grundgeschäft etwa mittels einer bestimmten Versicherung abgesichert worden wäre (etwa Hermesdeckung): Weil sich ein börsenhandelbares Termingeschäft jederzeit durch ein entsprechendes Gegengeschäft glattstellen läßt, ist die Bestandsstabilität der Absicherung latent gefährdet.[100]

(2) Äußere Stabilität: Hierunter wird die Wahrscheinlichkeit verstanden, daß der intendierte Zusammenhang zwischen einzelnen Rechtspositionen seitens der unternehmensexternen Transaktionspartner in Frage gestellt wird. Dies kann geschehen, indem Vertragsbeziehungen von Unternehmensexternen aufgelöst bzw. nicht wie geplant eingegangen werden.

Beispiele: Vermögensgegenstände, die vertraglich bindend veräußert sind, erfahren bei gleicher Marktlage eine unterschiedliche Beurteilung wie physisch identische Güter, bei denen der Abnehmer noch gesucht werden muß. Mögliche Wertkomponenten wie Weiterbildungskosten für Mitarbeiter werden immer einen geringeren Grad an Konkretisierbarkeit haben als Sachinvestitionen, weil

---

[100] Vgl. zu dem Problem der „Bestandsstabilität" von Bewertungseinheiten etwa auch *Schwarze,* Armin (1989): Ausweis und Bewertung neuer Finanzierungsinstrumente in der Bankbilanz, Berlin 1989, S. 121.

die hieraus erwarteten Nutzungen rechtlich nicht abzusichern sind — die Mitarbeiter können jederzeit kündigen — und deshalb an einer latenten Instabilität leiden.

(3) Geldnähe der Disposition: Geldnähe soll die Nähe einer Disposition zur Geldvermögensebene kennzeichnen. Allgemein kann angenommen werden, daß eine Disposition umso näher am Gelde ist, (i) je kleiner die Menge der sie konstituierenden Rechtspositionen und (ii) je kürzer die zeitliche Abwicklungsdauer der Disposition und damit die Periode der „Wiedergeldwerdung" der in einem Umschichtungsvorgang gebundenen Mittel ist.[101] Damit verbunden ist die

(4) zeitliche Begrenztheit des Dispositionshorizontes: Grundproblem der Handelsbilanz ist ihre Qualität als „Zwischenabrechnung" über den Totalerfolg einer Unternehmung zu periodisch festgesetzten Zeitpunkten innerhalb der gesamten Lebensdauer der Unternehmung. Für diese Zwischenabrechnung können aber nur Positionen erfolgsrechnerisch von Bedeutung sein, die sich auf einen innerhalb der Totalperiode begrenzten Zeitraum beziehen. Wenn der Dispositionshorizont gegen die Totalperiode konvergiert, dann spielt der Dispositionsbegriff für die Periodenerfolgsermittlung keine Rolle mehr. Ausgaben, die diese Totalperiodendisposition betreffen — man könnte hierfür beispielsweise Werbekosten für ein Firmenlogo anführen —, gehen im nicht aktivierungsfähigen originären Firmenwert unter.

Zu nennen ist schließlich noch die

(5) Konkretisierung der einzelnen Rechtspositionen, die zusammen Bestandteil eines Entscheidungsfeldes sind: Für die Tragweite des Entscheidungszusammenhanges in der externen Rechnungslegung ist es von großem Belang, ob die darin eingebundenen Rechtspositionen zum Zeitpunkt der Rechnungslegung tatsächlich schon vorhanden sind, oder ob ihre Existenz lediglich erwartet wird. Allgemein wird man davon ausgehen können, daß dem Dispositionszusammenhang stärker Rechnung getragen wird, wenn die Existenz der Rechtspositionen, die er umfaßt, gesichert ist. In diesem Falle spielen individuelle Beurteilungsspielräume und subjektive Erwartungen eine geringere Rolle.

Beispiele: Die Aktivierbarkeit gewisser Vorlaufkosten der Fertigung einer neuen Serie — etwa Entwicklungskosten — ist aufgrund der längeren Dauer bis zum endgültigen Absatz der Produkte und aufgrund der größeren Unsicherheit darüber, ob aus diesen Vorlaufkosten schließlich verkaufsfähige Produkte entstehen, anders zu beurteilen, als etwa die Aktivierungsfähigkeit der fertigen Produkte.

---

[101] Vgl. hierzu die Ausführungen von *Rieger,* Wilhelm (1959): a.a.O., S. 211: „ Vom Geld nach rückwärts gestaffelt finden wir in einer Fabrik Wechsel, Debitoren, Waren, Halbfabrikate, Roh- und Hilfsstoffe usw.; dahinter in noch weiterer Entfernung Maschinen und Werkzeuge, Patente, Wertpapiere, Gebäude, Grundstücke usw. In anderen Betrieben sind die Werte teilweise anderer Art, aber der Zug nach der Geldform ist ihnen allen gemeinsam."

Die Qualifikation eines dispositiven Zusammenhanges zwischen einzelnen Vorgängen anhand der vorstehenden Kriterien dürfte mit ausschlaggebend dafür sein, welches Gewicht man ihm bei der Bilanzbewertung beimißt. Dabei sollen mit Hilfe dieser Kriterien keine unumstößlichen Urteile getroffen, sondern vielmehr nur allgemeine Tendenzen aufgezeigt werden: Allgemein kann wohl die Forderung erhoben werden, daß Dispositionen, die nach diesen Kriterien als gleichwertig betrachtet werden können, in der Rechnungslegung auch gleiche Behandlung erfahren.

1.5. Zusammenfassung

— Mit dem Finalprinzip (Zweck-/Mittelzusammenhang) ist grundsätzlich ein Zurechnungskriterium zur Verknüpfung von Geldvermögens- und Reinvermögensebene in einer Welt unvollständiger, sowie unvollkommener Märkte und heterogener Erwartungen gegeben;

— Finale Zurechnungen zwischen einzelnen Zahlungsvorgängen sind dann sinnvoll, wenn diese Vorgänge gemeinsam einem einzelnen, identifizierbaren Wertumschichtungsvorgang zugeordnet werden können.

— Der Begriff der Disposition soll es grundsätzlich ermöglichen, einzelne Bündel von einander zweckgerichtet zugeordneten Rechtspositionen, die einem solchen Umschichtungsvorgang angehören, aus der Unternehmensgesamtheit zu isolieren. Um eine sachlogisch einwandfreie Abspaltung zu gewährleisten, muß die Bedingung erfüllt sein, daß die Abwesenheit dieser Positionen den Kapitalwert der Unternehmung nur um einen Betrag mindert, der genau den Zahlungsströmen entspricht, die sich aus diesen Positionen unmittelbar zuordnen lassen.

Wenn im folgenden von geschäftszweckgebundenen Bewertungskonzeptionen die Rede sein wird, so sind damit Erwägungen gemeint, die zum Gegenstand haben, Vorgänge der Zahlungsmittelebene anhand dieser finalen Kriterien einem bestimmten Wertumschichtungsvorgang zuzuordnen.

2. Erfolgsermittlung in der Rechnungslegung — eine ordnungspolitische Interpretation

2.1. Konzept des Dispositionserfolges

2.1.1. Definition

Einer Disposition lassen sich unmittelbar und isoliert Einzahlungs- und Auszahlungsströme zuordnen, die die Bedeutung der einbezogenen Rechtspositionen für das gesamte betriebliche Geschehen vollständig widerspiegeln. Unter einem Dispositionserfolg kann der Gegenwartswert[1] aller zukünftigen Zahlungsströme verstanden werden, die aufgrund einer in der Abrechnungsperiode eingeleiteten Disposition anfallen.[2]

2.1.2. Dispositionserfolg und ökonomischer Gewinn

Bekanntlich wird der ökonomische Gewinn eines Unternehmens als Überschuß des Gegenwartswertes aller künftig erwarteten Ein- und Auszahlungsströme am Ende einer Periode über den Gegenwartswert am Anfang der Periode gemessen.[3] Wenn jeder künftige Zahlungsmittelfluß eindeutig einer einzigen Disposition zugeordnet werden könnte[4], dann würde die Summe der einzelnen Dispositionsgewinne einer Periode bei konstantem Kalkulationszinsfuß mit dem ökonomischen Gewinn übereinstimmen. Eine solche ein-eindeutige Zuordnung von Zahlungen zu einzelnen Dispositionen ist aber wirklichkeitsfremd: Sie wäre nur in dem Falle möglich, wo überhaupt keine Zahlungen anfielen, die sich gleichermaßen auf die gesamte, in einem Unternehmen stattfindende Wert-

---

[1] Hier stellt sich die Frage nach dem zugrundeliegenden Kalkulationszinsfuß. Wenn man das pagatorische Prinzip der (hypothetischen) Kassenhaltung aller ab- und zugeflossenen Beträge als vom Gesetzgeber gewolltes Prinzip der externen Rechnungslegung de lege lata zugrundelegt, muß man für Zwecke der handelsrechtlichen Bilanzierung von einem Zinssatz von 0 % ausgehen. Hierzu und zur Kritik vgl. *Krümmel,* Hans-Jacob (1992): a.a.O., S. 314 ff.

[2] Wir wollen eine Disposition als eingeleitet betrachten, wenn die erste Rechtsposition, die Bestandteil dieser Disposition ist, durch das Unternehmen erworben wurde.

[3] Vgl. hierzu grundlegend *Schneider,* Dieter (1963): Bilanzgewinn und ökonomische Theorie, in: ZfhF 1963, S. 457 ff.

[4] Vgl. für einen ähnlichen Gedankengang ebd., S. 465 f.

schöpfung beziehen und deren Wertäquivalent sich — wie schon betrachtet[5] — im originären Firmenwert niederschlägt.

Die Ermittlung des Kapitalwertes einer Unternehmung durch Addition der einzelnen Dispositionserfolge ist hier auch nicht beabsichtigt: Hätte man es sich nämlich zum Ziel gesetzt, Kapitalwerte von Unternehmen durch die Abdiskontierung erwarteter Zahlungen zu bestimmen, dann bräuchte man hierfür den Umweg über eine Aufspaltung der gesamten Zahlungscharakteristik eines Unternehmens in einzelne, final abgegrenzte Einheiten nicht zu gehen. Durch den Begriff der Disposition sollen vielmehr Betrachtungseinheiten unternehmerischen Handels definiert werden, an denen Erwägungen zur erfolgsrechnerischen Würdigung einzelner unternehmerischer Handlungen für Zwecke der externen Rechnungslegung in sachlogisch konsistenter Weise anknüpfen können.

Einige Kritikpunkte, die immer angeführt werden, um die Verwendbarkeit der ökonomischen Gewinnkonzeption in Frage zu stellen, gelten gleichwohl auch für den Dispositionserfolg: Die Messung einer Erfolgsgröße aus Dispositionen, die zum Bewertungszeitpunkt ihren Niederschlag noch nicht in konkreten Zahlungsvorgängen gefunden haben, setzt voraus, daß unternehmensinterne Erwartungsbildung von außen nachvollzogen werden kann. Dies steht allerdings in unmittelbarem Widerspruch zu den oben diskutierten Entstehungsbedingungen von Unternehmungen als wirtschaftliche Institutionen. Es erübrigt sich aus diesem Grunde, ein Erfolgsmaß auf der Basis von Dispositionserfolgen grundsätzlich als Zielgröße der externen Rechnungslegung in Betracht zu ziehen.[6]

Begreift man allerdings die Bewertung von Bilanzbeständen *de lege lata* als „(...) Antizipation des geldlichen Schicksals der betreffenden Objekte“[7], so wird man nicht umhinkönnen, auf irgendeiner Ebene Zukunftserwartungen über den Fortgang der betrieblichen Wertschöpfung zu berücksichtigen. Grundsätzlich können einzelne Dispositionen als Anknüpfungspunkte derartiger Erwägungen dienen. In Frage steht aber, auf welchem Niveau Erfolgserwartungen, die auf der Basis einzelner Dispositionen gebildet werden, im geltenden Bilanzrechtssystem Bedeutung erlangen.

---

[5] Vgl. oben 1.4.3., S. 44 ff.

[6] In diesem Sinne vgl. etwa auch *Rieger,* Wilhelm (1959): a.a.O:, S. 220. Nicht diskutiert wird hier die Möglichkeit, die Unternehmensleitungen durch geeignete Anreizfunktionen zur Offenbarung ihrer Ertragseinschätzungen zu zwingen, vgl. grundlegend: *Hartmann-Wendels,* Thomas (1989): Rechnungslegung der Unternehmen und Kapitalmarkt aus informationsökonomischer Sicht, Köln 1989, S. 157 ff.

[7] Vgl. *Rieger,* Wilhelm (1959): a.a.O., S. 213.

2.2. Konzept des Realisationserfolges

2.2.1. Begriffsbestimmung

An die Feststellung des Bilanzerfolges sind unmittelbare materiell-rechtliche Konsequenzen geknüpft:

Legale Folge der Ermittlung des Rechnungslegungserfolges ist es, daß die Gruppe der Eigenkapitalgeber, bzw. deren Vertreter mit der Verfügungskompetenz über diesen Betrag ausgestattet werden[8]. Diese harten materiellrechtlichen Folgen der Bilanzerfolgsermittlung bedingen ebenso harte Ermittlungskriterien:[9] Benötigt wird eine Methode, die geeignet ist, den Einfluß kaum nachprüfbarer, subjektiver Zukunftseinschätzungen auf die Höhe der ermittelten Erfolgsgröße weitgehend auszuschalten.

Als Tragpfeiler der Erfolgsrechnung hat sich das Realisationsprinzip[10] herausgebildet. Im Grundsatz geht es darum, einen Erfolgsbeitrag erst dann in der Gewinn- und Verlustrechnung auszuweisen, wenn aufgrund äußerer Umstände dieser Erfolg als verwirklicht, d.h. als in seiner Existenz von den subjektiven Anschauungen des Bewertenden unabhängig anzusehen ist.[11] Ein starkes Indiz hierfür ist das Erreichen eines bestimmten schuldrechtlichen Abwicklungsstadium der Leistungserbringung innerhalb einer zweiseitigen Vertragsbeziehung[12]. Man kann auf dieser Grundlage Kriterien für die Vergegenständlichung einer Erfolgserwartung aus einem Geschäft aufstellen:

Als relevant wird der Erwerb eines Rechtstitels auf die Erfüllung der vertraglichen Gegenleistung durch die rechnungslegende Vertragspartei gegenüber der Gegenseite angesehen, der nicht mit der Einrede des nicht erfüllten Vertrages behaftet ist.[13] I. d. R. wird dieses Stadium erreicht sein, sobald folgende Kriterien erfüllt sind[14]:

---

[8] Vgl. hierzu etwa die Analyse von *Wilsdorf*, Fred (1988): Rechnungslegungszwecke der Handelsbilanz und Steuerbilanz nach Inkrafttreten des Bilanzrichtliniengesetzes, Frankfurt a. M., Bern, New York Paris 1988, insbes. S. 135 ff.

[9] Vgl. auch *Gelhausen*, Hans Friedrich (1985): Das Realisationsprinzip in Handels- und Steuerbilanzrecht, Frankfurt a. M. 1985, S. 67 ff.

[10] Zur Entwicklungsgeschichte des Realisationsprinzips vgl. etwa *Schneider*, Dieter (1976): Realisationsprinzip und Einkommensbegriff, in: Baetge, Jörg et al.(Hrsg.): Bilanzfragen, Festschrift Ulrich Leffson, Düsseldorf 1976, S. 103–117, *Moxter*, Adolf (1984a): Das Realisationsprinzip — 1884 und heute, in: BB 1984, S. 1780–1786.

[11] Vgl. *Leffson*, Ulrich (1987): a.a.O., S. 247 f.

[12] Dies bedeutet allerdings nicht, daß nicht noch andere mögliche Realisationszeitpunkte denkbar sind, die diesem Postulat ebenso gut genügen könnten, vgl. auch *Gelhausen*, Hans Friedrich (1985): a.a.O., S. 71, mit Verweis auf *Bieg*, Hartmut (1976): Wider den Ausschließlichkeitsanspruch der Bewertungsvorschriften bei der Bestimmung des Inhalts der Handelsbilanz!, StuW 1976, S. 342 ff.

[13] Vgl. hierzu auch m.w.V. *Wacket*, Karl Heinz (1990): Realisations- und Imparitätsprinzip bei monetärer Interpretation von Warenbeschaffung und -absatz, in: BB 1990, S.239.

— Die zugrunde liegende Position muß Gegenstand einer Markttransaktion gewesen sein, wobei der vereinbarte Marktpreis und mithin die vertraglich vereinbarte Leistung der Gegenpartei ausschlaggebend für die Höhe des daraus entstehenden Rechnungslegungserfolges ist.

— Die vertraglich vereinbarte Leistung der rechnunglegenden Partei muß dem Abnehmer im vollen Umfange erbracht worden sein.

In Anlehnung an diese beiden Punkte können für verschiedene Vertragstypen des Schuldrechts unterschiedliche Zeitpunkte der Erfolgsrealisation bestimmt werden. Von großer Bedeutung ist dabei, ob die Zeit vertraglicher Leistungsbezugspunkt ist: Dies wird durch das gegensätzliche Begriffspaar „Veräußerungsgeschäft" und „Dauerschuldverhältnis" versinnbildlicht.[15]

Ein Veräußerungsgeschäft hat die Veräußerung von Vermögensgegenständen oder die einmalige Erbringung einer genau bestimmten Dienstleistung gegen Entgelt zum Inhalt. Eine Erfolgsrealisation ist demgemäß dann anzunehmen, wenn eine Partei ihre Verpflichtung durch Lieferung und Leistung erbracht hat. Im Rahmen eines Dauerschuldverhältnisses[16] übernimmt eine Partei die Verbindlichkeit, der Gegenseite die Nutzung eines bestimmten Vermögensgegenstandes oder einer bestimmten Dienstleistung über einen bestimmten Zeitraum hinweg zu gewähren. Die Erfüllung dieses Schuldverhältnisses vollzieht sich also zeitabhängig, mithin realisieren sich auch Erfolgsbeiträge zeitanteilig mit der Dauer der Nutzungsüberlassung.[17]

Im Lichte der verschiedenen Ebenen betrieblicher Rechnungslegung[18] sind demnach Erträge genau dann als realisiert anzusehen, wenn ein Geldvermögenstitel gegenüber dem Partner eines schuldrechtlichen Geschäfts[19] entstanden ist:[20] Einnahmen und Erträge entstehen zeitpunktgleich.

---

[14] Vgl. etwa *Leffson,* Ulrich (1987): a.a.O. , S. 266 f., *Münstermann,* Hans (1970): Realisation und Rechnungswesen, in: Handwörterbuch des Rechnungswesens (1. Aufl.) Stuttgart 1970, Sp. 1493 ff., bzw. *Wöhe,* Günter (1992): Bilanzierung und Bilanzpolitik, 8. Aufl., München 1992, S. 257 ff.

[15] Vgl. hierzu auch *Buchner,* R.: Allgemeine Bewertungsgrundsätze, in: HURB, S. 38 ff.

[16] Zur Begriffslegung vgl.: *Institut „Finanzen und Steuern" (1986)*: Brief Nr. 258: Rückstellungen für drohende Verluste aus schwebenden Geschäften mit Dauerschuldcharakter, Bonn 1986, S. 4 ff.

[17] *pro rata temporis*

[18] Vgl. die Ausführungen in Abschnitt 1.1., S. 15 ff.

[19] Gerade für das Entstehen eines Geldvermögenstitel ist der Gefahrenübergang von Belang, vgl. *Lüders,* J. (1987): Der Zeitpunkt der Gewinnrealisierung im Handels- und Steuerbilanzrecht, Köln 1987, S. 141 ff. Differenzierende Betrachtungsweise mehrerer Zeitpunkte bei *Gelhausen,* Hans Friedrich(1985): a.a.O., S. 136 ff. *Gelhausen* kommt im Ergebnis zu einer Unterscheidung von Gewinn- und Umsatzrealisation, die hier nicht weiter verfolgt werden soll; vgl. ebd., S. 240 ff.

[20] *Schneider* plädiert — unter mißverständlicher Verwendung des Begriffes Einnahmen — für eine Ertragsrealisation beginnend mit dem Zahlungsmittelzufluß; vgl. *Schneider,* Dieter

2.2.2. *Ertrags- und Aufwandsrealisation*

Mit dem Realisationsprinzip scheint mithin ein einfach anwendbares Kriterium zu bestehen, das die eindeutige Unterscheidung von verteilungsfähigen und nicht verteilungsfähigen Erfolgsbeiträgen anhand justiziabler Anhaltspunkte erlaubt. Aufgrund des Realisationsprinzip wird allerdings nicht nur über die Verwirklichung von Erträgen, sondern über die Verwirklichung des gesamten Erfolges — verstanden als Saldogröße zwischen Aufwand und Ertrag — aus einem Geschäft entschieden:[21] Den realisierten Erlösen aus einer Vertragsbeziehung sind gleichzeitig die dadurch hervorgerufenen Aufwendungen zuzuordnen[22] und diese Zurechnungsproblematik läßt sich auch nicht durch eine noch so eindeutige, an Kriterien des Schuldrechts orientierte Formulierung des Realisationsprinzips umgehen, die ja immer nur die Ertragsseite betreffen kann.

Grund der Zurechnungsproblematik ist nämlich die Phasenverschiebung zwischen Geldvermögensebene und Reinvermögensebene: Würde man das Entstehen von Aufwendungen genau spiegelbildlich zur Ertragsrealisation definieren, wäre also die Entstehung von Aufwand durch einen unbedingt bindenden Rechtstitel auf die Erbringung einer vertraglichen Gegenleistung definiert, so wären Geldvermögens- und Reinvermögensebene deckungsgleich.

Das Realisationsprinzip bewirkt nur insofern eine erhebliche Objektivierung des Gewinnermittlungsproblems, als die zeitliche Entstehung von Erträgen im Grunde willkürfrei festgelegt ist: Die Zurechnungsfrage beschränkt sich auf diejenigen Auszahlungsvorgänge, die in späteren Perioden, wenn die ihnen zugeordneten Erträge nach den o.a. Kriterien realisiert werden, zu Aufwand werden bzw. diejenigen Auszahlungsvorgänge zukünftiger Perioden, die als Aufwand den realisierten Erträgen der Gegenwart zugeordnet werden müssen.[23]

(1971): Aktienrechtlicher Gewinn und ausschüttungsfähiger Betrag, in: WPg 1971, S.609 f. Er glaubt, dies aus dem „(...) Zweck der Gewinnermittlung, nämlich Rechnung zu legen über die Höhe möglicher erfolgsabhängiger Einkommenszahlungen(...)" ebd., S. 609, herleiten zu können. Eine solche Sichtweise würde einen gegenüber der bisherigen Praxis erhöhten Schutz der Gläubiger vor Kapitalverlustrisiken beinhalten. Ob ein solches Leitbild der Risikoallokation ordnungspolitisch wünschenswert ist, kann allerdings nicht aus einem unterstellten obersten Zweck der Gewinnermittlung gefolgert werden, sondern muß *de lege ferenda* anhand der allokationspolitischen, verteilungspolitischen und stabilitätspolitischen Implikationen erhärtet werden. Vgl. die Darstellung in Abschnitt 2.3. unten. Zur Kritik vgl. auch *Gelhausen,* Hans Friedrich (1985): a.a.O., S. 111 ff. bzw. *Lüders,* Jürgen (1987): a.a.O., S. 36 ff.

[21] Vgl. hierzu die Formulierung in § 252 (1) Nr. 4 HGB, die nicht auf realisierte Erträge, sondern auf realisierte Gewinne abstellt. Zum Folgenden vgl. auch grundlegend *Kosiol,* Erich (1974): Aufwand und Ertrag, in: HWB Bd. 1, Sp. 309–315.

[22] Zur „umsatzabhängigen Aufwandsperiodisierung" vgl. *Moxter,* Adolf (1989): Zur wirtschaftlichen Betrachtungsweise im Bilanzrecht, in: StuW 1989, S. 233 f.

[23] Eingehend zum Begriff der „Realisation" von Aufwänden in einer Geldwirtschaft vgl. auch *Wacket,* Karl Heinz (1990): Realisations- und Imparitätsprinzip bei monetärer Interpretation von Warenbeschaffung und -absatz, in: BB 1990, S. 242 ff.

In Rechnungslegungspraxis, Gesetzgebung und Rechtsprechung haben sich restriktive Kriterien herausgebildet, um den Ansatz derartiger Auszahlungsvorgänge als Aktiva und Passiva in der Bilanz zu regeln und zu beschränken.[24] Festzuhalten bleibt aber, daß eine Erfolgsermittlung, die auf dem Prinzip der Gewinnrealisation beruht, keineswegs an der Frage vorbeikommt, nach welchem grundsätzlichen Kriterium Aufwendungen und Erträge einander zugeordnet werden sollen. Unbeachtlich wird das Zurechnungsproblem nur, wenn sich das Augenmerk des Bilanzierenden von den inneren Zusammenhängen betrieblicher Wertschöpfung abwendet:

Dies wäre der Fall, erfolgte die Rechnungslegung unter der Liquidationsprämisse.

2.3. Versuch der Herleitung einer ordnungspolitischen Konzeption für die Erfolgsgröße der externen Rechnungslegung

Ziel der externen Rechnungslegung ist die Ermittlung eines Geldbetrages, der zur Befriedigung der Ansprüche der ausschüttungsberechtigten Interessentengruppen aus der Geschäftstätigkeit des abgelaufenen Jahres grundsätzlich zur Verfügung stehen soll. Zum Empfang von Ausschüttungen berechtigt ist die Gruppe der Eigenkapitalgeber und der Staat als steuererhebende Autorität. Demgegenüber stehen die Interessen derjenigen Beteiligten, die naturgemäß an einer Einbehaltung von erwirtschafteten *cash-flows* in der Unternehmung interessiert sind: Dies ist vor allem die Gruppe der Fremdkapitalgeber, deren Zahlungsansprüche durch eine Entleerung des Unternehmensvermögens in Gefahr geraten kann. Es ist die Aufgabe der externen Rechnungslegung, hier einen Interessenausgleich zu schaffen, der sich an möglichen ordnungspolitischen Leitbildern der Funktionen von Fremd- und Eigenkapitalgewährung orientiert.

Mögliche Leitbilder beziehen sich auf die für sinnvoll und einer marktwirtschaftlichen Ordnung angemessen erachtete Verteilung von Kapitalverlustrisiken zwischen Fremd- und Eigenkapitalgebern[25]: Das ordnungspolitische Leitbild des Gesetzgebers konkretisiert sich insbesondere im Begriff des Gläubigerschutzes[26] unter dem Aspekt der Ausschüttungssperrfunktion von Bewertungsregeln:[27]

---

[24] Zu diesem Spannungsverhältnis und seiner Bewältigung in der Rechtssprechung des BFH grundlegend *Moxter,* Adolf (1988a): Periodengerechte Gewinnermittlung und Bilanz im Rechtssinne, in: Knobbe-Keuk, Brigitte et al. (Hrsg.): Handelsrecht und Steuerrecht, Festschrift für *Dr. Dr. hc. Georg Döllerer,* Düsseldorf 1988, S. 447–459.

[25] Für die Bedeutung der externen Rechnungslegung zur Klärung des möglichen Interessenkonfliktes zwischen Anteilseignern und Unternehmensführung vgl. auch Kapitel 5., S. 173 ff.

[26] Zur geschichtlichen Entwicklung des Begriffes im Rahmen der handels- und steuerrechtlichen Gewinnermittlung vgl. etwa *Loitlsberger,* Erich (1964): Die Zusammenarbeit zwi-

Würde der Gesetzgeber dem Gläubigerschutz absoluten Vorrang vor den Ausschüttungsinteressen der Eigenkapitalgeber einräumen, so müßte die sichere Befriedigung der Gläubigeransprüche zu allen Zeitpunkten der Lebensdauer der Unternehmung gewährleistet sein. Grundsätzlich wäre dies zu bewerkstelligen, indem die Gewinnermittlung der externen Rechnungslegung auf der Basis von Liquidationsbilanzen — unter Berücksichtigung aller bei einer Liquidation anfallenden Transaktionskosten — vorgenommen würde.[28] Wenn eine solche Ausgestaltung noch von einer schlagkräftigen Überschuldungsregelung flankiert wäre,[29] könnte die Erfüllung der Gläubigeransprüche durch das Ausschüttungsverhalten der Anteilseigner nicht gefährdet werden.

Der ganze Kanon der im Handels- und Steuerrecht kodifizierten Bewertungsregeln — verbunden mit der ausdrücklichen Festlegung des Prinzips der Unternehmensfortführung in § 252 (1) Nr. 2 HGB — spricht hier allerdings eine andere Sprache: Eine solche absolute Priorität des Gläubigerschutzes entspricht offensichtlich nicht den ordnungspolitischen Leitvorstellungen des Gesetzgebers.[30]

Zum besseren Verständnis mag man sich die Konsequenzen einer möglichen Absolutsetzung des Gläubigerschutzes vor Augen halten, die selbst dann eintreten würden, wenn — was oft in Frage gestellt wird[31] — eine derartige Messung von Liquidationswerten tatsächlich möglich wäre: Bei einer hypothetisch gedachten Bilanzgewinnermittlung auf der Basis echter Liquidationswerte entfiele jedes Ausfallrisiko von Gläubigeransprüchen. Damit einhergehend wäre für den Kreditgeber auch jeder Anreiz dahin, sich über die Ertragslage einer kreditnehmenden Unternehmung zu informieren. Die Rückzahlung seines Kapitaleinsatzes wäre ja schon durch die Gewinnermittlungs- bzw. Ausschüttungssperr-

---

schen Betriebswirtschaftslehre und Recht, in: Schriften des Vereins für Socialpolitik, NF Jahrgang 1964, S. 154–171, insbes. S. 159 ff.

27 Da die Ausschüttungssperrfunktion des handelsrechtlichen Gewinnes nur bei Kapitalgesellschaften greift, bezieht sich auch die Betrachtung in diesem Abschnitt ausschließlich auf Kapitalgesellschaften.

28 Vgl. zu dieser Vorgehensweise *Krümmel,* Hans-Jacob (1962): Zur Bewertung im Kreditstatus, in: ZfhF 1962, S. 143 ff.

29 Zu einer derart konzipierten Gläubigerschutzregel für Kreditinstitute sowie zur Kritik vgl. *Krümmel,* Hans-Jacob (1968): Liquiditätssicherung im Bankwesen, Teil 1, in: Kredit und Kapital 1968, S. 247–307, insbes. S. 287.

30 Vgl. zur Kritik einer derartigen Verabsolutierung des Gläubigerschutzes auch *Busse von Colbe,* Walter (1984): a.a.O.: S. 46 ff. Zum Gewicht des Liquidationskonzeptes im Bilanzrecht des HGB allgemein vgl. *Förster,* Wolfgang/*Grönwoldt,* Jens (1987): Das Bilanzrichtlinien-Gesetz und die Liquidationsbilanz, in: BB 1987, S.577–581.

31 Vgl. *Krümmel,* Hans-Jacob (1988): Unternehmenspolitische Vorgaben für die Risikosteuerung der Bank, in: Krümmel, Hans-Jacob und Bernd Rudoph(hrsg.): Finanzintermediation und Risikomanagement, Frankfurt a.M. 1988, S. 32–56, insbes. S. 34 ff., der mit dem Blick auf nicht meßbare Risiken eine absolute Sicherung der Solvenz von Kreditinstituten bestreitet.

vorschriften gesichert. Die Verantwortung für die Beschaffung und Evaluierung von Informationen läge allein bei den prüfenden Instanzen.

Gesamtwirtschaftlich könnte dies die unerwünschte Folge haben, daß die Lenkung der Kapitalströme in ihre jeweils effiziente Verwendung ernsthafte Störungen erlitte: Kein Kreditgeber würde seine Entscheidung von den Ertragsaussichten seines Kreditnehmers abhängig machen. Entweder käme in der Konsequenz die Fremdkapitalvergabe völlig zum Erliegen, oder es käme zu ernsthaften Fehlsteuerungen im Prozeß im Allokationsprozeß.[32]

Wird aber ein absoluter Vorrang des Gläubigerschutzes durch Ausschüttungssperre auf der Basis des Zerschlagungswertprinzips verworfen, so stellt sich die Frage, wie der Stellenwert des Gläubigerinteresses durch die gesetzliche Ausschüttungsbegrenzung dann zu gewichten ist:[33] Wenn die Bemessungsregeln der Ausschüttung die Fremdkapitalgeber nicht gegen alle nur möglichen Verlustrisiken absichern, gegen welche einzelnen Kategorien von Risiken sollen Fremdkapitalansprüche dann geschützt werden und gegen welche nicht?

Eine Antwort ist nicht durch eine ausdrückliche und systematisch begründete Stellungnahme des Gesetzgebers vorgegeben, sondern muß aufgrund einer wertenden Interpretation der im einzelnen gültigen und gesetzlich kodifizierten Bewertungsregeln erst entwickelt werden. Dabei ist davon auszugehen, daß die handelsrechtlichen Bilanzierungsregeln — wie alle kodifizierten Rechtsnormen — nicht lediglich kasuistische Bestimmungen beinhalten, sondern Ausfluß eines ordnungspolitischen Gestaltungswillen des Gesetzgebers sind,[34] der sich — da die unmittelbare Konsequenz dieser Bewertungsregeln in der Abgrenzung der Verfügungsmacht über Eigentumsrechte an Geldmitteln einer Unternehmung liegt — auf die systematische Abgrenzung der Risikoposition der beiden Gruppen bezieht, die an der Finanzierung der Unternehmung beteiligt sind.[35] Die Herleitung der ordnungspolitischen Zielvorstellungen des Gesetzgebers aus den

---

[32] Vgl. zur Bedeutung des Informationstransfers bei Kreditbeziehungen für die Allokation von Kapitalmitteln insbes. *Dosi*, Giovanni (1990): Finance, Innovation and Industrial Change, in: Journal of Economic Behavior and Organization 1990, S. 299–319. Vor dem Hintergrund dieser unmittelbar ordnungspolitischen Argumentationsweise für die Ablehnung des Liquidationsprinzips in der externen Rechnungslegung scheint die Auffassung, daß dafür letztlich Objektivierungsgesichtspunkte ausschlaggebend seien, uns zwar nachvollziehbar, aber weniger gewichtig zu sein. Vgl. zu dieser These: *Moxter*, Adolf (1980): Ist bei drohendem Unternehmenszusammenbruch das bilanzrechtliche Prinzip der Unternehmensfortführung aufzugeben?, in: WPg 1980, S. 345 ff., zur weiteren Diskussion die Betrachtung in Abschnitt 4.1.1., S. 153 ff.

[33] Vgl hierzu auch *Leffson*, Ulrich (1987): a.a.O., S. 59 ff.

[34] Zu dieser Anschauung vgl. *Larenz*, Karl(1983): Methodenlehre der Rechtswissenschaft, 5. Aufl., Berlin, Heidelberg, New York, Tokyo 1983, S. 321 ff. bzw. *Leffson*, Ulrich (1987): a.a.O., S. 34 ff.

[35] Wenn im Folgenden versucht wird, das ordnungspolitische Leitbild des Gesetzgebers auf den Punkt zu bringen, so ist hiermit die vom Gesetzgeber beabsichtigte Interessenabgrenzung der einzelnen Gruppen gemeint, aus der sich im Einzelfalle operationalisierbare Ergeb-

einzeln kodifizierten Bewertungsregeln und darauf aufbauend die Formulierung von Lösungsansätzen für Bewertungsprobleme, die nicht eindeutig durch die rechtlichen Bestimmungen erfaßt sind, entspricht der teleologischen Auslegung von Rechtsnormen.[36]

Versucht man nun, aus den Einzelregelungen des Bilanzrechtes ein Leitbild des Risikoschutzes zu kondensieren, den der Gesetzgeber den Fremdkapitalgebern der Unternehmung zugesteht, so könnte man zu folgender Formulierung gelangen:[37]

(1) Nur diejenigen Erfolgsbeiträge stehen den Eigenkapitalgebern zur Verfügung, welche den Grad an Gegenständlichkeit erreicht haben, der durch das im letzten Absatz erläuterte Realisationsprinzip vorgegeben ist. Ausgaben, welche den unrealisierten, künftig erwarteten Erträgen als Aufwendungen mit hinreichender Konkretheit zugeordnet werden können, werden grundsätzlich erfolgsneutral behandelt[38]. Umgekehrt werden künftig anfallende Ausgaben, die zu heutigen Erträgen in einer nachvollziehbaren Beziehung stehen, schon heute erfolgswirksam.

(2) Fremdkapitalgeber sind darüberhinaus gegen diejenigen Verlustrisiken zu schützen,[39]

---

nisse ableiten lassen sollen. Es bedeutet nicht, daß das Handelsbilanzrecht als ein System von sich axiomatisch entfaltenden Sätzen anzusehen sei, die jeweils zu eindeutigen Fallösungen führen. Vgl. hierzu *Leffson,* Ulrich (1987): a.a.O., S. 150 ff.

[36] Grundlegend *Larenz,* Karl (1983): a.a.O., S. 318 ff. In Bezug auf das Bilanzrecht bestreitet *Dieter Schneider* die Legitimität einer solchen teleologischen Auslegung, weil er hier keinen vernünftigen Gesetzesplan zu erkennen glaubt, der Ausdruck eines ordnungspolitischen Gestaltungswillen sein könnte, vgl. *Schneider,* Dieter (1983): Rechtsfindung durch Deduktion von Grundsätzen ordnungsmäßiger Buchführung aus gesetzlichen Jahresabschlußzwecken?, in: StuW 1983, S. 156 f. Die einzige Schlußfolgerung, die aus dieser Auffassung zu ziehen wäre, bestünde in der Aufgabe der Auslegung von Bilanzrechtsnormen *de lege lata* als betriebswirtschaftliche Disziplin. Eine Revision dieses Standpunktes im Sinne differenzierter ordnungspolitischer Leitbilder von Handels- und Steuerbilanz kündigt sich an in: *Schneider,* Dieter (1989/1990): Rechtssichere Gesetzesanwendung und Steuerplanung — Ein Beitrag zu ökonomischen Analyse des Rechts-, in: JbfFSt 1989/1990, S. 85–98.

[37] Mit dieser Formulierung soll keine andere Konzeption entwickelt werden als die des „entziehbaren, verlustantizipierenden Umsatzgewinnes", vgl. *Euler,* Roland (1991): Zur Verlustantizipation mittels des niedrigeren beizulegenden Wertes und des Teilwertes, in: ZfbF 1991, S. 193, bzw. *Moxter,* Adolf (1980): a.a.O., S. 347 f.

[38] Vgl. *Leffson,* Ulrich (1987): a.a.O., S. 251: „Auf der Erfolgsneutralisierung von Ausgaben, die erst in späteren Perioden zu Aufwand werden, beruht das Grundprinzip der Aktivierung und damit die Bilanz überhaupt.", im gleichen Sinne grundlegend die Ausdeutung des Anschaffungskostenprinzips bei *Kupsch,* Peter (1990): Zur Problematik von Anschaffungskosten, in: StbJb 1989/1990, S. 94 ff.

[39] Zum Folgenden vgl. auch für eine Kommentierung von § 252 (1) Nr. 4 HGB als Verankerung dieser Sichtweise im Handelsrecht *Baetge,* Jörg/*Knüppe,* Wolfgang (1986) Vorhersehbare Risiken und Verluste, in: HURB S. 394—401 sowie allgemein zur Fundierung der Verlustantizipation als Bewertungskonzept in diesem Sinne *Leffson* Ulrich (1987): a.a.O., S. 339–397,

— die eindeutig durch eine sichtbare Änderung der Umweltverhältnisse in der Abrechnungsperiode vergegenständlicht sind.[40]

Beispiel: Niederstwertabschreibungen entspechend § 253(3) HGB auf Wertpapiere erfolgen grundsätzlich nach Maßgabe einer schon eingetretener Marktkursänderungen zum Stichtag, und nicht mit Blick auf die bloße Möglichkeit künftig eintretender Kursänderungen.

— die sich auf einzeln benennbare Rechtspositionen beziehen, die von der Unternehmung gehalten werden oder deren Bindungswirkung in absehbarer Zukunft mit einiger Sicherheit erwartet wird,

Beispiel: Verlustrückstellungen nach § 249 (1) HGB wegen eines drohenden Einbruchs der Branchenkonjunktur sind unzulässig, soweit nicht einzelne schwebende bzw. eingeleitete Geschäfte benannt werden können, denen diese Verluste konkret zuzuordnen sind.

— Dabei ist für die Bewertung von Verlusten derjenige Zahlungsstrom maßgeblich, der den Rechtspositionen entsprechend ihrer Verwendungsart im Unternehmen zugerechnet werden muß.

Beispiel: Der Veräußerungspreis ist zur Bewertung eines Gegenstandes des Anlagevermögens nach § 253 (2) HGB grundsätzlich unmaßgeblich, soweit die Veräußerung nicht beabsichtigter Verwendungszweck ist.

Dieser Risikoschutz wird gewährleistet, indem für die so spezifizierten Risiken zu Lasten des realisierten Periodenergebnisses Rechnung getragen wird.

Den mittels handelsrechtlicher Bilanzen gemessenen Gewinn könnte man mithin als Summe aus Realisationserfolgen und konkret erwarteten, einzeln abgrenzbaren Positionen zuzuordnenden Verlusten ansehen. Er ist weder als Approximation des Zerschlagungswertzuwachses noch als Approximation des Ertragswertzuwachses eines Unternehmens zu verstehen, sondern stellt ein eigenes Konzept dar, daß sich aus der Abgrenzung der Interessen von Eigen- und Fremdkapitalgebern entwickeln läßt.

Zu klären bliebe, wie das Prinzip der vorsichtigen Bewertung mit den in diesem Abschnitt entwickelten Aussagen in Einklang zu bringen ist. Nach allgemeiner Ansicht normiert das Vorsichtsprinzip die Verpflichtung, in Zweifelsfällen, wo bei einem Bewertungsproblem Interessengegensätze zwischen den Ausschüttungsansprüchen der Eigenkapitalgeber und den Ansprüchen der Fremdkapitalgeber auf Schutz ihrer Kapitaleinlage auftreten, zugunsten der Gläubigerinteressen zu entscheiden.[41] Hierdurch wird jedoch wohl kaum eine

---

[40] Eine solche Konzeption der Vergegenständlichung von Verlustrisiken findet sich schon bei *Schmalenbach,* Eugen (1956): Dynamische Bilanz, 12. Aufl., Köln und Opladen 1956, S. 154 ff.

[41] Vgl. hierzu etwa die knappen Bemerkungen von *Ballwieser,* Wolfgang (1985): Sind mit der neuen Generalklausel zur Rechnungslegung auch neue Prüfungspflichten verbunden?, in: BB 1985, S. 1036.

allgemeine ordnungspolitische Präferenz des Gesetzgebers im Sinne einer Absolutsetzung des Gläubigerschutzzieles zum Ausdruck gebracht; das Erfordernis einer solchen Regelung ergibt sich vielmehr aus der asymmetrischen Verteilung der Einflußmöglichkeiten beider Gruppen auf die externe Gewinnermittlung: Da die Rechnungslegungskompetenz in Händen der Eigenkapitalgeber oder ihrer Vertreter liegt, muß es eine Schutznorm geben, die eine mißbräuchliche Ausnutzung dieses Machtungleichgewichtes verhindert.[42]

2.4. Das Eingreifen finaler Bewertungskonzepte: Erfolgsneutralität und Verlustantizipation aus eingeleiteten Geschäften

Die dargelegte Konzeption des Erfolges der externen Rechnungslegung besitzt „offene Flanken", an denen geschäftszweckgebundene Bewertungskonzeptionen zum Tragen kommen. Zwei Fragen sind dabei von Belang:

Wie sind Zahlungsvorgänge vergangener Perioden dem — willkürfrei erkennbar — realisierten Ertrag der laufenden Periode als Aufwand zuzuordnen? Und welche Zahlungsvorgänge sind zusammenzufassen, um Verluste abzugrenzen, die aus Gründen des Gläubigerschutzes in dieser Periode vorweggenommen werden müssen?

Es ist kein Grund vorhanden, warum für beide Fragen unterschiedliche Zurechnungskriterien gelten sollen: Grundsätzlich lassen sich Aus- und Einzahlungsvorgänge einander zur Herleitung eines Erfolgssaldos zuordnen, wenn sie derselben Disposition angehören.[43]

Mit der Zuordnung entsprechend dem dispositiven Zusammenhang wird allerdings ein gewichtiges subjektives Moment in die Rechnungslegung hineingetragen: Entscheidend hierfür ist die unternehmerische Zwecksetzung, die finale Zuordnung der in Rede stehenden Rechtspositionen zu konkreten Um-

---

[42] Eine solche interessenbezogene Begründung der Tragweite des Vorsichtprinzips in der externen Rechnungslegung erscheint uns aus ordnungspolitischem Blickwinkel sinnvoller als die Bemühung des Genrebildes vom ehrenwerten und ordentlichen und daher auch vorsichtigen Kaufmannes.

[43] Diese Forderung scheint im Gegensatz zur Rechtsprechung des BFH zu stehen, der den Grundsatz der einheitlichen Behandlung des schwebenden Geschäftes angeblich ablehnt, vgl. BFH 17.7.1974 — IR 195/72 BSTBl. II 1974 S. 684, BB 1974 S. 1287. Siehe hierzu etwa *Beisse,* Heinrich (1979): Zur Bilanzauffassung des Bundesfinanzhofes, in: JbfFStR 1978/1979, S. 187–198, bzw. *Döllerer,* Georg (1982): Grundsätze ordnungswidriger Bilanzierung, in: BB 1982, S.777 ff., der darin einen „Grundsatz ordnungswidriger Bilanzierung" ausmacht. Irritiert fragt man sich in diesem Zusammenhang, welches Leitbild einer bilanziellen Reinvermögensposition der Rechtsprechung des BFH denn sonst zugrunde liegen soll, wenn nicht die Erfolgsneutralisierung von Zahlungen innerhalb eingeleiteter Dispositionen, wozu ja auch schwebende Geschäfte gehören. Vgl. hierzu auch kritisch hinterfragend *Groh,* Manfred (1989): Vor der dynamischen Wende im Bilanzsteuerrecht, in: BB 1989, S. 1586–1588.

schichtungsvorgängen. Subjektivität wird aber gewöhnlicherweise als systemfremdes Element im Kanon der Rechnungslegungsregeln angesehen; natürliches Ansinnen des Gesetzgebers muß es sein, subjektive Bewertungsspielräume zu beschränken und restriktive Regelungen zu entwerfen, um etwa die beliebige Aktivierung von Ausgaben mit Blick auf — möglicherweise fingierte — dispositive Zusammenhänge zu unterbinden.

Es ist ein Charakteristikum des geltenden Handelsrechtes, daß man dieses Problem in zwei Stufen angeht: Die Frage, ob eine Auszahlung aktiviert werden darf — Ansatzproblem — wird sachlich getrennt von der Frage behandelt, wie dieser Vorgang bei Aktivierung schließlich bewertet wird.[44] Diese beiden Stufen sind näher zu betrachten.

2.4.1. Ansatzrestriktion: Vermögensgegenstand

Nach § 246 (1) HGB enthält der Jahresabschluß als Aktiva sämtliche Vermögensgegenstände und (aktive) Rechnungsabgrenzungsposten. Zahlungsvorgänge dürfen demnach nur aktivisch angesetzt werden, wenn ihnen entweder Vermögensgegenstände oder Rechnungsabgrenzungsposten gegenüberstehen, von genauer spezifizierten Ausnahmen abgesehen.[45] Der Begriff des Vermögensgegenstandes wird allerdings in der Literatur unterschiedlich definiert:[46] Man unterscheidet zumindest vier mögliche Definitionsfassungen, die jeweils unterschiedliches Gewicht auf die Eigenschaft des Vermögensgegenstandes als Verfügungsrechtsposition und ihre Fungibilität legen:[47]

---

[44] Analoges gilt für die Passivseite; vgl. etwa für den Fall der Trennung von Ansatz und Bewertung bei Verlustrückstellungen *Eibelshäuser,* Manfred (1987): Rückstellungsbildung nach neuem Handelsrecht, in: BB 1987, Heft 13, S. 860–866.

[45] Allgemein zu Begriff und Bedeutung von Bilanzierungshilfen im Handelsrecht vgl. *Ströhlein,* Peter (1988): Bedeutung betriebswirtschaftlicher Bilanztheorien für die Systematisierung und Auslegung handelsrechtlicher Bilanzierungshilfen, Frankfurt a.M., Bern, New York, Paris 1988, S. 59 ff.

[46] Für eine knappe Einführung in die Zwiespältigkeit des Begriffes im Spannungsfeld handels- und steuerrechtlicher Interpretation vgl. *Schneider,* Dieter (1986): Vermögensgegenstände und Schulden, in: HURB, S. 335–345. *Wacket,* Karl Heinz (1990): in: BB 1990, S. 243, verzichtet ganz auf eine eindeutige Festlegung: „Vermögensgegenstand ist ein gesetzlich nicht definierter Begriff, der im Rahmen der Grundsätze ordnungsmäßiger Buchführung durch Rückgriff auf die Zweckbestimmung der externen Rechnungslegung inhaltlich zu bestimmen ist."

[47] Darstellung in Anlehnung an *Kußmaul,* Heinz (1987): Sind Nutzungsrechte Vermögensgegenstände bzw. Wirtschaftsgüter?, in BB 1987, S. 2053 ff. m. w. V. Vgl. auch *Kußmaul,* Heinz (1989): Ertragssteuerliche Bedeutung des Begriffs „Wirtschaftsgut", in: Besteuerung und Unternehmenspolitik, Festschrift für *Günter Wöhe,* München 1989, S. 255–276, für eine Wertung in Anbetracht der modernen bilanztheoretischen Dogmatik vgl. etwa *Ballwieser,* Wolfgang (1985): a.a.O., in: BB 1985, S. 1037 ff.

(1) Ein Vermögensgegenstand ist dadurch definiert, daß er selbständig in seiner tatsächlich vorhandenen Form als Gegenstand des Rechtsverkehrs anderen Rechtspersonen übertragen werden kann *(Konkrete Veräußerungsfähigkeit).*[48]

(2) Ein Vermögensgegenstand ist dann vorhanden, wenn er seiner Natur nach und unabhängig von im konkreten Fall vorhandenen Hemmnissen grundsätzlich veräußerbar wäre *(abstrakte Veräußerungsfähigkeit).*[49]

(3) Ein Vermögensgegenstand ist dann gegeben, wenn die zugrundeliegende Position unternehmensextern verwertet werden kann — d. h. nicht unbedingt veräußerungsfähig sein muß, aber selbständig Gegenstand anderer Rechtsbeziehungen, wie etwa von Dauerschuldverhältnissen, sein kann.[50]

(4) Die Eigenschaft des Vermögensgegenstandes ist dann vorgegeben, wenn die Position nach der allgemeinen Verkehrsauffassung einer selbständigen Bewertung zugänglich - d.h. innerhalb des Betriebsvermögens als Einzelheit greifbar ist.[51] Diese Greifbarkeit erweist sich daran, daß im Falle einer hypothetischen Veräußerung des gesamten Betriebes der jeweilige Vorteil als werterhöhende Einzelheit bei der Kaufpreisermittlung vom Käufer berücksichtigt würde: Ein Auszahlungsvorgang der Vergangenheit stiftet also einen über die Zeit hinweg ausstrahlenden Nutzen, der ihm eindeutig zuzuordnen ist.

Die verschiedenen Stufen legen auf den Rechtscharakter von Vermögensgegenständen unterschiedlichen Wert: Wenn sich aus einem Zahlungsvorgang eine Rechtsposition entwickelt hat, die für sich genommen Gegenstand des Rechtsverkehrs sein kann, so wird dies im Sinne der ersten drei Stufen als hartes Indiz für eine Aktivierung angesehen. Damit ist allerdings weder gesagt, daß eine solche unternehmensexterne Verwertung des Gegenstandes überhaupt als Handlungsalternative in Betracht kommt, noch, daß dem betreffenden Vermögensgegenstand im Verkehr auch der Wert zukommen würde, mit dem er zu Buche steht.

Man muß daraus den Schluß ziehen, daß der alleinige Sinn und Zweck der verschiedenen Definitionsfassungen der Ansatzrestriktion darin besteht, den Ansatz von Auszahlungen als Aktiva zu beschränken; entgegen einer weit verbreiteten und oft suggerierten Auffassung[52] gewährleisten sie aber aus Gründen, die schon betrachtet wurden, keinen Gläubigerschutz in dem Sinne, daß etwa Rückschlüsse auf den Verkehrswert der diesen Zahlungsvorgängen rechtlich zugeordneten Gegenleistungen gezogen werden könnten.

---

[48] Vgl. *Kußmaul,* Heinz (1987): a.a.O., S. 2053.

[49] Vgl. ebd.

[50] Vgl. ebd.

[51] Vgl. ebd. und kritisch kommentierend *Knobbe-Keuk,* Brigitte (1991): Bilanz- und Unternehmenssteuerrecht, 8. Aufl., Köln 1991, S. 77 f.

Deshalb kann der Gläubigerschutzgedanke auch nicht dazu herhalten, der ersten Stufe unter den Definitionsfassungen (1), (2), (3) den Vorzug zu geben. Dem Rückgriff auf schuldrechtliche Normen kann nämlich einzig der Zweck zukommen, subjektive Ermessensspielräume „im Ansatz“ zu ersticken. Welche Stufe diese Objektivierungsfunktion am besten wahrnimmt, hängt dabei nicht unbedingt von dem zugrundeliegenden Grad an unternehmensexterner Verwertbarkeit, sondern vielmehr davon ab, ob der Rechtscharakter der Position durch schuldrechtliche Subsumptionstechniken eindeutig erhärtet werden kann.

Die letzte Stufe sieht überhaupt nicht mehr vor, daß zum Betrachtungszeitpunkt irgendeine Rechtsposition aus dem Zahlungsvorgang vorhanden sein muß. Die oben erläuterte Trennung von Ansatz- und Bewertungsproblem ist hier im Grunde nicht mehr gegeben. Ausschlaggebend für die Ansatzfähigkeit eines Vorganges als Aktivum ist unmittelbar dessen in die Zukunft ausstrahlender Wert für die gesamte Unternehmung.[53] Diese Stufe stimmt überein mit der Konzeption des Wirtschaftsgutes nach der traditionellen Rechtsprechung des Bundesfinanzhofes, wonach der Begriff des Wirtschaftsgutes „(...) nicht nur Sachen und Rechte, sondern auch tatsächliche Zustände, konkrete Möglichkeiten und Vorteile und die nach der Verkehrsauffassung einer besonderen Bewertung zugänglich sind“,[54] umfaßt. Als Kriterium für die selbständige Bewertbarkeit wird angenommen, daß im Falle einer gedachten Veräußerung des Betriebes der Vermögensvorteil als Einzelheit bei der Kaufpreisbemessung ins Gewicht fiele.[55]

Die verschiedenen Stufen des Ansatzproblems in der Bilanz sind Ausdruck eines Spannungsverhältnisses zwischen dem Mehr an intersubjektiver Nach-

---

52 Typisch für diese Sichtweise ist etwa folgende knappe Einlassung in einem Beitrag über eine Einzelfage der Rechnungslegung: „Die handelsrechtliche Bilanzierung steht — wenigstens was die Bilanzierung dem Grunde nach anbelangt — eindeutig unter dem Primat des Gläubigerschutzes. Deshalb dürfen in die Bilanz nur solche Vermögensgegenstände aufgenommen werden, von denen vermutet wird, daß sie (...) ein Schuldendeckungspotential besitzen. Oder anders ausgedrückt: die Bilanz sollte möglichst nur solches Vermögen ausweisen, das im Falle einer Unternehmenszerschlagung für die Gläubiger verwertbar („versilberungsfähig“) und in diesem Sinne Haftungsvermögen ist.“ *Streim,* Hannes (1979): Zur Frage der bilanziellen Behandlung von Ausbildungskosten, in: WPg 1979, S. 499. Für einen so verstandenen Gläubigerschutz wäre aber einzig und allein der Wert der gesamten Haftungsmasse von Interesse. Solange durch die gedankliche Trennung von Ansatz und Bewertung dieser Wert grundsätzlich in keinem Zusammenhang zu den bilanzierten Beträgen steht, kann auch nicht mit Blick auf den Gläubigerschutz im Zerschlagungsfalle irgendeine bestimmte Ansatzrestriktion gerechtfertigt werden.

53 Diese Interpretation des Vermögensgegenstandes beruht auf dem unten noch ausführlich zu erörternden Teilwertgedanken, siehe unten 2.4.3., S. 67 ff.

54 Ständige Rechtsprechung, zitiert nach *Söffing,* Günter (1979): Zum Begriff Wirtschaftsgut, in: JbfFStR 1978/1979, S. 201. Eine kritische Aufarbeitung des traditionellen Wirtschaftsgutbegriffes mit seinen Definitionsmerkmalen findet sich etwa bei *Jacobs,* Otto H. (1969): a.a.O., S. 634 ff.

55 Vgl. BFH-Urteil vom 18. 6. 1975, IR 24/73 BStBl. II 1975, S. 811.

prüfbarkeit, das die ersten drei Stufen verkörpern und dem Mehr an Denken in dispositiven Zusammenhängen, für das die letzte Stufe steht.[56]. Auch wenn es weithin herrschende Meinung ist, daß die *abstrakte Veräußerbarkeit* dieses Spannungsverhältnis am sinnvollsten löst, unterliegen diese Konzepte als Kompromißlösungen zwischen verschiedenen Zielvorstellungen einer ständigen Weiterentwicklung.[57]

2.4.2. Bewertungsrestriktion: Einzelbewertungsprinzip

Nach § 246 (1) Nr. 3 HGB sind die Vermögensgegenstände und Schulden zum Abschlußstichtag jeweils einzeln zu bewerten, nach § 246 (2) HGB dürfen Posten der Aktivseite nicht mit Posten der Passivseite verrechnet werden.[58] Diese Vorschriften haben zum Ziel, bei der Bewertung eines Bilanzpostens nur jene geflossenen oder künftig anfallenden Zahlungen zu berücksichtigen, die in einem unmittelbaren Zusammenhang zu dem betreffenden Gegenstand stehen. Dadurch soll verhindert werden, daß das restriktive Ansatzkriterium durch großzügige Auslegung der Bewertungsregeln wieder unterlaufen wird. Die Ermittlung eines Eigenkapitals durch Gegenüberstellung der additiv ermittelten Aktiv- und Passivposition ist überdies grundlegend für jede Art von Bilanz.[59]

Woran konkretisiert sich nun ein unmittelbarer Zusammenhang zwischen einzelnen Zahlungsvorgängen der Vergangenheit wie der Zukunft und dem zu bewertenden Objekt?

Man könnte diesem vom Einzelbewertungskriterium geforderten unmittelbaren Zusammenhang so interpretieren, daß bei der Bilanzbewertung nur wertbildende Sachverhalte zu berücksichtigen seien, die ihre Begründung in dem isolierten Vorhandensein des betreffenden Vermögensgegenstandes haben. Die besondere Funktion, die einem Vermögensgegenstand im Verbund mit dem gesamten Verfügungsrechtsbündels der Unternehmung zukommt, würde dann bei der Ermittlung des Bilanzwertes belanglos sein. Eine derartige Betrachtungsweise läuft allerdings wieder unmittelbar darauf hinaus, das Liquidationskonzept als allgemeingültiges Bewertungskonzept anzuerkennen. Allein der Zerschlagungswert ist derjenge, der einer Verfügungsrechtsposition isoliert überhaupt zukommen kann:

Die Zerschlagung ist nämlich die einzige sinnvoll denkbare Verwendungsweise einer einzeln vorhandenen Vermögensposition innerhalb einer nach dem

---

[56] Vgl. auch *Jacobs*, Otto H. (1969): a.a.O., insbes. S. 564 ff.

[57] Vgl. in einem ähnlichen Sinne *Schneider*, Dieter (1986): a.a.O., S. 335 ff.

[58] Vgl. hierzu *Ebke*, Werner (1986): Verrechnungsverbot, in: HURB S. 365–374.

[59] Vgl. hierzu und zu den verschiedenen Abstufungen des Einzelbewertungsprinzips *Moxter*, Adolf (1982): Betriebswirtschaftliche Gewinnermittlung, Tübingen 1982, S. 90 ff.

erwerbswirtschaftlichen Prinzip arbeitenden Unternehmung. Diese Folgerung ist absolut zwingend und kann jeder Argumentation entgegengehalten werden, die in Einzelfällen von Bilanzbewertungsproblemen alle anderen Erwägungen durch eine restriktive Auslegung des Einzelbewertungsprinzips beiseite zu schieben versucht.[60]

Wenn das Einzelbewertungsprinzip nicht im Sinne der Ermittlung eines isolierten Wertes[61] der einzelnen Position verstanden werden kann, so erscheint es angebracht, hier vielmehr von einem „Einzelerfassungsprinzip"[62] zu sprechen: Es sollen Zahlungsvorgänge der Vergangenheit und Zukunft erfaßt werden, welche in einem konkreten Zusammenhang zu dem Vorhandensein des zu bewertenden Vermögensgegenstandes im Betrieb stehen.[63] Schon der Anschaffungskostenbegriff des Bilanzrechts nach § 255 HGB[64] führt deutlich vor Augen, daß dabei nicht nur auf jene Zahlungen abgestellt werden soll, die als Gegenleistung aufgewandt wurden, um die rechtliche Verfügungsmacht über einen Gegenstand zu erlangen — sonst wären etwa keine Anschaffungsnebenkosten mit einzubeziehen —, sondern daß an einen weitergehenden Zusammenhang gedacht ist.

Wie unsere kurze Analyse von Ansatz- und Bewertungsrestriktionen zeigt, bieten die gesetzlichen Regelungen keinen Anhaltspunkt, der es erlauben würde, von wirtschaftlichen Zusammenhängen und Funktionsgebungen bei der Bewertung einzelner Rechtspositionen *de lege lata* zu abstrahieren. Wie aber könnte man sich ein Bewertungskonzept vorstellen, das diese Zusammenhänge berücksichtigt, ohne gleich in die Ermittlung des Kapitalwertes der Gesamtunternehmung zu münden?

---

[60] Ins Gewicht fallen hier besonders rechtswissenschaftlich geprägte Beiträge zur Verlustantizipationsproblematik. Wir verweisen auf unsere Betrachtung in den Abschnitten 3.4.2.1., S. 117 ff. und 3.5.1., S. 140 ff. unten.

[61] Vgl. hierzu auch *Albach,* Horst (1964): Diskussionsbeitrag zu den Berichten von Prof. Dr. *Gutenberg* und Prof. Dr. *Ballerstedt,* in: Schriften des Vereins für Socialpolitik NF 33 Jg.1964, S. 149.

[62] Vgl. die Ausführungen bei *Moxter,* Adolf (1982): Betriebswirtschaftliche Gewinnermittlung, Tübingen 1982, S. 90 ff, oder auch *Ordelheide,* Dieter (1987): Kaufmännischer Periodengewinn als ökonomischer Gewinn — Zur Unsicherheitsrepräsentation bei der Konzeption von Erfolgsgrößen —, in: Domsch/Eisenführ/Ordelheide/Perlitz (Hrsg.): Unternehmenserfolg — Festschrift für Walter Busse von Colbe, Wiesbaden 1987, S. 275–302, S. 295: „Der Grundsatz der Einzelbewertung bezieht sich auf die Indikatoren, die wir benutzen, um die Einzahlungswerte als Ertragswertanteile rechnerisch zu ermitteln, nicht aber auf die Ertragswertanteile selbst."

[63] Vgl. in diesem Sinne *Herzig,* Norbert *(1987)*: a.a.O., S. 315 ff., Für die Interpretation von aktiven Vermögensgegenständen als Funktionseinheiten grundlegend: BFH-Beschluß vom 26.11.1973, BStbl 1974, Teil II, S. 132 ff.

[64] § 255 (1) Satz 1 HGB: „Anschaffungskosten sind die Aufwendungen, die geleistet wurden, um einen Vermögensgegenstand zu erwerben und ihn in einen betriebsbereiten Zustand zu versetzen, soweit sie dem Vermögensgegenstand einzeln zugeordnet werden können."

2.4.3. Ansatz- und Bewertungsrestriktion im Lichte der Teilwertkonzeption

2.4.3.1. Begriff, Funktion

Eine „harte" Auslegung der restriktiven Aktivierungskriterien „Vermögensgegenstand" und „Einzelbewertung" hätte letztlich zur Folge, daß sich die Jahresabschlußbilanz klammheimlich in einen Liquidationsstatus verwandelt. Gerade die Liquidationsprämisse erweist sich aber als ungeeignet, Grundlage der externen Erfolgsermittlung zu sein. Es muß also eine Deutung dieser Beschränkungen geben, die der Zielvorstellung, die wirtschaftliche Bedeutung der einzelnen Posten für die gesamte betriebliche Wertschöpfung zu berücksichtigen, genügt.

In diesen Zusammenhang ist der Teilwertbegriff der Finanzrechtsprechung[65] zu stellen, der seit Jahrzehnten Gegenstand von teilweise erbittert geführten Auseinandersetzungen ist.[66] Kein anderes Bewertungskonzept ist wohl sooft totgesagt worden; kein anderes Konzept hat wohl sooft Wiederauferstehung gefeiert.

Bekanntlich bezeichnet der Teilwert in der Legaldefinition des § 6 Abs. (1) Nr. 1, Satz 3 EStG denjenigen „(...) Betrag, den ein Erwerber des ganzen Betriebes im Rahmen des Gesamtkaufpreises für das einzelne Wirtschaftsgut ansetzen würde; dabei ist davon auszugehen, daß der Erwerber den Betrieb fortführt." An dieser Stelle des Einkommensteuergesetzes liegt das Gewicht des Teilwertkonzeptes auf seiner Anwendung als Bewertungsregel; nach der — inzwischen allerdings sehr in Frage gestellten — älteren Rechtsprechung des Bundesfinanzhofes konkretisiert sich eine in der Vergangenheit getätigte Ausgabe als aktivierungsfähiges Wirtschaftsgut, wenn ein Erwerber des gesamten Betriebes sie als werterhöhende Komponente bei der Ermittlung des Gesamtkaufpreises berücksichtigen würde, wobei davon ausgegangen wird, daß das Unternehmen in gleicher Weise wie bisher betrieben wird.[67] Hierbei kommt die Teilwertkonzeption als Ansatzregel zum Tragen.[68]

Eine wesentliche Zielsetzung des Teilwertkonzeptes liegt mithin darin, greifbar zu machen, was Einzelbewertung im Going — concern überhaupt bedeutet. Dies soll geschehen, indem man die Ermittlung einer Preisobergrenze für die gesamte Unternehmung durch einen potentiellen Käufer als Entscheidungs-

---

[65] Der Teilwertbegriff hat seinen Ursprung bei *Mirre,* Ludwig (1913): Gemeiner Wert und Ertragswert, in: Zeitschrift des Deutschen Notarsvereins, 1913, S. 155–176. Zur Weiterentwicklung des Teilwertkonzeptes in der Rechtsprechung vgl. m.w.V. *Moxter,* Adolf (1986): Bilanzierung nach der Rechtsprechung des Bundesfinanzhofes, Tübingen 1986, S. 176 ff.

[66] Vgl. für viele die Polemik bei *Schneider,* Dieter (1971a): Eine Reform der steuerlichen Gewinnermittlung?, in: StuW 1971, S. 337 ff.

[67] Vgl. *Knobbe-Keuk,* Brigitte (1991): a.a.O., S. 77 f.

[68] Dies entspricht der angeführten vierten Stufe der Ansatzrestriktion in Abschnitt 2.4.1., S.62 ff.

situation zugrundelegt.[69] Wie kann man sich solch eine Kaufpreisermittlung anhand der einzelnen Gegenstände vorstellen?

2.4.3.2. Ermittlungsmethode im einfachsten Fall

Die Feststellung der Preisobergrenze einer Unternehmung — worunter ein gewinnmaximierender Käufer den abgezinsten Gegenwartswert aller über die Lebenszeit der Unternehmung hinweg anfallenden Zahlungsströme verstehen würde[70] — basierend auf dem Einzelwertprinzip ist nur in jenem schon einmal betrachteten theoretisch denkbarem Falle[71] unproblematisch, wo jedem einzelnen, im Unternehmen vorhandenen Vermögensgegenstand isoliert und eindeutig eine Zahlungsreihe zugeordnet werden kann, aus der sich dann ein Ertragswert für diesen Vermögensgegenstand ergibt.[72]

Anders ausgedrückt: Sie ist denkbar, wenn das Unternehmen aus einer Summe gleichgeordneter Dispositionen besteht, die zum Zeitpunkt der Ermittlung jeweils durch eine einzelne gehaltene Rechtsposition vergegenständlicht sind. In diesem Falle würde ein potentieller Erwerber vor der Wahl stehen, den einzelnen Vermögensgegenständen drei alternative Werte zuzuordnen, und zwar:

— den Ertragswert dieser Position, gemessen als abgezinster, zukünftig daraus erwarteter Rückfluß an Finanzmitteln;

— den Wiederbeschaffungswert, sowie

— den Liquidations-, d. h. den erzielbaren Veräußerungswert.

Die in vielen Entscheidungen der Finanzgerichtsbarkeit konkretisierte Rechtsprechung beinhaltet folgende, auf den ersten Blick einleuchtende Lösung des Problems:[73]

---

[69] Die entgegengesetzte Auffassung *Doralts*, es ginge hierbei nicht um Kaufpreisermittlung, sondern um die Ermittlung des Wertansatzes in der Eröffnungsbilanz des Erwerbers, ist widersprüchlich zum Gesetzeswortlaut und hat keinen weiteren Erklärungswert, weil sie in einen Zirkelschluß führt: Der festgestellte Teilwert soll ja gerade für Bilanzierungszwecke verwendet werden! Vgl. *Doralt*, Werner (1984): Der Teilwert als Anwendungsfall des Going-Concern-Prinzips, in: *Raupach*, Arndt (Hrsg.) Werte und Wertermittlung im Steuerrecht, Köln 1984, S.141–153.

[70] In diesem Sinne vgl. etwa *Moxter*, Adolf (1983): Grundsätze ordnungsmäßiger Unternehmensbewertung, 2. Aufl., Wiesbaden 1983, S. 9 f.

[71] Vgl. Abschnitt 2.1.2., S. 51 ff.

[72] Von der Vorstellung, daß man jedem selbständig bewertbaren Wirtschaftsgut eine isolierte Zahlungsreihe zuordnen kann, geht auch *Albach* in seinem Beitrag aus. Ausgaben für den goodwill, die nicht selbständig abgrenzbar seien, fänden ihren Niederschlag in den Zahlungsreihen der einzelnen Wirtschaftsgüter, vgl. *Albach*, Horst (1963): Zur Bewertung von Wirtschaftsgütern mit dem Teilwert, in: WPg 1963, S. 629.

(1) Ist der Ertragswert der Einzelposition höher als der Liquidationswert und höher als der Wiederbeschaffungspreis, so würde ein potentieller Erwerber trotzdem nur den Wiederbeschaffungspreis ansetzen, weil er im Rahmen der Gesamtwertermittlung für Einzelteile keinen höheren Wert zugestehen würde, als den, den er selber zu deren Neubeschaffung aufwenden würde.

(2) Ist der Ertragswert der Einzelposition niedriger als der Wiederbeschaffungswert, aber höher als der Liquidationswert, so kommt der Ertragswert zum Ansatz.

(3) Ist der Ertragswert niedriger als der Liquidationswert, kommt der Zerschlagungswert zum Ansatz, weil der Käufer in diesem Falle das zu bewertende Wirtschaftsgut nach dem Erwerb des Betriebes veräußern würde.

In einer einfachen Welt wäre mithin das Bewertungsproblem anhand weniger Faustregeln zu lösen.

Nur: Selbst unter den zugrundegelegten, unrealistisch vereinfachten Bedingungen wird auf diese Weise kein Gesamtkaufpreis ermittelt. Denn den Unternehmer, der es zuließe, daß ein potentieller Erwerber seines Betriebes auf solche Weise den Rahm abschöpfte, gibt es nicht, oder es sollte ihn jedenfalls nicht geben. Bei der Bewertung der Einzelteile zum Zweck der Gesamtkaufpreisermittlung werden nämlich zwei unterschiedliche Entscheidungssituationen vermengt: Es wird fingiert, ein potentieller Erwerber habe die Möglichkeit, das gesamte Unternehmen zu erwerben und dabei gleichzeitig einzelne Gegenstände des betriebsnotwendigen Vermögens auszusondern, um sie am Beschaffungsmarkt wiederzubeschaffen.

2.4.3.3. Das Zurechnungsproblem im Normalfall des fehlenden eindeutigen Bezuges künftiger Auszahlungsströme zu einzelnen Wirtschaftsgütern

Für den — komplexeren — Normalfall, daß in der Zukunft erwartete Zahlungsreihen sich einzelnen Vermögensgegenständen nicht eindeutig zuordnen lassen, bestehen mehrere Ansätze, die für sich in Anspruch nehmen, eine sachlogisch richtige Aufspaltung eines Gesamtwertes auf die einzelnen Elemente der Gesamtheit zu gewährleisten. Ausgehend von den unterstellten Separationskriterien wird eine Unterteilung in wiederbeschaffungsmarkt- und produktionstechnologieorientierte Ansätze vorgenommen.

---

[73] Zu den Teilwertvermutungen vgl. m.w.V. *Schmidt,* Ludwig (1990): § 6 EStG, Anm. 37, Einkommensteuergesetz, 9. Aufl., München 1990.

2.4.3.3.1. Wiederbeschaffungsmarktorientierte Ansätze: Differenzmethode, Shapleywert

Denkbar wäre es, daß ein potentieller Erwerber den durch die Diskontierung von erwarteten Zahlungsströmen ermittelten Kapitalwert des gesamten Unternehmens nach irgendeiner Methode auf die einzelnen Vermögensgegenstände aufspaltet, um auf solche Weise Einzelwerte herzuleiten. Ein derartiges Vorgehen steht aber nicht mit der gesetzlichen Teilwertdefinition im Einklang, da ihr jeglicher Entscheidungsbezug zur Gesamtwertermittlung fehlt.[74]

Eine andere Vorgehensweise, die es ermöglichen soll, den Teilwert eines Wirtschaftsgutes exakt zu ermitteln, ist die sogenannte Differenzmethode.[75] Sie definiert den Teilwert als denjenigen Betrag, den ein Erwerber für ein im Betrieb vorhandenes Wirtschaftsgut höchstens bereit wäre zu geben, gesetzt dem Fall, dieses Wirtschaftsgut wäre nicht vorhanden und der Erwerber beabsichtigte, den Betrieb fortzuführen.[76] Dieser Betrag wird als „Differenzinvestition" bezeichnet. Es gibt zunächst einmal zwei gedankliche Vorgehensweisen, um die Teilwerte aller im Betrieb vorhandenen Wirtschaftsgüter auf diese Weise festzulegen:

Die erste wird als Methode „mit Zurücklegen" bezeichnet; der Teilwert der einzelnen Vermögensgegenstände wird hierbei durch Vergleich des Kapitalwertes des vollständigen Vermögensensembles mit dem Kapitalwert des gleichen Vermögensensemble bei Fehlen des einzelnen jeweils zu bewertenden Gegenstandes festgestellt. Eine solche Betrachtungsweise legt den Teilwert eines jeden Wirtschaftsgutes eindeutig fest, hat aber zum Nachteil, daß die Summe der so ermittelten Differenzwerte aller Vermögensgegenstände systematisch vom Gesamtwert des Unternehmens abweicht.

Bei der anderen Methode „ohne Zurücklegen" scheidet der jeweils zu bewertende Vermögensgegenstand nach der Feststellung seines Teilwertes aus dem Vermögensensemble, anhand dessen die Differenzinvestition für die nachfolgenden Vermögensgegenstände ermittelt werden soll, aus. Hierbei ergibt die

---

[74] Die hier aufgeführte Vorgehensweise wird als Repartierungsmethode bezeichnet, vgl. *Albach,* Horst (1963): a.a.O., S. 627 bzw. *Albach,* Horst (1963): Zur Bewertung von Wirtschaftsgütern mit dem Teilwert, in: WPg 1963, S. 627. Hierzu und zum Folgenden vgl. auch mit weiteren Verweisen die kurze Darstellung bei *Müller-Dott,* Johannes (1989): Teilwertabschreibung auf Auslandsbeteiligungen, in: StbJb 1988/1989, S. 164 ff.

[75] Hierzu und zum Folgenden vgl. *Albach,* Horst (1963): a.a.O., S. 627.

[76] Ein offenes Problem hierbei ist, daß das bloße „Nichtvorhandensein" eines Vermögensgegenstandes keine denkmögliche Alternativvorstellung ist. Um die Bewertungssituation vollständig zu beschreiben, müßte man klären, wie sich dieses Nichtvorhandensein auf die gesamte Vermögenssituation der Unternehmung auswirkt. Man könnte etwa die Fiktion zugrundelegen, daß die für die Anschaffung des Vermögensgegenstandes aufgewandten Mittel als Kassenhaltung in der Unternehmung geblieben wären, vgl. *Krümmel,* Hans-Jacob (1992): a.a.O., S. 314 ff.

Summe aller Teilwerte zwar zwingend den Gesamtwert, allerdings ist der Wert des einzelnen Vermögensgegenstände nicht eindeutig, sondern pfadabhängig durch die zugrundegelegte Reihenfolge des Ausscheidens der vorhandenen Vermögensgegenstände bestimmt.

Eine Synthese dieser beiden Methoden, die sich aus einer axiomatischen Betrachtungsweise des Teilwertbegriffes herleiten läßt und daher eindeutige sowie mit der Teilwertdefinition konsistente Ergebnisse hervorbringt, zeigt *Luhmer* in einem theoretischen Beitrag[77] auf. Er definiert den Teilwert eines Wirtschaftsgutes als die „(...) Kosten einer optimalen Anpassung an ein plötzliches Verschwinden des zu bewertenden Gutes am Bilanzstichtag".[78] Aufbauend auf diesem Gedanken sollen Teilwerte für alle Aktiva und Passiva zu berechnen sein, ohne daß die Kenntnis des Gesamtertragswertes der Unternehmung nötig wäre. Als Alternativen der Anpassung an ein plötzliches Verschwinden eines Vermögensgegenstandes wird nämlich entweder dessen Wiederbeschaffung, oder die Veräußerung aller übrigen Vermögensgegenstände in Betracht gezogen. Ist die Differenz zwischem dem Kapitalwert des gesamten Vermögensensembles und der Summe der Wiederbeschaffungspreise der einzelnen Vermögensgegenstände höher als der Liquidationswert des Restvermögensensembles, so ist die Wiederbeschaffung des betrachteten Vermögensgegenstandes die optimale Anpassungsentscheidung *et vice versa*[79].

Luhmer kommt zu dem Schluß, daß der axiomatisch richtige Teilwert eines Vermögensgegenstandes der *Shapley*wert, d.h. der Durchschnittswert aller nur denkbaren Differenzinvestitionen[80] ist, die für den jeweiligen Vermögensgegenstand bei der Methode „ohne Zurücklegen" anfielen. Weitere Betrachtungen widmet *Luhmer* den Auswirkungen seines Konzeptes für die praktische Ermittlung von Teilwerten. Er bestätigt dabei, daß sich die Wiederbeschaffungskosten als Obergrenze und der Veräußerungserlös als Untergrenze der Teilwertermittlung ergibt, was mit den Teilwertvermutungen der Finanzgerichtsbarkeit in Einklang steht.

Für die Würdigung der *Luhmer*schen Ergebnisse ist es ratsam, einmal zu betrachten, wie *Luhmer* die Menge der Zurechnungsobjekte für seine Teilwertbe-

---

77 *Luhmer,* Alfred (1985): Zur Logik des Teilwerts, in: Zfbf 1985, S. 1051 ff.

78 *Luhmer,* Alfred (1985): a.a.O., S. 1052.

79 Zur Formulierung derartiger Entscheidungsalternativen vgl. auch *Engels,* Wolfram (1962): Betriebswirtschaftliche Bewertungslehre im Lichte der Entscheidungstheorie, Köln und Opladen 1962, S. 107 f.

80 Für eine knappe Erklärung des *Shapley*wertes vgl. *Hörner* Walter (1970): Zurechnung, in: Handwörterbuch der Rechnungslegung, hrsg. v. Erich Kosiol et al., Stuttgart 1970, Sp. 4763 f., für eine ausführliche Diskussion vgl. beispielsweise: *Holler,* Manfred J. und *Illing,* Gerhard (1990): Einführung in die Spieltheorie, Berlin, Heidelberg, New York, Tokyo 1990, S. 299 ff.

trachtungen — d. h. die Menge der Wirtschaftsgüter des Vermögensensensembles — abgrenzt. Hierzu schreibt *Luhmer*:

„Die Menge E im Sinne der umfassensten betrachteten Wirtschaftsgütermenge einer Unternehmung wird daher festgelegt als die Menge aller Aktiva und nicht bilanzierungsfähigen Güter (originärer Firmenwert, Werbegoodwill, selbsterstellte Erfindungen usw.), erweitert um das Fehlen jedes ihrer Schuldenteile.“[81]

Bei dieser Formulierung wird allerdings klar, daß das Bewertungsproblem in der *Luhmer*schen Version einen Freiheitsgrad mehr besitzt, als tatsächlich Vermögensgegenstände vorhanden sind: Der originäre Firmenwert ist ja nichts anderes als der Saldo des Gesamtwertes der Unternehmung und der Summe der Teilwerte der einzelnen Vermögensgegenstände. Wenn ein derartiger Überschußwert in die Gesamtheit der Bewertungsobjekte aufgenommen wird, so wird dadurch wieder eine gedankliche Trennung zwischen Gesamtbewertung und Bewertung der einzelnen Vermögensgegenstände eingeführt: Der Wiederbeschaffungswert als Obergrenze des Teilwertes ist nur haltbar, weil der Entscheidungsbezug der Teilwertermittlung zur Gesamtwertermittlung auf diese Weise durchbrochen wird. Die hieraus folgende Definition des Teilwertes als Kosten einer optimalen Anpassung an ein plötzliches Verschwinden des zu bewertenden Gutes am Bilanzstichtag hat aus diesem Grunde auch wenig mit der Entscheidungssituation einer fingierten Kaufpreisermittlung des Unternehmens gemein.

Daran anknüpfend ergibt sich das merkwürdige Ergebnis, daß der originäre Firmenwert genau dann als Wirtschaftsgut im Sinne der Teilwertdefinition von Wirtschaftsgütern anzusehen ist, wenn die Summe der Teilwerte aller anderen Wirtschaftsgüter vom Gesamtwert der Unternehmung abweicht. Der Wirtschaftsgutcharakter des originären Firmenwertes wird damit zu einer Frage der Ermittlungstechnik der Teilwerte aller anderen Wirtschaftsgüter.[82] Allein diese Inkonsistenz in der *Luhmer*schen Argumentationskette zeigt schon, daß auf diese Weise keine angemessene Würdigung wirtschaftlichen Bedeutung einer Einzelposition für die Gesamtunternehmung erreicht werden kann.[83]

Eine andere Frage ist, ob überhaupt eine konsistente Vorgehensweise der Bewertung der einzelnen Vermögensgegenstände anhand tatsächlicher Beschaffungs- und Veräußerungsmarktpreise der eingesetzten Faktoren denkbar ist, so daß die Summe der einzelnen Wertansätze den Ertragswert der Unternehmung ergeben würde.

---

[81] *Luhmer*, Alfred (1985): a.a.O. , S. 1057.

[82] Auf die spezifische Problematik der Bilanzierung von Firmenwerten wird noch weiter unten einzugehen sein. Siehe unten 3.1., S. 82 ff.

[83] *Luhmer* betont in seinem Beitrag den Opportuntätsgedanken des Teilwertkonzeptes. Gerade dieses Denken in Opportunitätskosten des Bestehens einer Vermögensposition verstellt nach unserem Dafürhalten den Blick auf den Gesamtzusammenhang.

Die Antwort hierauf ist eine einfache Wahrheit: Die Existenz eines originären Firmenwertes als Überschuß des Gesamtkapitalwertes einer Unternehmung über die Marktbewertung der Einzelteile — der Wirtschaftsgüter im weitesten Sinne — erklärt sich aus dem Regime unvollkommener sowie unvollständiger Märkte. Die Einmaligkeit einer bestimmten Faktorkombination aus nicht einmalig vorhandenen Produktionsfaktoren an einem bestimmten Ort zu einer bestimmten Zeit ist es, die unter den Bedingungen von Marktunvollkommenheiten einen Überschuß des Ertragswertes über die Kosten der Faktorkombination sichert.

Alle Versuche, dieses Faktum der Einmaligkeit des Ganzen anhand von bestehenden Wiederbeschaffungs- und Veräußerungsmarktpreisen auf bestimmte einzeln vorhandene Vermögensgegenstände zu schlüsseln, verkennen die Tatsache, daß das Gewinnermittlungsproblem der externen Rechnungslegung ein Kind unvollkommener und unvollständiger Märkte ist.[84]

2.4.3.3.2. Technologieorientierte Erklärungsansätze

Eine Zurechnung von Erlösen auf einzelne Inputfaktoren könnte ferner in Anlehnung an einige Ergebnisse der Theorie linearer Modelle vorgenommen werden.[85]

Auf dem Rand einer konkaven Technologie läßt sich für jeden Inputfaktor einer Kombination ein Effizienzpreis bestimmen, der angibt, bei welchem Inputpreisvektor die Realisierung einer bestimmten technisch effizienten Faktorkombination eine wirtschaftlich effiziente Entscheidung darstellt *(Minimalkostenkombination)*. Normiert man nun die Inputpreise derart, daß der Gesamterlös aus der Produktion mit der Summe der zu ihren Effizienzpreisen bewerteten Faktormengen übereinstimmt *(Nullgewinnbedingung)*, so ergeben sich jeweils Wertansätze für die einzelnen Aktivposten, die folgender Interpretation zugänglich sind:[86]

Dies sind diejenigen Anschaffungspreise für die Vermögensgegenstände, welche für die vorgegebene Faktorkombination ein Marktgleichgewicht unter den Bedingungen eines vollkommenen Gütermarktes bei gegebenen Absatzmarktpreisen darstellen würden. Durch die Bestimmung eines Effizienzpreissystems

---

[84] Zur Diskussion des derivativen Firmenwertes Abschnitt 3.1., S. 82 ff.

[85] Der folgende Abschnitt versucht die Grundidee des Ansatzes von *Gümbel,* Rudolf (1987): Der Teilwert: Legaldefinition und Zurechnungsalgorithmus, in: ZfbF 1987, S. 131–145 in Anlehnung an *Wilhelm,* Jochen (1988): Der Teilwert auf der Grundlage des Gümbelalgorithmus — Eine arbitragetheoretische Analyse, in: ZfbF 1988, S. 360–369 darzustellen.

[86] Zur Theorie der Effizienzpreissysteme bei linearen ökonomischen Modellen vgl. *Hildenbrand,* Kurt/*Hildenbrand,* Werner (1975): a.a.O., S. 36 ff.

für die realisierte Faktorkombination im Rahmen der vorgegebenen Technologie wird das Problem der Unvollkommenheit der Märkte überbrückt, indem ein Marktgleichgewicht unter der Nullgewinnbedingung simuliert wird. Die eingesetzten Faktoren werden also nicht — wie bei der vorher betrachteten *Shapley*wertmethode — anhand bestehender Beschaffungsmarktpreise, sondern vielmehr auf der Basis hypothetisch gedachter Wiederbeschaffungsmarktpreise bewertet.[87] Die hieraus hergeleiteten Wertansätze werden dann nach der Niederstwertregel den historischen Anschaffungskosten entgegengehalten.

Wollte man nach diesem Kriterium bilanzieren, so müßte man folgendermaßen vorgehen:

— Im ersten Schritt wird festgestellt, ob die im Unternehmen realisierte Faktorkombination überhaupt technisch effizient ist, d. h. auf dem Rande der Technologie liegt. Für die Menge der technisch ineffizient eingesetzten und zu Anschaffungskosten bilanzierten Faktoren ergibt sich die Konsequenz ihrer Abschreibung auf den (niedrigeren) Liquidationserlös, da ihnen im Rahmen der betrieblichen Wertschöpfung keine eigene Produktivität zukommt.

— Im zweiten Schritt muß für die technisch effizient eingesetzte Teilmenge der eingesetzten Faktoren das zugehörige Effizienzpreissystem ermittelt werden. Dabei gilt die Null-Gewinn-Bedingung. Liegen die ermittelten Preise der Einzelteile unter ihren Anschaffungskosten, so ergibt sich ein Abschreibungsbedarf in entsprechender Höhe.

Wenn dieser Vergleich entsprechend dem Niederstwertprinzip gehandhabt wird, ist die resultierende Bewertung der Aktiva ein Gemisch von Anschaffungskosten und Effizienzpreisen. Um sich die Auswirkungen einer solchen Rechnungslegung zu veranschaulichen, kann man einzelne Fälle durchgehen, in denen es aufgrund dieser Überlegungen zu Teilwertabschreibungen kommen würde:

(1) Die Gesamterlöse sind kleiner als die Summe der bilanzierten Anschaffungskosten der betrachteten Faktorkombination: Es ergibt sich hierbei aus der Theorie linearer Technologien, daß alle an der Faktorkombination beteiligten Wirtschaftsgüter mit ihren auf den Gesamterlös normierten Effizienzpreisen anzusetzen sind.[88]

(2) Die Anschaffungskosten für einzelne Vermögensgegenstände liegen höher, diejenigen für die übrigen Vermögensgegenstände niedriger als die jeweiligen Effizienzpreise, wobei die Erlöse streng größer sind als die Summe der tatsächlichen Anschaffungskosten:

---

[87] Vergleichwert für eine denkbare Niederstwertabschreibung von auf Lager liegenden Fertigprodukten ist deren Absatzmarktpreis.

[88] Effizienzpreise sind nur auf Normierung bestimmt. In unserem Falle ist der erwartete Erlös die Grundlage der Normierung, vgl. hierzu *Hildenbrand*, Kurt/*Hildenbrand*, Werner (1975): a.a.O., S. 37 f.

Eine Niederstwertabschreibung hätte hierbei zur Konsequenz, daß der Unterschiedsbetrag zwischen den höheren Anschaffungskosten und dem Effizienzpreis zu Lasten des ausschüttungsfähigen Periodengewinnes ginge. Verglichen mit den Preisverhältnissen eines vollkommenen Marktes bei gegebenen Produktpreisen hat unser Unternehmen die jeweiligen Faktoren „zu teuer" angeschafft, wenn ihre Anschaffungskosten den Effizienzpreis übersteigen; es hat sie „zu billig" eingekauft, wenn die Anschaffungskosten geringer sind als der zugehörige Effizienzpreis.

Bei den zu billig erstandenen Wirtschaftsgütern ist diejenige Summe Geldes, die dem Unterschied zwischen Anschaffungskosten und höherem Effizienzpreis entspricht, schon Bestandteil des ausschüttungsfähigen Gewinn, der entsprechende Betrag ist bei den zu teuer erstandenen Wirtschaftsgütern zu Lasten des Periodengewinns abzuschreiben.

Aus dem geschilderten Konzept folgt auch eine Wirtschaftsgutkonzeption entsprechend der Teilwertlehre: Alle Zahlungsvorgängen, denen ex post ein Effizienzpreis größer Null zugeordnet werden kann, stellen aktivierungsfähige Wirtschaftsgüter dar. Es braucht dabei offenbar nicht mehr die Restriktion eingehalten werden, nach der jedem Wirtschaftsgut eine gesondert beobachtbare Reihe künftiger Einzahlungen zugeordnet werden muß.

Der gewaltige Informationsbedarf, der erforderlich wäre, um eine Bilanzbewertung gemäß dem Effizienzpreiskonzept selbst unter den radikal vereinfachenden Bedingungen linearer Technologien durchzuführen, lassen eine exakte Anwendung dieses Ansatzes von vornherein indiskutabel erscheinen. Zur Diskussion steht allerdings, ob vereinfachte Bewertungsmethoden, die auf diesem Grundgedanken basieren, im Rahmen des geltenden Rechts systemkonform sind.

2.4.3.4. Kritik

Die beiden dargestellten Ansätze stützen sich auf zwei unterschiedliche Bewertungsalternativen:

— Anpassung an ein plötzliches Verschwinden des zu bewertenden Vermögensgegenstandes, sowie

— Wiederbeschaffung der Produktionsfaktoren in einem vollkommenen Markt bei unterstellter Effizienz (Null-Gewinn-Bedingung) der gewählten Faktorkombination.

In beiden Fällen werden Zurechnungsalgorithmen entwickelt, die den Wert von Wirtschaftsgütern in Abhängigkeit vom gesamten Vermögensensemble bestimmen.

Durch geeignete Konstruktion der Alternativfiktionen bzw. der Definition der Gesamtheit der zu bewertenden Gegenstände wird eine künstliche Seperation geschaffen, die den Einfluß unvollkommener bzw. unvollständiger Märkte ausschaltet. Im Falle technologieorientierter Teilwertermittlung geschieht dies, indem die Teilwerte als hypothetische (arbitragefreie) Wettbewerbspreise der eingesetzten Faktoren in einem vollkommenen und vollständigen Markt verstanden werden. Im Falle der Shapleywertermittlung eliminiert man diesen Einfluß, indem man diese Übergewinne pauschal den nicht wiederbeschaffbaren Faktoren — und im Falle der Wiederbeschaffbarkeit aller Faktoren einem nicht näher definierten Gut „originärer Firmenwert" — zuordnet.

Erst durch diese Fiktionen gelingt es, gesamtwertbezogene Einzelwerte eindeutig zu ermitteln.

Eingangs wurde erläutert, daß externe Rechnungslegung nur unter den Verhältnissen unvollkommener und unvollständiger Märkte überhaupt Sinn macht. Schon aus diesem Grunde erscheint es problematisch, die Hypothese der Vollkommenheit von Märkten zum Bezugspunkt von Bewertungserwägungen zu machen.

Weiter bliebe zu klären, welche ordnungspolitischen Zielvorstellungen durch derartige Alternativfiktionen bei der Bewertung gewahrt werden könnten: Warum sollen überhaupt den — hypothetischen — Kosten der Anpassung an ein gedachtes Verschwinden eines Vermögensgegenstand für die Bemessung der Ausschüttungsansprüche von Eigenkapitalgebern irgendein Interesse zukommen? Warum sollen die gedachten Verhältnisse effizienter Faktorkombination und effizienter Märkte hierfür ausschlaggebend sein?

2.4.3.5. Handelsbilanz und Steuerbilanz — unterschiedliche ordnungspolitische Zielvorstellungen bei der Gewinnermittlung?

Sinn würden derartige Konzeptionen der Verlustvorwegnahme etwa dann machen, wenn der Gesetzgeber das Ziel verfolgte, unter den Bedingungen unvollkommener und unvollständiger Märkte über Ausschüttungssperregelungen eine Art Ersatzmechanismus zur effizienten Allokation des Faktors Kapital zu schaffen:

Im vollkommenen Wettbewerb kommt eine effiziente Kombination dadurch zustande, daß ineffiziente Unternehmen vom Markt wegkonkurriert werden. Durch Ausschüttungssperregelungen, die bei ineffizienten Beschaffungsmarkt- oder Faktorkombinationsentscheidungen zur Einbehaltung der ineffizient eingesetzten Mittel führen, könnte möglicherweise dieselbe Wirkung erreicht werden: Es wäre einfach eine Frage der Zeit, bis ineffizient wirtschaftende Unternehmen zur Aufgabe wegen Aufzehrung des bilanzierten Eigenkapitals gezwungen wären. Eine solche Vorgehensweise wäre darüberhinaus mit der Zielvorstellung der Erhaltung der Einkommensquelle konsistent.[89] Das Grundprinzip der Erhaltung der Einkommensquelle für Unternehmungen kann nämlich dahingehend ausgelegt werden, daß durch die Besteuerung das Ertragswertniveau des Betriebes gegenüber der Vorperiode nicht gefährdet werden darf. Jede ineffiziente Handlung eines Unternehmers in der Abrechnungsperiode kann dabei als solch eine Gefährdung angesehen werden.[90]

Versteht man externe Rechnungslegung vornehmlich als eine Form der Bemessung von Einkommensansprüchen unter Finanziers, so dürfte die Gewährleistung einer effizienten Faktorkombination als solche eine sachfremde Erwägung sein.

Die Teilwertvorstellung entstammt allerdings dem Steuerrecht. Die Verlustvorsorge durch Bewertung von Rechtspositionen anhand des Opportunitätsgedankens könnte vielleicht spezifischen Zielvorstellungen des Steuerrechtes entsprungen sein, welche vom ordnungspolitischen Grundkonzept der Handelsbilanz abweichen.

Möglicherweise basiert die Bewertung zum niedrigeren Beschaffungswert oder Effizienzpreis auf einer eigenständigen steuerrechtlichen Konzeption, indem eine ineffiziente Betätigung der Unternehmung eine Ausschüttungssperre zur Folge hat: Kommt die Unternehmung von der optimalen Fahrweise ab, so vermindert sich dadurch die Bemessungsgrundlage der Besteuerung. Das auf diese Weise geschaffene Polster an verfügbaren Geldmitteln erleichtert es der Unternehmung wieder, auf den effizienten Pfad der Faktorkombination zurückzukehren.[91]

Die Frage, wie solch eine Abkoppelung der Gewinnermittlung für Besteuerungszwecke ordnungspolitisch zu beurteilen ist, stellt unmittelbar auf den im Einkommensteuerrecht verankerten Grundsatz der Maßgeblichkeit der Handelsbilanz für die Steuerbilanz ab. Zu diesem Grundsatz gibt es eine unübersehbare Fülle an literarischen Stellungnahmen, die hier nicht aufgearbeitet werden soll.[92] Es interessiert allein die Frage, ob dieser Grundsatz eine eher technisch

---

[89] Zu einer solchen Auffassung vgl. etwa *Mellwig*, Winfried (1983): Bilanzrechtsprechung und Betriebswirtschaftslehre, in: BB 1983, S. 1613 ff. Vom rechtswissenschaftlichen Betrachtungspunkt aus vgl. *Beisse*, Heinrich (1984): Zum Verhältnis von Bilanzrecht und Betriebswirtschaftslehre, StuW 1984, S.8 ff.

[90] Vgl. hierzu die Darstellung bei *Krümmel*, Hans-Jacob (1992): a.a.O., S. 312 ff.

[91] Dieser Regelmechanismus funktioniert nur unter den Prämissen der Anwendbarkeit des internen Zinsfußes, als da wäre insbesondere die Wiederanlage der ausschüttungsgesperrten Mittel zu der Rendite, die der optimalen Fahrweise des Betriebes entspricht. Zu den Prämissen der Anwendbarkeit des internen Zinsfußes vgl. etwa *Schneider*, Dieter (1990): Investition und Finanzierung, 6. Aufl., Wiesbaden 1990, S. 76 ff.

[92] Vgl. etwa *Dziadkowski*, Dieter (1988): Zur Dominanz der Steuerbilanz über die Handelsbilanz in WPg S. 409–419, bzw. *Döllerer*, Georg (1971): Maßgeblichkeit der Handelsbi-

begründete Regelung für Bilanzansatzfragen beinhaltet,[93] oder ob darin weitergreifende Zielvorstellungen des Gesetzgebers verwirklicht sind. Einflußreiche Kommentatoren befürworten die letztere Auslegung.[94] Der Tenor dieser Stellungnahmen läßt sich auf einen einfachen Nenner bringen:[95]

Keine systematische Priviligierung, aber auch keine Diskriminierung der Ausschüttungsansprüche einzelner Interessentengruppen bei der Ermittlung der Bemessungsgrundlage dieser Ausschüttungen; oder: Was dem Anteilseigner als ausschüttungsfähiger Gewinn recht ist, soll dem Staate als besteuerbarer Gewinn billig sein.[96]

Aus diesem Postulat wird oft die Identität von handelsrechtlicher und steuerrechtlicher Ansatzrestriktionen gefolgert.[97] Nur: Wer so argumentiert, der bestreitet auch die Berechtigung eigenständiger Bewertungskonzeptionen des Steuerrechts.[98] Daran schließt sich die Frage an, wie man das Teilwertkonzept umformulieren könnte, um ein allgemeines Konzept zur Verlustantizipation zu erhalten, das den Zielvorstellungen von Handels- und Steuerbilanz gleichermaßen entspricht.

2.4.3.6. Eine Verallgemeinerung des Verlustantizipationskonzeptes auf der Grundlage des Teilwertgedankens

Wenn der Begriff der Verlustantizipation auf den Zweck des Gläubigerschutzes zurückgeführt wird, dann sind nur Risiken miteinbeziehen, die am Bewer-

---

lanz in Gefahr, in: BB 1971, bzw. *Marettek,* Alexander (1971): Bemerkungen zum Sinn des Maßgeblichkeitsprinzips, in: StuW 1971, S. 342–348., *Merkert,* Hubert/*Koths,* Daniel (1985): Verfassungsrechtlich gebotene Entkoppelung von Handels-und Steuerbilanz, in: BB 1985, S. 1765–1768, *Schildbach,* Thomas (1989): Maßgeblichkeit - Rechtslage und Perspektiven, in: BB 1989, S. 1443–1453.

93 Dies scheint der Tenor der Beiträge von *Beisse* zu sein, vgl. *Beisse,* Heinrich (1984): Zum Verhältnis von Bilanzrecht und Betriebswirtschaftslehre, in: StuW 1984, S. 3 ff.

94 Vgl. insbes. *Döllerer,* Georg (1971): Maßgeblichkeit der Handelsbilanz in Gefahr, in: BB 1971, bzw. *Knobbe-Keuk,* Brigitte (1991): a.a.O., S. 17 ff. m. w. V.

95 Vgl. etwa *Schneider,* Dieter (1970): Sieben Thesen zum Verhältnis von Handels- und Steuerbilanz, in: BB 1970, S. 1704 ff.

96 Kritisch hierzu unter dem Aspekt der gleichmäßigen Besteuerung *Schneider,* Dieter (1983): Rechtsfindung durch Deduktion von Grundsätzen ordnungsmäßiger Buchführung aus gesetzlichen Jahresabschlußzwecken?, in: StuW 1983, S.157 f. sowie *Schneider,* Dieter (1989/1990): a.a.O., S. 85 ff.

97 Der Akzent der Diskussion um die Maßgeblichkeit liegt vorallem auf der Ansatzfrage, vgl. *Schildbach,* Thomas (1989): a.a.O., S. 1445 f. m.w.V.

98 Unter allokationspolitischen Gesichtspunkten zeigt *Wenger* vor dem Hintergrund wohlfahrtstheoretischer Erkenntnisse die Problematik einer solchen Sichtweise auf. Vgl. m. w. V. *Wenger,* Ekkehard (1985): Einkommensteuerliche Periodisierungsregeln, Unternehmenserhaltung und optimale Einkommensbesteuerung, Teil II in: ZfB 1986, S. 139 ff.

tungsstichtage die Rückzahlung von Gläubigeransprüchen tatsächlich gefährden, sich also voraussichtlich in Zahlungsmittelabflüssen niederschlagen.

Finanzielle Risiken, die aus einer unternehmerischen Handlung in der Vergangenheit entspringen, werden mittels der pagatorischen Bewertungsalternative gemessen, die darauf abstellt, was geschehen wäre, wenn die in Frage stehende Handlung unterblieben wäre und die dafür aufgewandten Geldmittel in der Kasse des Unternehmens verblieben wären.[99] Dies impliziert den Verzicht auf die Fiktion eines tatsächlich existierenden oder hypothetisch gedachten Wiederbeschaffungsmarktes als Maßstab des gegenwärtigen Wertes einer für eine Zahlung erhaltenen Gegenleistung.[100] Wird diese Fiktion aufgegeben, dann kann allerdings auch die Gegenleistung, die einer Zahlung gegenüber steht, nicht mehr für sich genommen Bezugsgröße der Verlustvorwegnahme sein. Denn wollte man versuchen, die einzelne Gegenleistung ohne ihren Zweckverbund mit anderen Transaktionen im Rahmen der Alternativfunktion der pagatorischen Bewertung zu bewerten, so kommt man auf diesem Wege zu keiner Verlustvorwegnahmekonzeption.

Dieser Sachverhalt läßt sich anhand des folgenden Beispieles veranschaulichen: Dem Zentralschalter eines Elektrizitätswerkes würde beispielsweise ein beinahe unendlich hoher Teilwert zukommen,[101] wenn man einfach unterstellen würde, er sei nicht vorhanden und etwa gemäß der Alternativvorstellung pagatorischer Bewertung annehmen würde, die dafür getätigten Anschaffungsauszahlungen seien in der Kasse der Unternehmung geblieben. Würde man auf die gleiche Weise alle einzelnen Bestandteile des Kraftwerkes oder eines beliebigen sonstigen Produktionsaggregates bewerten, so käme man wohl niemals dazu, eventuell auftretende Verluste aus der Stromerzeugung zu antizipieren: Die Fiktion des Nichtvorhandenseins hätte jeweils bei allen betriebsnotwendigen Gegenständen die sofortige Funktionsuntüchtigkeit der gesamten Anlage zur Folge. Gegenüber der sofortigen Einstellung der Stromerzeugung würde sich selbst bei verlustträchtiger Produktion die Fortführung in den meisten Fällen als die bessere Alternative erweisen.

Um zu einer sachlogisch korrekten Vorwegnahme pagatorischer Verluste aus unternehmerischen Handlungen zu gelangen, ist eine sinnvolle Vergleichsbetrachtung daher nur auf der Grundlage aller Rechtspositionen möglich, die eine in sich abgeschlossene Disposition *(Stromerzeugung)* bilden. Verglichen werden Zahlungsvorgänge der Vergangenheit und der Zukunft, die im Rahmen dieser Disposition anfallen.

---

[99] Vgl. *Krümmel,* Hans-Jacob (1992): a.a.O., S. 312 ff.

[100] Vgl. in diesem Sinne auch *Fey,* Dirk (1987): a.a.O., insbes S. 152 ff.

[101] Vgl. *Schneider,* Dieter (1969): Die Problematik betriebswirtschaftlicher Teilwertlehren, in: WPg 1969, S. 311.

Übersteigt die bilanzierte Summe der Anschaffungskosten des Produktionsaggregates die in Zukunft erwarteten Reinerlöse — etwa wegen einer unvorhergesehenen Abnahme der Nachfrage — so ist eine Verlustantizipation vonnöten, die allerdings nicht einzelnen Gegenständen zurechenbar ist, sondern entweder als Abschlag auf die gesamte Summe der bilanzierten Anschaffungskosten oder aber in Form eines gesonderten Rückstellungsposten[102] vorgenommen werden muß.

Wenn man also eine Verlustvorwegnahmekonzeption formuliert, die sich auf die pagatorische Bewertungsalternative stützt, so folgt daraus unmittelbar eine finale Abgrenzung des Saldierungsbereiches jener Rechtsbeziehungen, die gemeinsam Anknüpfungspunkt der Verlustantizipation sind. Dabei wird die spezifische unternehmensinterne Widmung der jeweiligen Positionen zu berücksichtigen sein. Eine offene Frage ist, wie dieser Zweckzusammenhang zwischen den einzelnen, durch Zahlungsvorgänge vergegenständlichten Positionen in der externen Rechnungslegung durch Dritte nachvollziehbar gemacht werden kann. Dieser Problemkomplex erfährt im folgenden anhand einzelner Bilanzierungsfälle nähere Betrachtung.

Wenn wir nun auf die Ausgangsfrage dieses Kapitels zurückkommen, die lautete, auf welchem Niveau Erfolgserwartungen, die auf der Basis einzelner Dispositionen gebildet werden, Berücksichtigung finden sollen, so können wir als Ergebnis festhalten: Erfolgserwartungen kommen insoweit zum Tragen, als den aktivierten Auszahlungen erwartete finanzielle Rückflüsse in mindestens gleicher Höhe gegenüberstehen müssen. Ist dies nicht der Fall, so ergibt sich ein Bedarf zur Antizipation von Verlusten. Grundsätzlich sind in diesen Vergleich alle Zahlungsvorgänge mit einzubeziehen, die ein und derselben Disposition angehören. Dieser Grundsatz gilt unbeschadet der Tatsache, daß in der praktischen Bilanzbewertung Kriterien zugrundegelegt werden müssen, die den dispositiven Zusammenhang zwischen einzelnen Vorgängen intersubjektiv nachvollziehbar machen.

2.5. Zusammenfassung

Der Bilanzgewinn kann weder als Annäherung an den ökonomischen Gewinnes einer Periode — verstanden als Ertragswertzuwachs — noch als Schätzgröße des Liquidationswertzuwachses einer Periode angesehen werden, da jedes dieser beiden Konzepte ungeeignet ist, als Bemessungsgrundlage von Ausschüttungen zu dienen. Wird der Versuch unternommen, aus den bilanzrechtlichen

---

[102] Vgl. hierzu den Vorschlag von *Fey*, Dirk (1987): Imparitätsprinzip und GoB-System im Bilanzrecht 1986, Berlin 1987, S. 156 ff.

Einzelregelungen ein Leitbild des Bilanzgewinnes herzuleiten, so kann der Bilanzgewinn als Summe von realisierten Gewinnen und disponierten Verlusten betrachtet werden.

In diesem Rahmen kommen finale Zurechnungskriterien zum Tragen, wenn es darum geht, schon zahlungswirksam gewordene Aufwendungen künftigen Erträgen zuzurechnen und den Saldierungsraum für die Antizipation von Verlusten abzugrenzen. Die Abgrenzung von Bewertungseinheiten nach dieser Zurechnungsregel folgt unmittelbar aus der pagatorischen Bewertungsalternative, die darauf abstellt, was geschehen wäre, wenn die betrachtete Handlung unterblieben wäre, und die daraus entstandenen Zahlungen in der Kasse verblieben wären.

Finale Erwägungen werden allerdings durch Ansatzrestriktionen, die sich mehr oder weniger eng an die schuldrechtliche Dogmatik anlehnen, überlagert. Funktion dieser Ansatzrestriktionen ist allerdings nicht die Erhaltung einer liquidierbaren Vermögensmasse, sondern vielmehr die Ausschaltung von Subsumptionsspielräumen.

Das Teilwertkonzept ist nicht als grundsätzliche Alternative zu diesem geschäftszweckgebundenen Verlustantizipationskonzept anzusehen, weil eine systematisch vom Handelsrecht abweichende Konzeption des Steuerbilanzgewinnes offenbar nicht gegeben ist und darüber hinaus eine konsequente Durchsetzung abweichender Leitbilder in der Rechnungslegung auch überhaupt nicht möglich wäre. Eine Verlustvorwegnahme anhand der Alternative der Wiederbeschaffung von Vermögensgegenständen auf tatsächlich existierenden oder fiktiv gedachten Märkten entbehrt deshalb einer ordnungspolitischen Grundlage.

3. Anwendung finaler Bewertungskonzepte in Gesetz, Rechtsprechung und Praxis der externen Rechnungslegung

Die Diskussion geschäftszweckgebundener Bewertungskonzeptionen soll nicht im luftleeren Raum stattfinden; die entwickelten Thesen sollen anhand tatsächlicher Rechnungslegungsprobleme in ihrer Tragweite überprüft werden.

Dabei liegt das Augenmerk nicht auf der Entwicklung neuer Bewertungskonzepte; es soll vielmehr versucht werden, mit Hilfe der bisher entwickelten Begriffe einen Beitrag zur Fortentwicklung der Lösungsansätze der jeweiligen Problemstellung zu leisten. Dieser Beitrag mag im Einzelfalle lediglich in einer klareren Formulierung der angesprochenen Problemstellung liegen.

3.1. Erworbener Firmenwert

Als Beispiel dafür, wie Gesetzgebung und Rechtsprechung die ansonsten hochgehaltenen Restriktionen des Ansatzes von Vermögensgegenständen sowie der Einzelbewertung zugunsten einer geschäftszweckgebundenen Betrachtungsweise verwerfen,[1] kann die Behandlung des Firmenwertes in der externen Rechnungslegung gelten.

3.1.1. Ausgangspunkt: Der originäre Firmenwert

Bekanntlich wird unter dem originären Firmenwert der Betrag verstanden, um den der Kapitalwert der gesamten Unternehmung die Zeitwerte der bilanzierten Aktiva abzüglich der Passiva übersteigt. Als Saldogröße erklärt sich der originäre Firmenwert wieder aus verschiedenen anderen Komponenten, wovon im einzelnen zu nennen sind:

— nicht bilanzierungsfähige Vermögensgegenstände, z. B. selbsterstellte immaterielle Vermögensgegenstände;

— sonstige spezifizierbare wirtschaftliche Vorteile, die nicht die Rechtseigenschaften von Vermögensgegenständen besitzen, aber als Einzelheit greifbar sind und die grundsätzlich anhand getätigter Aufwendungen der Vergangenheit bewertbar sind, z. B. Mitarbeiterstamm, Organisation;[2]

---

[1] Vgl. zum Kontext *Schneider,* Dieter (1971): a.a.O., S. 339 f.

— der dann noch verbleibende Kapitalisierungsmehrwert, dessen Zuordnung zu einzelnen Positionen aus verschiedenen Gründen, die oben erläutert wurden,[3] nicht praktizierbar ist. Als wichtigster Grund erscheint uns hier die historische Einmaligkeit einer bestimmten Unternehmung als Gesamtheit vieler verschiedener Faktorbestände in der Zeit. Diese Einmaligkeit steht im Gegensatz zum Konzept vollkommener und vollständiger Märkte. Daraus folgt, daß eine Gleichheit der Reproduktionskosten der identischen Unternehmung sowie dem Gegenwartswert aller künftigen *cash flows* allenfalls generisch auftreten kann.

Wenn das Erfordernis zur erfolgsneutralen Behandlung von Zahlungsvorgängen aus eingeleiteten Dispositionen als Grundlage der Aktivierungsfähigkeit angesehen wird, dann kommt der verbleibende Kapitalisierungsmehrwert für eine Aktivierung nicht in Frage: Es liegen hierfür ja keine Auszahlungen vor, deren erfolgsneutrale Behandlung zur Diskussion stünde.

Die übrigen Bestandteile des originären Firmenwertes — Auszahlungen für nicht bilanzierungsfähige Vermögensgegenstände bzw. wirtschaftliche Vorteile — werden entsprechend dem Willen des Gesetzgebers ebenfalls nicht erfolgsneutral behandelt. Fragt man sich nach möglichen ordnungspolitischen Motiven, die den Gesetzgeber zu einer derartigen Handhabe veranlaßt haben, so könnte man mit Blick auf die in Kapitel 1.4.6. entwickelten Kriterien folgende Gründe angeben:

— ihr dispositiver Zusammenhang ist zu instabil;

— ihr dispositiver Zusammenhang ist nicht hinreichend konkret;

— eine zeitliche Beschränkung ihres dispositiven Zusammenhanges innerhalb der Lebensperiode einer Unternehmung ist nicht vorgegeben;

— eine sachliche Beschränkung ihres dispositiven Zusammenhanges auf eine abgrenzbare Menge von Rechtspositionen ist nicht vorgegeben.

Je ungünstiger also eine Auszahlung im Raster des in Abschnitt 1.4.6. aufgeführten Kriterienkataloges positioniert ist, umso weniger dürfte ihre Aktivierung in Frage kommen und umso naheliegender ist ihr Untergang im originären Firmenwert. In bestimmten Phasen des Lebenszyklus einer Unternehmung, wo diesen Ausgaben ein überproportionales Gewicht zukommt, räumt der Gesetzgeber Bilanzierungshilfen ein.[4]

---

[2] Zur Diskussion der Ansatzfähigkeit und der Vermögensgegenstandseigenschaft solcher Wertkomponenten vgl. *Küppers*, Christoph (1986): Der Firmenwert in Handels-und Steuerbilanz nach Inkrafttreten des Bilanzrichtlinien-Gesetzes — Rechtsnatur und bilanzpolitische Spielräume, in: DB 1986, S. 1633–1639, insbes. S. 1634 f.

[3] Vgl. Abschnitt 1.4.3., S. 44 ff.

3.1.2. Änderung der Situation bei Erwerb einer Unternehmung

„Als Geschäfts- oder Firmenwert darf der Unterschiedsbetrag angesetzt werden, um den die für die Übernahme eines Unternehmens bewirkte Gegenleistung den Wert der einzelnen Vermögensgegenstände des Unternehmens abzüglich der Schulden im Zeitpunkt der Übernahme übersteigt.“[5]

Was hat sich in der Situation des Kaufes einer Unternehmung an der oben dargestellten Beschreibung geändert, so daß ein Ansatz des derivativen Firmenwertes — im Gegensatz zum originären Firmenwert — erlaubt sein soll, im Steuerrecht sogar zur Pflicht wird?

Die Antwort kann nur lauten: Es liegt eine eindeutig abgrenzbare, in der Regel erhebliche und zeitlich nicht regelmäßig wiederkehrende Ausgabe vor, die sich auf die Anschaffung einer fremden Firma bezieht. Hieraus ergibt sich ein Erfordernis zur Periodisierung von Auszahlungen aus einer eingeleiteten Disposition.

Zu fragen wäre nun, ob der derivative Firmenwert die Aktivierungsrestriktion im Sinne der oben angeführten Stufen[6] erfüllt.

Eine Aktivierung kann sich keinesfalls auf den Rechtscharakter des derivativen Firmenwertes stützen: Daß der derivative Firmenwert weder theoretisch noch praktisch als Einzelheit Gegenstand des Rechtsverkehrs sein kann, sollte unbestreitbar sein: Weil sich der Kapitalisierungsmehrwert letztlich aufgrund der historischen Einmaligkeit einer bestimmten Faktorkombination unter den Verhältnissen unvollkommener sowie unvollständiger Märkte ergibt, ist er notgedrungen ohne die dazugehörige Unternehmung nicht denkbar.[7]

Es bliebe dann noch die Interpretation des derivativen Firmenwertes als in seiner Einzelheit greifbarer wirtschaftlicher Vorteil. Hier ist allerdings problematisch, an welcher Eigenschaft sich diese Greifbarkeit denn konkretisieren soll. Die in diesem Zusammenhang oft angeführte Teilwertprobe liefert willkürliche Ergebnisse, weil mit dem derivativen Firmenwert ein zusätzlicher Freiheitsgrad in das Bewertungsproblem eingeführt wird, dem — wenn er von vornherein nicht berücksichtigt würde — auch kein eigenständiger Wert nach dem *Shapley*verfahren zukommen würde.[8]

---

[4] Ingangsetzungs- und Erweiterungsaufwendungen nach § 269 HGB; a.A.: *Selchert,* F.W. (1986a): Der Bilanzansatz von Aufwendungen für die Erweiterung des Geschäftsbetriebs, in: DB 1986, S. 977–982, S. 979 ff., der die direkte Zuordenbarkeit von bestimmten Erträgen zu diesen aktivierten Auszahlungen fordert.

[5] § 255 (4) Satz 1 HGB

[6] Vgl. oben Abschnitt 2.4.1., S. 62 ff.

[7] Vgl. auch *Roland,* Helmut (1981): Der Begriff „Wirtschaftsgut“ künftig auch im Handelsrecht?, in: DB 1981, S. 171–177, insbes. S. 174 ff.

[8] Vgl. die Ausführungen in Abschnitt 2.4.3.3. oben, S. 69 ff.

Ein zusätzliches Argument für die ‚Greifbarkeit in Einzelheit' des erworbenen Firmenwertes führt *Moxter* ins Feld: „Wenn das Gesetz den derivativen Geschäfts- oder Firmenwert als voll bewertbaren Vermögensgegenstand behandelt und infolgedessen die Grenze zu den ‚einzelnen Vermögensgegenständen' (§ 255 Abs. 4 Satz 1 HGB) hinsichtlich der Bewertbarkeit aufhebt, so darf das nicht als Zurückdrängung des Bewertbarkeitserfordernisses mißverstanden werden: Bewertbarkeit setzt die greifbare Werthaltigkeit des zugegangenen Objektes voraus, und diese konkretisiert sich hier im Kaufpreis für das erworbene Unternehmen, also wiederum in der Wertbestätigung durch den Markt."[9]

In dem gezahlten Preis für die Firmenakquisition eine Wertbestätigung durch den Markt zu sehen, scheint uns jedoch völlig fehl am Platze zu sein: Es ist letztlich der Bilanzierende selber, der diesen Preis zahlt, und dieser ist typischerweise nicht durch ein irgendwo schon bestehendes Marktgleichgewicht vorgegeben, sondern wird auf dem Wege zweiseitiger Verhandlungen zwischen Käufer und Verkäufer ermittelt, die am ehesten durch die spieltheoretische Situation eines bilateralen Monopoles beschrieben werden können.

Dabei besteht normalerweise eine große Bandbreite des möglichen Einigungsbereiches. Insbesondere die maximale Zahlungsbereitschaft der Käuferpartei ist in einer solchen Situation in hohem Maße von subjektiven Anschauungen[10] geprägt, weil gemeinhin mit dem Kauf ganzer Unternehmen eine ganz bestimmte Zielsetzung im Rahmen der individuellen Unternehmensstrategie verfolgt wird.[11]

Wenn also überhaupt irgend etwas durch den gezahlten Kaufpreis konkretisiert wird, so ist es die zusätzliche Erwartung künftiger cash flows, die der Käufer mit der Unternehmensakquisition verbindet: Durch die tatsächlich geleistete Zahlung wird die rein subjektive Zukunftserwartung des Käufers zweifelsfrei dokumentiert.[12]

Bewertungswillkür wird dabei nicht etwa durch einen objektiven Wertmaßstab ausgeschieden, sondern durch eine denkbar objektive Ermittlung der Werterwartung einer nach dem erwerbswirtschaftlichen Prinzip handelnden Institution: Nicht der tatsächliche Wert einer isolierten Vermögensposition wird durch

---

[9] *Moxter,* Adolf (1987): Selbständige Bewertbarkeit als Aktivierungsvoraussetzung, in: BB 1987, S. 1851.

[10] Hierzu auch *Roland,* Helmut (1981): a.a.O., S. 175.

[11] Als Einführung in den Problemkreis vgl. *Coenenberg* Adolf G. / *Sautter* Michael T. (1988): Strategische und finanzielle Bewertung von Unternehmensakquisitionen, in: DBW 1988, S. 691–710, bzw. zu den Schwierigkeiten einer willkürfreien Preisfindung aus praktischer Sicht *Zimmerer,* Carl (1988): Ertragswertgutachten, in: DBW 1988, S. 417–420.

[12] Vgl. hierzu auch die Ausführungen im BFH-Urteil vom 25.1.1979 IV R 21/75, BStBl 1979 II S. 371: „Denn es greift insoweit der gerade für den Erwerb von wertmäßig schwer bestimmbaren immateriellen Wirtschaftsgütern maßgebliche Grundsatz ein, daß dem Kaufmann die erworbenen Wirtschaftsgüter tatsächlich das wert sind, was er für ihren Erwerb aufgewendet hat." Zur Diskussion vgl. auch *Eibelshäuser,* Manfred (1981): a.a.O, S. 64 ff.

die konkludente Bekundung der Zahlungsbereitschaft des Käufers greifbar gemacht, sondern vielmehr der Wille und die Werterwartung, die er mit enem isolierten Geschäftsvorfall verbindet. Bilanziert werden also nicht werthaltige Gegenstände, sondern vergegenständlichte Erwartungen.

Solange kein Zweifel daran besteht, daß der Geschäftszweck der Unternehmensakquisition in der Eingliederung der erworbenen Unternehmung in den *going-concern* und ihrer Weiterführung nach dem erwerbswirtschaftliche Prinzip besteht; solange also der dispositive Zusammenhang einwandfrei feststeht und dokumentiert ist, fügt sich die Aktivierung des derivativen Firmenwertes unter dem Leitmotiv der Erfolgsneutralität eingeleiteter Dispositionen nahtlos in das hier entwickelte Konzept ein.

3.2. Trennung von Anlage- und Umlaufvermögen

„Beim Anlagevermögen sind nur Gegenstände auszuweisen, die bestimmt sind, dem Geschäftsbetrieb dauernd zu dienen." (§ 247 (2) HGB)

Der finale Charakter der Zuordnung eines Vermögensgegenstandes zum Anlagevermögen geht also schon aus der Formulierung des Gesetzestextes hervor.

3.2.1. Auslegung des Begriffes „dauernd"

Naheliegend wäre es, diesen Begriff im Sinne der voraussichtlichen Verweildauer eines Vermögensgegenstandes im Unternehmen zu deuten. Für die Urteilsbildung über die Finanzlage einer Unternehmung könnte nämlich das Spektrum der erwarteten Wiedergeldwerdungsperioden der investierten Beträge von großer praktischer Bedeutung sein. Von wissenschaftlicher Seite wird die Eignung solcher Bilanzinformationen zur Abbildung der Liquiditätslage allerdings oftmals angezweifelt.[13]

Auch nach herrschender Kommentarmeinung und der jüngeren Rechtsprechung des Bundesfinanzhofes[14] ist der Begriff „dauernd" nicht als rein zeitliches Kriterium — und zwar weder als körperliche Verweildauer im Unterneh-

[13] Vgl. *Krümmel*, Hans-Jacob (1980): Liquidität, in: HdWW Bd.5, S. 50 ff. Zur Einführung in die Problematik vgl. *Ballwieser*, Wolfgang (1987): Die Analyse von Jahresabschlüssen nach neuem Recht, in: WPg 1987, S. 57–68. Vgl. auch *Rückle*, Dieter (1986): Finanzlage, in: HURB, S.173 ff. und besonders *Bartram, Werner* (1989): Einblick in die Finanzlage eines Unternehmens aufgrund seiner Jahresabschlüsse, in: DB 1989, S. 2389–2395.

[14] BFH-Urteil VR 47/71 vom 13.1. 1972, BStBl 1972 II, S. 744, BFH-Urteil VR 44/73 vom 31. 3. 1977, BStBl. 1977 II, S. 685 ff., S. 345, *Sieben*, Günter/*Ossadnik*, Wolfgang (1986): Dauernd, in: HURB, S. 106 ff.

men noch im Sinne einer wie auch immer gemessenen Kapitalbindungsdauer der investierten Beträge bis zur Wiedergeldwerdung[15] — zu verstehen. Entscheidend sei vielmehr die Verwendungsart eines Vermögensgegenstandes bei der Wertschöpfung im Unternehmen. Dieses Abstellen auf den Verwendungszweck von Vermögensgegenständen bei der Zuordnung zum Anlage- oder Umlaufvermögen hat im bilanzrechtlichen Schrifttum eine lange Tradition: Schon *Simon*[16] unterscheidet zwischen Betriebs- und Veräußerungsgütern. Fraglich ist allerdings, wie man diese Unterscheidung auf ein in sich geschlossenes Bewertungskonzept zurückführen kann.[17]

Ausgangspunkt einer systemgerechten Betrachtung des Zurechnungsproblems ist die Tatsache, daß Vermögensgegenstände des Anlage- und Umlaufvermögens unterschiedlich bewertet werden: Im Gegensatz zum Anlagevermögen orientiert sich die Bewertung des Umlaufvermögens grundsätzlich am Zeitwert, der ein vom Veräußerungsgewinn abgeleiteter Wert ist. Eine Zuordnungsregel muß sich daran messen lassen, inwieweit sie dem Rechnungslegungszweck — nämlich der Ermittlung eines ausschüttungsfähigen Gewinnes nach den oben dargestellten Grundsätzen — Rechnung trägt:[18]

Es ist zu fordern, daß die Zurechnung eines Vermögensgegenstandes zum Anlage- oder Umlaufvermögen die Erfolgsneutralität von eingeleiteten Dispositionen sowie die Antizipation von Dispositionsverlusten gewährleistet. Dies prüfen wir bei zwei Ansätzen: Der prozeßbezogenen Zuordnung *Albach*s und einem eigenen Ansatz, der die Bestandshaltemotive *Stützel*s benutzt.

3.2.2. Abgrenzung des Sachanlagevermögen: Betrachtung der Funktionen im Produktionsprozeß nach Albach

Albach[19] versucht, die Abgrenzungsproblematik anhand einer konsequenten Orientierung an der Aufgabe der jeweiligen Wirtschaftsgüter im Prozeß der betrieblichen Faktorkombination zu lösen. Dabei legt er folgende Systematik der bilanzfähigen Produktionsfaktoren zu Grunde:

---

[15] Zum Begriff der Wiedergeldwerdung vgl. grundlegend *Rieger,* Wilhelm (1959): a.a.O., S. 213 ff.

[16] Vgl. *Simon,* Hermann Veit (1899): Die Bilanzen der Aktiengesellschaften und der Kommanditgesellschaften auf Aktien, 2. Aufl., Berlin 1899, S. 408.

[17] Zur Kritik vgl. etwa *Engels,* Wolfram (1962): Betriebswirtschaftliche Bewertungslehre im Lichte der Entscheidungstheorie, Köln und Opladen 1962, S. 197 f.

[18] Vgl. zu dieser Fragestellung auch: *Krümmel,* Hans-Jacob (1978): Bankbeteiligungen oder über eine nützliche Anstrengung des Begriffs, in: ÖBA 1978, S. 116 ff.

[19] *Albach,* Horst (1974): Steuerliche Probleme der Abgrenzung von Anlage- und Umlaufvermögen, in: Stbb 1973/1974, S.265–299, insbes. S. 286 ff.

— Güter der Produktionsbereitschaft sind Nutzungs- und Abnutzungsgüter, Produktionsmittel, Transportmittel, Lagermittel;

— Güter der Produktionsdurchführung sind Güter, die einen reibungslosen Ablauf der Produktion gewährleisten, vorrangig Hilfs- und Betriebsstoffe;

— Güter der Produktionserhaltung bezeichnet *Albach* als Sicherungsgüter: „(...) Sicherungsgüter treten aus technischen oder wirtschaftlichen Gründen jeweils an die Stelle von Teilen, die als Erstausstattung mit den Gütern der Produktionsbereitschaft verbunden sind.“[20] Als Beispiele werden genannt: Ersatzteile, Spezialvorrichtungen, Reparaturmaterial, Werkzeuge, für die Abwicklung eines einzelnen Auftrages gefertigte Spezialteile.

— Güter des Produktionsprozesses sind Güter, die in das Produkt selber eingehen: Halbfabrikate, Fertigfabrikate.

Die Zuordnung dieser verschiedenen Faktorkategorien zu Anlage- und Umlaufvermögen soll nach dem Kriterium einer „betriebswirtschaftlich zutreffenden Gewinnermittlung“[21] erfolgen. Aus dem Kontext der *Albach*schen Ausführungen läßt sich entnehmen[22], daß bei der betriebswirtschaftlich zutreffenden Gewinnermittlung vorallem die Erfolgsneutralität eingeleiteter Geschäfte im Vordergrund steht: Die Zuordnung von Vermögensgegenständen zum Anlage- oder Umlaufvermögen soll in erster Linie gewährleisten, daß sich die Aufwendungen im Gleichschritt mit den realisierten Erträgen in der Erfolgsrechnung niederschlagen.[23]

Ausgehend von dieser Zielsetzung einer betriebswirtschaftlich richtigen Gewinnermittlung[24], kommt *Albach* zu dem Ergebnis, daß nur die Güter der Produktionsbereitschaft dem Anlagevermögen zuzuordnen seien. Güter der Produktionserhaltung, der Produktionsdurchführung sowie des Produktionsprozesses gehörten dagegen allesamt dem Umlaufvermögen an.

Vor allem bei den Gütern der Produktionserhaltung führt diese Zuordnung zu interessanten Einsichten: Diese Güter sind ein Beispielfall dafür, daß sich die Zuordnung nicht nach dem Kriterium der zeitlichen Verweildauer richtet, sondern nach ihrer Funktion innerhalb des Produktionsprozesses. Dies steht offen-

---

[20] Ebd., S. 288.

[21] Ebd., S. 288.

[22] Ebd., S. 288 ff.

[23] Der Stellenwert einer sachgerechten Verlustantizipation für diese Abgrenzungsfragen bei *Albach* ist unklar; dies wird daran deutlich, daß er einerseits für die Kategorie der Sicherungsgüter, die er dem Umlaufvermögen zuordnet und als Grenzfall herausstellt, das Festwertverfahren empfiehlt (S. 294 f.), andererseits als wesentliches Kriterium für ihre Zuordnung zum Umlaufvermögen die zwingende Notwendigkeit einer Totalabschreibung für den Fall anführt, daß „(...)der Markt, für dessen Belieferung die Werkzeuge und Formen benutzt wurden, als solcher nicht mehr existiert, sondern zu einem Gelegenheitsmarkt geworden ist.“. a.a.O., S. 291.

[24] Ebd., S. 294.

sichtlich im Einklang mit dem Periodisierungsmotiv: Würde man etwa auf Vorräte an Reserve- und Ersatzteilen planmäßige Abschreibungen beginnend mit dem Zeitpunkt der Anschaffung verrechnen, so würde dies die wirtschaftlichen Gegebenheiten mangelhaft widerspiegeln. Diese Vermögenswerte kommen nämlich erst mit dem Zeitpunkt ihres Einbaus als Ersatzteil im Rahmen der betrieblichen Faktorkombination zum Einsatz und dies möglicherweise nach längerer Lagerung. Eine vorherige Aufwandsrealisation ihres Anschaffungsbetrages führt deshalb zu Verzerrungen bei einer periodengerechten Erfolgsermittlung[25].

Allgemein führt die *Albach*sche Lösung des Abgrenzungsproblemes zu einer Klassifikation von Funktionstypen innerhalb des Produktionsprozesses, auf deren Basis die Zuordnung sozusagen anwenderfreundlich — d. h. mit einem hohen Grad an Eindeutigkeit und in Übereinstimmung mit dem Ziel einer periodengerechten Gewinnermittlung — erfolgen kann. Allerdings ist sie lediglich auf die Gegebenheiten eines herkömmlichen Fertigungsbetriebes zugeschnitten und mithin nicht auf andere Betriebstypen ausdehnbar.

Überhaupt wirkt der Rückschluß von Prozeßfunktionstypen auf den zeitlichen Ablauf der Aufwandsrealisation von Vermögensgegenständen nicht unmittelbar zwingend[26].

3.2.3. Verallgemeinerung des Abgrenzungsproblems: Abschichtung entsprechend der Bestandshaltungsmotive nach Stützel

Zu einer präziseren und allgemeineren Auslegung gelangt man, wenn man die geschäftzweckgebundene Betrachtungsweise von der Ebene des Prozeßablaufes auf die Ebene der Bestandshaltung verlagert. Für diese Vorgehensweise spricht auch, daß das Augenmerk der externen Rechnungslegung wohl kaum auf einer Darstellung güterwirtschaftlicher Vorgänge, sondern vielmehr auf einer Abbildung der finanziellen Verhältnisse der Unternehmen liegt.

Was bedeutet Bestandshaltung?

Bestandshaltung von Vermögensgegenständen findet da statt, wo es zu einer zeitliche Asynchronität zwischen Zufluß und Abfluß von Vermögensgegen-

---

[25] Vgl. hierzu auch die Ausführungen von *Disselkamp*, Everhard (1989): Ansatzprobleme beim Vorratsvermögen in Handelsbilanz und Steuerbilanz sowie Vermögensaufstellung, in StbJb 1988/1989, S.148 ff. mit Kritik der BFH-Rechtsprechung.

[26] „U.E. kann der Zweck eines Gegenstandes aus seiner objektiven Art bzw. Beschaffenheit und seiner möglichen technischen Verwendungsfähigkeit resultieren; letztlich wird jedoch, sofern die objektive Art bzw. Beschaffenheit eines Gegenstandes unterschiedliche Zweckbestimmungen zuläßt, der subjektive Wille des bilanzierenden Kaufmannes für die tatsächliche Zweckbestimmung den Ausschlag geben." *Sieben/Ossadnik* (1986): a.a.O., S. 108.

ständen der gleichen Gattung kommt[27]. Bestandshaltung von Vermögenswerten ist Abbildungsobjekt der externen Rechnungslegung; sie ist aber auch gleichzeitig Gegenstand zielgerichteter unternehmerischer Steuerung. Für die Abbildung der Salden von Zu- und Abströmen an Vermögensgegenständen in der Bilanz mit dem Ziele der Periodengewinnermittlung kann es daher nicht unbeachtlich sein, nach welchen Grundsätzen eine solche Steuerung erfolgt.

Stützel unterscheidet in diesem Zusammenhang „(...) fünf verschiedene Anlässe (...), aus denen heraus ein Wirtschaftssubjekt einen Bestand irgendwelcher Gegenstände über eine Periode hinweg hält.“[28]

— *Bestandshaltung zur Überbrückung eines exogen bedingten Pufferbedarfes,* der aus „(...) technisch oder natürlich bedingten Divergenzen zwischen den Zeiten der kostengünstigsten Beschaffung im weitesten Sinne und Zeiten der nützlichsten Verwendung (...)“ entsteht.[29]
— *Bestandshaltung zur Überbrückung eines losgrößendegressionsbedingten Pufferbedarfes:* Er entsteht, „(...) wo die volle Synchronisierung zwischen Zustrom und Abstrom von Objekten zu hohe Kosten verursacht“, weil jede einzelne Lieferung mit hohen auftragsfixen Kosten verbunden ist.[30]
— *Bestandshaltung aufgrund eines Vorsichtsbedarfes,* „(...) um unvorhersehbare, überraschende Divergenzen zwischen Zustrom des Gegenstandes und benötigtem Abstrom überbrücken zu können.“[31]
— *Bestandshaltung aufgrund eines Spekulationsbedarfes,* „(...) um einfach an Differenzen zwischen jetzigen und künftigen Preisen zu verdienen.“[32]
— *Bestandshaltung zur Befriedigung eines Gebrauchsbedarfes:* Eine Sache gebrauchen bedeutet, aus ihrem Vorhandensein einen unmittelbaren Nutzen zu ziehen. *Stützel* spricht hier vorrangig vom technischen Gebrauch von Sachgegenständen über einen Zeitraum hinweg.[33] Die fünf Bestandhaltungsmotive *Stützels* lassen aber eine verallgemeinerte Grundlegung des Begriffs der Nutzung zu:

Nutzung eines Gegenstandes findet da statt, wo aus erwerbswirtschaftlichen Gründen ein Gegenstand im Bestand gehalten wird, ohne daß diese Bestandshaltung dem Motiv der Befriedigung des Puffer-, Spekulations- oder Vorsichtsbedarf zuzuordnen wäre.

---

[27] Darstellung in Anlehnung an *Stützel,* Wolfgang (1966): Entscheidungstheoretische Elementarkategorien als Grundlage einer Begegnung von Wirtschaftswissenschaft und Rechtswissenschaft, in: ZfB 1966, S. 777.

[28] Ebd., S. 774 f.

[29] Vgl. ebd., S. 774.

[30] Vgl. ebd., S. 774.

[31] Vgl. ebd., S. 775.

[32] Vgl. ebd., S. 775. Den Bedarf der Absicherung von Vermögenswerten gegen Preisschwankungen können wir hierbei wohl als negativen Spekulationsbedarf charakterisieren.

[33] Vgl. ebd., S. 774.

Stützels Vorschlag einer „Typisierung von Gebilden der Rechtsordnung" zum Zwecke einer Theorie der Bestandshaltung[34] läßt sich demzufolge durch die Überlegung erweitern, daß eine am erwerbswirtschaftlichen Prinzip orientierte Unternehmung auch einen Gebrauchsbedarf an Finanzaktiva haben kann, wenn das Motiv der Bestandshaltung das Interesse an den unmittelbaren, zeitanteiligen Erträgen dieser Finanzaktiva während der Bestandshaltungsperiode ist. Liegt dieses Motiv der Bestandshaltung von Finanzaktiva zugrunde, so sind sie dem Anlagevermögen zuzuordnen. Daraus folgt, daß Finanzaktiva im Umlaufvermögen regelmäßig nicht wegen ihres Gebrauchsbedarfs gehalten werden.

Im Unterschied zu Spekulationsbedarf, Pufferbedarf und Vorsichtsbedarf ist der Gebrauchsbedarf bei Sachanlagen die einzige Kategorie, bei der das Bestandshaltungsmotiv mit der Prozeßfunktion identisch ist. Deshalb ist die Bestandshaltungsperiode in diesem Falle auch gleich der Nutzungsperiode des Vermögensgegenstandes innerhalb des Faktorkombinationsprozesses. Für die Bewertungsimplikationen unserer Abgrenzungsfrage ergibt sich daraus: Wenn und nur dann, wenn die Bestandshaltungsperiode gleich der Nutzungsdauer eines Gegenstandes im Betrieb ist, ist eine planmäßige Abschreibung des Differenzbetrages zwischen Anschaffungskosten und Abgangswert über den Bestandshaltungszeitraum hinweg nach Maßgabe des Prinzips vom mangelnden Grunde überhaupt sinnvoll, um eine periodengerechte Gewinnermittlung zu gewährleisten. Festzuhalten bleibt daher, daß eine Bewertung wie Anlagevermögen von Vermögensgegenständen des Gebrauchsbedarfs und eine Bewertung wie Umlaufvermögen von Gütern des Puffer-, Vorsichts- und Spekulationsbedarfes dem Postulat der Erfolgsneutralität von eingegangenen Dispositionen entspricht.

Zu überprüfen ist weiter, ob diese Zuordnung auch dem anderen Postulat — der Antizipation von erwarteten Dispositionsverlusten — Rechnung trägt. Vergegenständlichte Dispositionsverluste werden beim Umlaufvermögen durch zwingende Niederstwertabschreibungen auf den Verkaufswert vorweggenommen, während dies beim Anlagevermögen nicht der Fall ist. Ein Blick auf unsere Bestandshaltungsmotive zeigt, daß eine solche Niederstwertabschreibung bei den Gütern des *Gebrauchsbedarfs* keinen Sinn macht, denn die Nutzung, nicht die Veräußerung, ist hier Motiv der Bestandshaltung. Daß bei den Gütern des *Spekulationsbedarfs* die Niederstwertvorschrift für eine sachgerechte Antizipation von Dispositionsverlusten unabdingbar ist, bedarf keiner Erläuterung.

Ein zwiespältiges Ergebnis ergibt sich bei Gütern des *Puffer-* und *Vorsichtsbedarfs*. Ist die Veräußerung im Anschluß an die Bestandshaltung geplant, so macht die Niederstwertvorschrift Sinn. Bei Vermögenswerten, deren spätere betriebliche Nutzung geplant ist, werden durch die Niederstwertvorschrift aller-

[34] Vgl. ebd., S. 778 f.

dings Opportunitätsverluste[35] vereinnahmt. Diese Güter entsprechen in der *Albach*schen Systematik den technischen Sicherungsgütern.

Das Ergebnis, daß Vermögenswerte des Gebrauchsbedarfs dem Anlagevermögen und Vermögenswerte des Puffer-, Spekulations- und Vorsichtsbedarfes dem Umlaufvermögen zuzuordnen seien, offenbart im Bereich des Sachvermögens eine Kongruenz mit der prozeßfunktionsanalytischen Sichtweise *Albachs*: Güter der Produktionsbereitschaft sind identisch mit den Gütern des Gebrauchbedarfes; Güter der Produktionsdurchführung, -Sicherung sowie des Produktionsprozesses werden jeweils aus Gründen des Puffer-, Spekulations- und Vorsichtbedarfes im Bestand gehalten.

In beiden Systematiken stellt die Zuordnung der technischen Sicherungsgüter zum Umlaufvermögen einen Bruch im Hinblick auf eine sachgerechte Verlustantizipation dar, der aber in Kauf genommen werden muß, wenn man bei der Dualität der Abgrenzungsformen des Vermögens bleiben will und davon ausgeht, daß die Bewertungsimplikationen dieser Zuordnung nicht allzu gewichtig sein mögen.

Der Vorteil der geschilderten Abgrenzungsmethodik nach dem Bestandshaltungsmotiv besteht vorallem darin, daß eine Verallgemeinerung erreicht wird: Der Begriff der Nutzung wird durch die scharfe Abgrenzung gegen andere alternativ in Frage kommende Bestandshaltungsmotive eindeutig und allgemein definiert. Es wird nicht mehr auf der Basis rein güterwirtschaftlicher Zusammenhänge argumentiert, die letztlich für die Informations- und Verteilungsfunktion der externen Rechnungslegung kein Eigengewicht besitzen, weil an der Abbildung güterwirtschaftlicher Transformationsvorgänge an sich in der externen Rechnungslegung kein Interesse besteht[36].

Vor dem Hintergrund der Bestandshaltungsmotive gewinnt darüberhinaus der Gesetzeswortlaut, daß Anlagevermögensgegenstände dazu bestimmt sein müssen, dem Geschäftsbetrieb dauernd zu dienen, eine neue Bedeutung: Folgt man den hier vorgetragenen Überlegungen, so bedeutet „dem Geschäftsbetrieb dauernd dienen" ja gerade, daß während der gesamten Bestandshaltungsperiode der jeweilige Vermögensgegenstand in den Prozeß der betrieblichen Wertschöpfung eingebunden ist. Insofern führt die Betrachtungsweise auf der Grundlage der Bestandshaltungsmotive zu einer Interpretation, die auch mit dem Wortlaut des Gesetzes im Einklang steht. Auch das Definitionsmerkmal „dauernd" fügt sich hier sinnvoll und zwanglos ein. „Dauernd" heißt: Über die gesamte Bestandshalteperiode hinweg, in der der Vermögensgegenstand geschäftszweckgebunden verwendet, in den Prozeß der betrieblichen Wertschöpfung eingebunden ist.

---

[35] Im Sinne ineffizienter Beschaffungsvorgänge.

[36] Kritisch zur „Prädominanz" der güterwirtschaflichen gegenüber der geldwirtschaftlichen Betrachtungsweise der Bilanz äußert sich etwa *Wacket*, Karl Heinz (1990): a.a.O., S. 240.

Gegen Bestandshaltungsmotive als Abgrenzungskriterien könnte man einwenden, daß dadurch wieder ein gehöriges Maß an Subjektivität in die Zuordnung hereingetragen wird. Der Einwand ist abzulehnen, soweit es um die Abschichtung der einzelnen Bestandshaltungsmotive gegeneinander geht. Das Bestandshaltungsmotiv „Gebrauch" läßt sich nämlich von allen anderen dadurch unterscheiden, daß der Bestandshaltungzweck die unmittelbare Teilnahme am Wertschöpfungsprozeß ist. Im Regelfall wird dies intersubjektiv nachprüfbar sein.

Der Einwand hat seine Berechtigung, wenn man sich vergegenwärtigt, daß für die Anschaffung einer Position mehrere Bestandshaltungsmotive ausschlaggebend sein können. Als Beispiel sei hier das Gebrauchsmotiv und das Spekulationsmotiv angeführt, die sich gegenseitig überlagern können. Zu Zweideutigkeiten mag es insbesondere bei Finanzanlagen kommen[37]: Aus dem Besitz eines Bestandes an festverzinslichen Wertpapieren etwa läßt sich allein noch nicht auf das Bestandshaltungsmotiv schließen: Ist der Besitzer vor allem an den zeitanteiligen Erträgen interessiert, hofft er auf Kurssteigerungen durch Marktzinssenkungen, oder beides?

Innerhalb unseres Rechtssystems — insbesondere auch des Steuerrechts — ist es jedoch nichts ungewöhnliches, daß in solchen Fällen dominierende Motiv entscheidet: Erinnert sei in diesem Zusammenhang nur an den Begriff der gemischten Veranlassung bei den Werbungskosten. Einen ersten Anknüpfungspunkt für die Zuordnung mag die Untersuchung bieten, ob das vom Rechnungslegenden angegebene Bestandshaltungsmotiv in Anbetracht der äußeren Bedingungen überhaupt glaubwürdig ist.[38]

Daß die Betrachtungsweise entsprechend den Bestandshaltungsmotiven gewichtige Auswirkungen auf Ausweisfragen in der Bilanz hat, kann man sich anhand des folgenden Beispiels veranschaulichen: Würde man dieser Zuordnungsmethodik konsequent folgen, dann dürfte es bei Industrieunternehmen im Normalfall wohl keine Wertpapiere des Anlagevermögens mehr geben, wie in § 266 HGB vorgesehen.[39]

Man wird nämlich davon ausgehen können, daß die Refinanzierung dieser Papiere im Regelfalle teurer sein wird als ihre laufenden Erträge, und mit der

---

[37] Bei Gütern der produktionswirtschaftlichen Sphäre ist dagegen ohne weiteres für Aussenstehende erkennbar, ob ein Gut zum Bewertungsstichtag im Rahmen des Faktorkombinationsprozeß genutzt wird, oder nicht.

[38] Zur Beurteilung, ob die Intention der Nutzung zeitanteiliger Erträge glaubwürdig ist, wird insbesondere die Frage von Belang sein, wie diese Transaktion die Liquidität bzw. Zinsrisikosituation des Unternehmens beeinflussen würde, vgl. hierzu *Birck*, Heinrich/*Meyer*, Heinrich (1988): Die Bankbilanz, 3. Aufl., S. V 102 ff.

[39] Vgl. hierzu konterkarierend *Bieg*, Hartmut(1985): Ermessensentscheidungen beim Handelsbilanzausweis von „Finanzanlagen" und „Wertpapieren des Umlaufvermögens" — auch nach neuem Bilanzrecht?, in: DB Beilage 24/1985, S. 1–16, insbes. S. 2 f., vgl. auch *Sieben/Ossadnik* (1986): a.a.O., S. 111 f.

Bestandshaltung dieser Papiere — die keinen Beteiligungscharakter besitzen, weil sie sonst unter dieser Bezeichnung zu bilanzieren wären — werden gewöhnlicherweise keine unmittelbaren, unternehmenspolitischen Vorteile verbunden sein.[40] Es kann daher nicht geltend gemacht werden, daß diese Papiere im Rahmen der betrieblichen Wertschöpfung zur dauernden Nutzung bestimmt sind: Während ihrer Bestandshaltungsperiode leisten sie keinen erkennbar positiven (Netto-)Beitrag zum Betriebsergebnis. Eine dauernde Nutzung eines Finanzaktivums ist aber nur dann gegeben, wenn der Vorgang der Bestandshaltung unmittelbar zur Produktivität beiträgt. Aus diesem Grunde sind diese Titel als Liquiditätsreserven oder spekulative Positionen anzusehen, was eine Zuordnung zum Umlaufvermögen zur Folge hätte.

3.2.4. Zusammenfassung

Es wurden zwei Konzepte verglichen, die zur Lösung der in Frage stehenden Abgrenzungsproblematik von Anlage- und Umlaufvermögen dienlich sind: Die Orientierung an der Prozeßfunktion sowie die Orientierung am Bestandshaltungsmotiv. Zielsetzung einer sachgerechten Abgrenzung war es dabei, dem Postulat einer zutreffenden Gewinnermittlung zu genügen. Die grundsätzliche Eignung beider Konzepte konnte bestätigt werden, in Bezug auf die Sachvermögensgegenstände entsprechen die Ergebnisse beider Methoden einander.

Die Ausrichtung am Prozeßfunktionstyp hat eine starke Objektivierung des Bewertungsproblems zur Folge, weil Prozeßfunktionstypen in der Regel wohl auf leichte Weise willkürfrei nachvollziehbar sind. Die Denkweise in Bestandshaltungsmotiven bietet allerdings eine teleologisch fundierte Sichtweise, die von der reinen güterwirtschaftlichen Sphäre abstrahiert:

Externe Rechnungslegung zielt nicht ab auf die Darstellung des Produktionsablaufes, sondern ist vielmehr Rechenschaftslegung über die Bestandshaltung an Vermögensgegenständen. Abbildungsobjekt ist die Reinvermögensposition und nicht die Sachvermögensposition. Eine Abgrenzung gemäß dem Bestandshaltungsmotiv befindet sich deshalb auf einer höheren Ebene der Allgemeinheit als eine Abgrenzung gemäß dem Funktionstyp.

---

[40] Für eine Diskussion der Bewertung dieser Papiere vgl. etwa *Clemm*, Hermann (1984): Der Einfluß der Verzinslichkeit auf die Bewertung der Aktiva und Passiva, in: Raupach, Arndt (Hrsg.): Werte und Wertermittlung im Steuerrecht, Köln 1984, S. 219–243, S. 226 f.

3.3. Finalität und Herstellungskostenansatz

Ein beliebtes Exerzierfeld für kontroverse bewertungstheoretische Betrachtungen ist der Herstellungskostenbegriff bei der Rechnungslegung selbsterstellter Vorräte und Anlagen. Die Fülle des Schrifttums zu der Frage, welche Kostenkomponenten in die Herstellungskosten verrechnet werden müssen oder dürfen, ist schier unübersehbar. Dem gegensätzlichen Begriffspaar Finalität und Kausalität kommt dabei eine besondere Bedeutung zu.

3.3.1. Extremposition: Lösung des Bewertungsproblems durch eine enge Interpretation von Einzelbewertung und Realisation

Die Bilanzierungsproblematik von Herstellungskosten soll zugespitzt werden, indem zunächst eine Extremposition geschildert wird, die den Herstellungskostenbegriff in denkbar restriktiver Weise auslegt. Diese Sichtweise sieht vor, daß in die Bewertung eigenerstellter Vermögensgegenstände nur diejenigen Wertkomponenten aufgenommen werden sollen, die für die Entstehung des jeweiligen Wirtschaftsgutes unmittelbar körperlich verbraucht wurden und die ihrerseits schon die Eigenschaft von bilanzierungsfähigen Vermögensgegenständen hatten.

Werden innerhalb des Herstellungskostenbegriffes Wertkomponenten berücksichtigt, die für sich genommen keine Vermögensgegenstände sind, so wird darin eine unzulässige Aktivierung unrealisierter Erfolgsbeiträge gesehen. Nach dem Realisationsprinzip seien nämlich nur Vermögensgegenstände aktivierungsfähig und dies jeweils nur in Höhe des Betrages, der für sie unmittelbar auf dem Wege einer — oder mehrerer — Markthandlungen ausgegeben wurde. Die Herstellungskosten reduzieren sich mithin auf die Summe der Anschaffungskosten derjenigen Wirtschaftsgüter, aus denen sich der neue Vermögensgegenstand zusammensetzt. Eine weitergehende Zurechnungsproblematik bestehe insoweit überhaupt nicht.[41]

„Aktiviert werden können nur Zugänge an aktivierungsfähigen Wirtschaftsgütern. (…) (U)nd folglich können in die Herstellungskosten nur aufgenommen werden die Anschaffungsausgaben von selbständig veräußerbaren Wirtschaftsgütern, die in das unfertige bzw. fertige Erzeugnis eingegangen sind. Nur was als selbständiges Wirtschaftsgut bei der Produktion in das unfertige oder fertige Erzeugnis eingeht, nur das läßt sich als Herstellungskosten aktivieren."[42]

---

[41] Die hier angeführte Argumentation geht zurück auf *Schneider,* Dieter (1971): Aktienrechtlicher Gewinn und ausschüttungsfähiger Betrag, in: WPg 1971, S. 607–617, insbes. S. 609 ff.

[42] *Schneider,* Dieter (1971), a.a.O., S. 609. *Schneider* legt hier einen Wirtschaftsgutsbegriff im Sinne der Einzelveräußerbarkeit zugrunde.

Die geschilderte Extremposition *Dieter Schneiders* hat in den legalen Vorschriften des Steuer- und Handelsrechtes sowie in Rechtsprechung und Bewertungspraxis keinen weitergehenden Einfluß; sie wird hier trotzdem angeführt, weil sie sich logisch zwingend aus einer engen Interpretation des Einzelbewertungs- und des Realisationsprinzips ergibt[43]: Die Zurechnung von nicht selbständig aktivierbaren Kostenbestandteilen in den Herstellungskostenansatz führt zwangsläufig zur Aufweichung der Ansatzrestriktion. Sieht man es als vornehmste Aufgabe der Bewertungsvorschriften an, einer solchen Verwässerung zu wehren, so sind solche Ergebnisse naheliegend.[44]

Nur wenn daneben das Postulat der Erfolgsneutralität eingegangener Dispositionen[45] als eigengewichtiger Bewertungsgrundsatz anerkannt wird, kann man überhaupt zu anderen Schlüssen kommen[46]. Wie wir gesehen hatten, ist eine solche Betrachtungsweise grundlegend für die Erstellung echter Fortführungsbilanzen. Dies führt uns wieder unmittelbar auf die Betrachtung verschiedener Zurechnungskriterien zurück.

3.3.2. Herstellungskostenansatz und Verursachungsgedanke

Insbesondere von *Albach* wurde die Ansicht vorgetragen[47], daß für eine Aktivierung von Kostenbestandteilen deren unmittelbarer Kausalbezug zur Produktion des aktivierten Erzeugnisses ausschlaggebend sei. Daraus wird gefolgert, daß nur die variablen Kosten in den Herstellungskostenansatz verrechenbar sind. Die Trennungslinie zwischen variablen und fixen Kosten ist nach *Albach*

---

[43] Ein interessanter Zug dieses Verfahrens liegt auch darin, daß auf diese Weise die Reinvermögenspositition einer Unternehmung unmittelbar aus dem Saldo zwischen Zufluß und Abfluß handelsrechtlicher Vermögensgegenstände erklärt wird. Diese Betrachtungsweise verkennt allerdings, daß die betriebliche Wertschöpfung ebenfalls die Bestandshaltung von Rechtspositionen, die für sich genommen keine Vermögensgegenstände sind, einschließt. Beispiel hierfür sind etwa Dauerschuldverhältnisse wie Arbeits-, Miet- und Pachtverhältnisse.

[44] Vgl. zu diesem Themenkomplex auch *Schneider,* Dieter (1971): Eine Reform der steuerlichen Gewinnermittlung?, in: StuW 1971, S.334: „Das entscheidende Argument (...) ist jedoch, daß es sich bei den Herstellungskosten um ein Bilanzierungsproblem handelt, das nach den allgemeinen Grundsätzen der Gewinnermittlung zu lösen ist und nicht nach kostentheoretischen Fiktionen oder kostenrechnerischen Zweckmäßigkeitsüberlegungen."

[45] Zur Tragweite der Erfolgsneutralisierung bei Anschaffungs- und Herstellungsvorgängenvorgängen vgl. etwa *Förschle,* Gerhart (1987): a.a.O., S. 100 ff. *sowie Kupsch,* Peter (1990): Zur Problematik der Ermittlung von Anschaffungskosten, in: Steuerberater-Jahrbuch 1989/1990, Köln 1990. Im gleichen Sinne *Leffson,* Ulrich (1987): a.a.O., S.316 und 327 ff.

[46] Zur Kritik des *Schneider*schen Ansatzes vgl. die Stellungnahme von *Jacobs,* Otto H. (1972): Stellen die aktienrechtlichen Gewinnermittlungsvorschriften einen Verstoß gegen das Realisationsprinzip dar?, in: WPg 1972, S. 173–188.

[47] Vgl. *Albach,* Horst (1966): Bewertungsprobleme des Jahresabschlusses nach dem Aktiengesetz 1965, in: BB 1966, S. 380 ff.

dadurch gekennzeichnet, daß die fixen Kosten auch angefallen wären, wenn die zu aktivierenden Erzeugnisse nicht hergestellt worden wären. Die Fixkosten seien deshalb von der Aktivierung auszuschließen, weil es sich hierbei um Kosten der Betriebsbereitschaft der laufenden Periode handele. Sie dienten der Aufrechterhaltung der konkreten Möglichkeit zur Produktion in der laufenden Periode und seien deshalb aus dem Gewinn dieser Periode zu decken. Fixkostenanteile zu aktivieren, bedeutete unrealisierte Gewinne auszuweisen.

Es soll also derjenige Faktorverbrauch erfaßt werden, für den die Produktion eines Aktivums nicht wegzudenkende Voraussetzung ist. Kausalbeziehungen zwischen Faktorverbrauch und Produktion lassen sich dabei grundsätzlich auf zwei unterschiedlichen Ebenen betrachten, je nachdem, ob das Augenmerk auf der güter- oder geldwirtschaftlichen Sphäre liegt:

(1) Finanzielle Verursachung: Betrachtet wird derjenige Abfluß an Geldmitteln, für den die zu aktivierenden Halb- und Fertigfabrikate ursächlich sind.

Dies entspricht der *Albach*schen Grundlegung. Hieraus folgt, daß die rechtliche Einkleidung des Faktorverbrauchs für die Bilanzierung entscheidend ist: Stücklöhne dürfen in den Herstellungskostenansatz verrechnet werden, Zeitlöhne hingegen nicht; dabei spielt es keine Rolle, ob die zeitabhängig bzw. stückabhängig entlohnten Arbeitnehmer die gleiche Arbeit verrichten oder nicht. Es sind — um ein weiteres Beispiel hinzuzufügen — auch Fälle denkbar, wo etwa die Kosten für kurzfristig gemietete Potentialfaktoren ohne weiteres in den Herstellungskostenansatz verrechnet werden können, die anteiligen Kosten für gekaufte Potentialfaktoren aber nicht.

Die Grenzziehung zwischen Herstellungskosten und Kosten der Produktionsbereitschaft ist nach dieser Auffassung also entscheidend durch die rechtliche Ausgestaltungsform der Faktorbestandshaltung bestimmt:[48] Nur diejenigen Ausgaben sind erfolgsneutral zu halten, deren Tätigung sich kausal im Sinne der *conditio sine qua non* — Formel auf die Produktion eines einzelnen Stückes zurückführen lassen. Eine solch enge Fassung des Neutralisierungsbedürfnisses von Ausgaben im Rahmen des Fertigungsprozesses fügt sich jedoch kaum in den Kanon der gängigen Bewertungsnormen ein: Wenn dem so wäre, wie könnten dann überhaupt Periodisierungsvorgänge wie die Aktivierung von Produktionsanlagen und ihre Abschreibung über die Nutzungsdauer hinweg begründet werden?[49]

(2) Als weitere Betrachtungsebene kommt die *produktionstechnische Verursachung* in Frage : Unabhängig von den durch die rechtliche Einkleidung vorge-

---

[48] Vgl. in diesem Sinne *Knop*, Wolfgang/*Küting*, Karl-Heinz (1987): § 255, Anschaffungs- und Herstellungskosten, in: *Küting/Weber* (hrsg.): Handbuch der Rechnungslegung, 2. Aufl. 1987, S. 690 ff., bzw. *Küting*, Karlheinz (1989): Aktuelle Probleme bei der Ermittlung der handelsrechtlichen Herstellungskosten, in: BB 1989, S. 588 f. Ablehnend *Leffson*, Ulrich (1987): a.a.O., S. 318.

gebenen finanziellen Bindungswirkungen der Bestandshaltung von Produktionsfaktoren wird derjenige — zu Einstandspreisen bewertete — Faktorverbrauch einem Produkt zugeordnet, der in einer Kausalbeziehung zur Fertigung des jeweiligen Produktes steht. Eine solche Kausalität läßt sich erhärten, indem eine funktionale Beziehung zwischen der Menge des jeweiligen Faktorverbrauchs und der Menge der gefertigten Produkte ermittelt wird, so daß man den Faktorverbrauch der produzierten Menge unmittelbar zurechnen kann.[50] Als Vorteil einer solchen Auslegung wird angeführt, daß hiermit eine grundsätzlich willkürfreie Schlüsselung von Faktorverbräuchen auf bestimmte Fabrikate[51] denkbar ist.[52] Der Umfang des Faktorverbrauchs, der in den Herstellungskostenansatz eingeht, ist dabei im allgemeinen größer als bei der Betrachtung unter dem Blickwinkel finanzwirtschaftlicher Kausalitäten.[53]

Das Resultat — ein auf produktionstechnologischen Kausalitäten aufbauender Herstellungskostenansatz — trägt der Zielvorstellung der Erfolgsneutralität eingeleiteter Vorgänge allerdings nur sehr bedingt Rechnung, da nur technisch effiziente Faktorverbräuche bei den Herstellungskosten berücksichtigt werden.[54]

Allgemein kann zu der Herstellungskostenermittlung auf der Grundlage produktionstechnologischer bzw. finanzwirtschaftlicher Kausalitäten angemerkt werden, daß diese Methode nicht dem strengen Verursachungskriterium im

---

[49] *Albach* sieht die Periodenabschreibungen auf diese Güter als Kosten der Betriebsbereitschaft in der jeweiligen Periode an, vgl. *Albach*, Horst (1966), a.a.O., S. 380. Folgt man seinem Kostenbegriff, so käme man zu der kuriosen Aussage, daß die Abschreibungen durch die Betriebsbereitschaft der Betrachtungsperiode verursacht sind. Vgl. hierzu oben 1.2.5., S. 33 ff.

[50] Unmittelbar zurechenbarer Faktorverbrauch aufgrund produktionstechnologischer Kausalitäten entspricht der Begriffslegung der Einzelkosten der betriebswirtschaftlichen Kostenlehre, vgl. m.w.V. *Schneeloch*, Dieter (1989): Herstellungskosten in Handels-und Steuerbilanz, in: DB 1989, S.285 ff., bzw. *Selchert*, Friedrich W. (1986): Probleme der Unter- und Obergrenze von Herstellungskosten, in: BB 1986, S. 2300 f. Nach herrschender Auffassung stellt die handelsrechtliche Bewertungsuntergrenze in § 255 Abs.2 HGB auf diesen Begriff ab. Vgl. hierzu auch *Moxter*, Adolf (1988): Aktivierungspflichtige Herstellungskosten in Handels-und Steuerbilanz, in: BB 1988, S.937–945.

[51] Wobei allerdings ein gewisser Perfektionsgrad der betrieblichen Kostenerfassung vorausgesetzt werden muß; vgl. *Selchert*, Friedrich W. (1986): Probleme der Unter- und Obergrenze von Herstellungskosten, in: BB 1986, S. 2300 f.

[52] *Moxter*, Adolf (1988): a.a.O. , S. 937 ff. kommt im Ergebnis ebenfalls zu einem Herstellungskostenbegriff auf der Grundlage der produktionstechnologischen Kausalitäten, weil er hierin den einzig logisch begründbaren Zurechnungsschlüssel erkennt. In unseren einführenden Betrachtungen haben wir die Kausalität — im Gegensatz zur Finalität— als objektive Seinskategorie kennengelernt.(vgl. S. 7 ff.). Dies ist jedoch nach unserem Dafürhalten weder notwendige Voraussetzung noch hinreichende Bedingung für die logische Begründbarkeit, vgl. beispielsweise unsere Ausführungen zum Prinzip vom mangelnden Grunde.

[53] Vgl. *Moxter*, Adolf (1988): a.a.O. , S. 940 f.

[54] Vgl. in diesem Zusammenhang besonders *Schulze-Osterloh*, Joachim (1989): Herstellungskosten in der Handels-und Steuerbilanz, in: StuW 1989, S. 244 ff.

Sinne der *conditio-sine-qua-non*-Formel genügt, wenn sie auf ermittelte Kostenverläufe in Abhängigkeit der historischen Istbeschäftigung Bezug nimmt: Die gängige Begriffsbestimmung legt nämlich die variablen Kosten als diejenigen fest, die in einer proportionalen Beziehung zur Kosteneinflußgröße „Beschäftigung" stehen.[55] Nach einem Verursachungszusammenhang, der Faktorverbrauch und Erzeugung in eine Beziehung von Ursache und Wirkung setzt, ist dabei zunächst überhaupt nicht gefragt.[56] Wollte man die Herstellungskosten tatsächlich nach dem strengen Kausalkriterium ermitteln, so müßte man eine Synthese zwischen produktionstechnologischer und finanzieller Verursachung schaffen:

(1) Man erfaßt die produktionstechnologischen Faktormengen, für deren Verbrauch die Fertigung des jeweiligen Gutes nicht wegzudenkende Bedingung ist.

(2) Man untersucht, ob der jeweilige Faktorverbrauch zu Abflüssen auf der Geldvermögensebene führt, die ohne ihn nicht entstanden wären.

Auf diese Weise hat man einen kausalen, finanzwirtschaftlichen Herstellungskostenbegriff entwikelt, der allerdings allen Vorwürfen ausgesetzt ist, die gegen das Kausalprinzip als Zurechnungskriterium angeführt werden können: Zurechnungen nach dem Kriterium effizienter Verursachung stehen im Widerspruch zum Grundsatz der Pagatorik und mithin auch zum Leitgedanken der Erfolgsneutralität eingeleiteter Geschäfte.

3.3.3. Herstellungskostenansatz und Finalprinzip

Den Begriff der Finalität hat *Döllerer* in die Diskussion um den Herstellungskostenbegriff eingeführt.[57] Er betont dabei die zweckgebundene Bestimmung

---

[55] Diese Definition geht zurück auf *Schneider,* Erich (1963): Industrielles Rechnungswesen, 4. Aufl. 1963, S. 203 ff. Kritisch zur Trennung von fixen und variablen Faktoren, die nur unter der — unrealistischen — Annahme der Konstanthaltung aller übrigen Einflußgrößen (= *ceteris-paribus*-Bedingung) möglich sei, *Leffson,* Ulrich (1987): a.a.O., S. 326 f.

[56] Daher rühren auch einige begriffliche Unklarheiten, die *Döllerer* in seiner Kritik des *Albach*schen Herstellungskostenbegriffes herausstellt: Ist der Faktorverbrauch nun die Ursache für die Herstellung, oder ist nicht vielmehr die Herstellung Ursache des Faktorverbrauches? Beide Richtungen der Kausalkette scheinen auf den ersten Blick nicht von der Hand zu weisen zu sein; Sie führen allerdings zu einer völlig unterschiedlichen Abgrenzung der Herstellungskosten: Definiert man als Herstellungskosten diejenigen Faktoren, für deren Verbrauch die Erzeugung *conditio sine qua non* ist, so gelangt man zu den im engen Sinne variablen Kosten. Sind Herstellungskosten dagegen alle diejenigen Faktoren, deren Verbrauch *conditio sine qua non* für die Erzeugung ist, so gelangt man zu einem wesentlich weiteren Saldierungsbereich. Vgl. hierzu *Döllerer*, Georg (1966): Anschaffungskosten und Herstellungskosten nach neuem Aktienrecht unter Berücksichtigung des Steuerrechts, in: BB 1966, S. 1405–1409.

des Faktorverbrauches: „Herstellungskosten sind die Kosten, die der Kaufmann aufwendet, um bestimmte Güter zu produzieren.“[58]

Döllerer konkretisiert seine Vorstellung vom finalen Herstellungskostenbegriff, indem er die zu aktivierenden Herstellungskosten eingrenzt als denjenigen Faktorverbrauch, der zur Herstellung „notwendig“ ist.[59] Damit soll verhindert werden, daß die zur Produktion nicht notwendigen Leerkosten[60], worunter Aufwendungen für im Geschäftsjahr bereitgehaltene, aber nicht zur Herstellung genutzte Kapazitäten verstanden werden, in den Herstellungskostenansatz eingehen. Unter Finalität im *Döllerer*schen Sinne wird also nichts anderes verstanden, als die Kausalkette Faktorverbrauch — Erzeugnis; allerdings gegenüber der oben dargestellten Version mit der entgegengesetzten Zielrichtung: Notwendig für die Herstellung eines Gegenstandes sind diejenigen Faktoren, deren Nutzung *conditio sine qua non* für das Entstehen der Produkte ist.[61]

Auf diesem Wege kommt man zu einem Herstellungskostenbegriff, der sowohl die variablen Kosten als auch die fixen Bestandteile, die als Nutzkosten bezeichnet werden, umfaßt. Jedoch ist dadurch kein systematischer Fortschritt erzielt. Denn die Forderung der Notwendigkeit von Faktorverbräuchen für den Herstellungsvorgang hat zur Folge, daß ein solcher „finaler“[62] Herstellungskostenbegriff ebenso auf dem Effizienzkonzept beruht, wie der geschilderte „verursachungsgerechte“ Ansatz. Damit wird wiederum der Opportunitätsgedanke in den Vordergrund gestellt und der Grundsatz der Pagatorik mißachtet.

3.3.4. Der Herstellungsprozeß als Anwendungsfall hierarchisch angeordneter Dispositionen

Die etwas verwirrende Argumentation vieler Stellungnahmen zum Herstellungskostenbegriff nach dem Verursachungsprinzip mit gegensätzlichen Wirk-

---

57 Vgl. *Döllerer,* Georg (1966): a.a.O.

58 Ebd.

59 Man fragt also nach dem Faktorverbrauch, der *conditio sine qua non* für die Produktion des betrachteten Gutes ist. Eine gleiche Begriffslegung von Finalität verfolgt auch *Küting,* Karlheinz (1989): Aktuelle Probleme bei der Ermittlung der handelsrechtlichen Herstellungskosten, in: BB 1989, S. 587–596.

60 Der Begriff der Leerkosten geht zurück auf *Bredt,* O. (1939): Der endgültige Ansatz der Planung, in: Technik und Wirtschaft 1939, S. 252 ff., die Einbindung in die Kostentheorie erfolgte durch Gutenberg, vgl. *Gutenberg,* Erich (1979): a.a.O., S. 348 ff., zum Problemkreis vgl. auch *Wöhe,* Günter (1986): Einführung in die Betriebswirtschaftslehre, 16. Aufl. München 1986, S. 461 ff.

61 Vgl. hierzu die Ausführungen in Abschnitt 1.2.3., S. 26 ff.

62 Nicolai *Hartmann* (1966): a.a.O., S. 3 f. diskutiert eine solche „Umkehrung der Kausalität“ als „erste Näherung“ an die Finalität.

richtungen wird in ein anderes Licht gerückt, wenn man sich die Weiterentwicklung der betriebswirtschaftlichen Kostentheorie durch *Riebel* vor Augen hält.[63] *Riebel* bestreitet, daß der Zusammenhang zwischen Faktoreinsatz und Leistungserstellung überhaupt eine Beziehung von Ursache und Wirkung ist: Nicht der Faktoreinsatz sei die Ursache der Entstehung von Produkten; vielmehr seien Faktorverbrauch und Erzeugnisentstehung gleichgeordnete Wirkungen derselben Ursache, nämlich der betrieblichen Faktorkombination unter bestimmten technologischen Bedingungen. Dieser Kausalprozeß wird durch die Willensentscheidung des dispositiven Faktors final gesteuert. Da der Güterverzehr bei der Faktorkombination keinen Ursachencharakter hat, kann er ebensowenig als „Mittel" im Sinne des Finalnexus angesehen werden. Denn „Mittel" ist ja auch nur das, was der dispositive Faktor unter vielen möglichen Handlungsalternativen auswählt, um eine gewünschte Wirkung zu verursachen.

Aufbauend auf diesen Überlegungen entwickelt *Riebel* seine eigene Zurechnungsregel, das Identitätsprinzip: Hiernach sind Werteverzehr und Werteerzeugung immer dann einander zuzuordnen, wenn beide im Rahmen desselben Finalprozesses auf eine identische Entscheidung oder Entscheidungskette des dispositiven Faktors zurückgeführt werden können. Für die geldliche Bewertung des Faktorverzehrs folgt daraus: „Nach dem Identitätsprinzip können dem Verzehr bzw. der Inanspruchnahme nur dann und nur insoweit Ausgaben eindeutig zugeordnet werden, als sowohl der Verzehr des Kostengutes bzw. seine Inanspruchnahme als auch die Entstehung der Ausgaben bzw. Ausgabenverpflichtung durch dieselbe Entscheidung oder Kette von Entscheidungen und Ausführungsmaßnahmen ausgelöst werden."[64]

Obwohl das Identitätsprinzip nicht ausdrücklich für die externe Rechnungslegung vorgesehen worden ist, wird seine allgemeine Anwendbarkeit für alle Arten von Zurechnungsfragen unterstrichen.[65] Seine Tragweite für den Herstellungskostenansatz offenbart sich, wenn man sich die Eigenart des Herstellungsprozesses als Gesamtheit einander hierarchisch zugeordneter Dispositionen vor Augen hält.[66] Diese Dispositionen sind nach den verschiedenen Stufen ihrer Geldnähe gestaffelt. Man könnte hierbei etwa die folgende Abfolge zugrundelegen:[67] Die Stufen unterscheiden sich vorallem durch die Anzahl der darin enthaltenen zahlungswirksamen Positionen, sowie durch ihre zeitliche Abwicklungsdauer.

---

[63] Zum Folgenden vgl. insbes. *Riebel*, Paul (1969): Die Fragwürdigkeit des Verursachungsprinzips im Rechnungswesen, in: Layer, M. und H. Strebel (Hrsg.): Rechnungswesen und Betriebswirtschaftspolitik, Festschrift für Gerhard *Krüger*, Berlin 1969, S. 49 ff.

[64] *Riebel*, Paul (1969), a.a.O., S. 62 f.

[65] *Riebel*, Paul (1969), a.a.O., S. 63.

[66] Vgl. oben Abschnitt 1.4.3., S. 44 ff.

[67] Für eine ähnliche Stufenbetrachtung aus der Sicht der Kostenrechnung siehe etwa *Schneider*, Dieter (1961): a.a.O., in: ZfhF 1961, S. 696 ff.

(1) das einzelne Produkt, verstanden als kleinste absatzfähige Einheit,[68]

(2) das Produktionslos,

(3) die Serie,

(4) die Produktart einschließlich der Disposition der Anlageninvestition[69],

(5) die gesamte Unternehmung.

Mit Ausnahme der letzten Dispositionsebene — deren Auszahlungsvorgänge im originären Firmenwert aufgehen, weil sie in ihrer Wirkung grundsätzlich nicht zeitlich abgrenzbar sind — würde es dem hier entwickelten Konzept entsprechen, alle aufgezählten Dispositionsebenen bis zum Absatzvorgang erfolgsneutral zu halten, soweit es sich nicht um verlustträchtige Fehldispositionen handelt. Im strengen Sinne wäre eine solche erfolgsneutrale Behandlung nur dann gegeben, wenn alle innerhalb einer Disposition getätigten Ausgaben in den bilanzierten Herstellungskosten der produzierten und zum Absatz bestimmten Erzeugnissen enthalten wären.[70]

Man kann nun die verschiedenen Fassungen des Herstellungskostenbegriffes in Rechtsnormen danach unterscheiden, welche der aufgeführten Dispositionsebenen ergebnisneutral gehalten wird. Wenn man etwa Ergebnisneutralität auf der Betrachtungsebene des einzelnen Produktes fordert, dann gelangt man zu einer Herstellungskostenabgrenzung, die mit der engsten Fassung der variablen Kosten — verstanden als die Kosten, die mit der Variation der Ausbringungsmenge um eine einzige Einheit schwanken — übereinstimmt. In der zweiten Stufe „Produktionslos" würden dann einige Kostenkomponenten der Produktionsbereitschaft hinzutreten, in der dritten Stufe die der Produktserie einzeln zurechenbaren Planungs- und Entwicklungs- und Umrüstungskosten, in der nächsten Stufe „Produktart" die Anschaffungskosten der jeweiligen Produktionsanlagen, um nur einige Beispiele zu nennen.

Man könnte nun meinen, daß nur ein denkbar weiter Herstellungskostenbegriff dem Leitbild der Ergebnisneutralität[71] eingeleiter Geschäfte entspricht: Soweit sich nämlich ein dispositives Entscheidungsfeld auf eine irgendwie abgrenzbare und in Zukunft absetzbare Produktmenge bezieht, sind die daraus abfließenden gegenwärtigen Ausgaben zu neutralisieren.

---

[68] Wenn man diese Stufe als eigenständige Disposition versteht, so muß man für die Alternativfiktion, daß diese Disposition nicht vorhanden wäre, wohl die zeitliche Anpassung unterstellen, um der Definition zu genügen, daß das Nichtvorhandensein einer Disposition den Kapitalwert nur um den Betrag der ihr unmittelbar zuzuordnenden Zahlungen ändert.

[69] Die Anlageninvestition ist dann eingeschlossen, wenn man davon ausgeht, daß eine Anlage angeschafft wird, um eine bestimmte Produktart darauf zu produzieren. In allen anderen Fällen ergibt sich ein Problem der Zurechnung der Anschaffungsauszahlungen der Anlageninvestition auf die Produktarten.

[70] *Riebel*, Paul (1969): a.a.O., S. 62.

[71] Zum „Grundsatz der Erfolgsneutralität des Herstellungsprozesses" vgl. *Förschle*, Gerhart (1987): a.a.O., S. 100 ff.

Je weiter ein dispositives Entscheidungsfeld im Sinne der aufgeführten Stufen ist, desto schwieriger wird es allerdings, den Zweckzusammenhang der einzelnen einzugliedernden Verfügungsrechtspositionen zum Produktionsprozeß nachzuvollziehen. Außerdem verlangt die Einbeziehung verschiedener Kostenkomponenten in den Herstellungskostenbegriff aufgrund des zeitlichen Ablaufes betrieblicher Tätigkeit deren vorherige getrennte Aktivierung — ein Beispiel hierfür sind Forschungs-, Planungs- und Entwicklungskosten, die alle vor dem Anlauf des eigentlichen Produktionsprozesses anfallen. Obwohl sich aus dem Leitbild der ergebnisneutralen Behandlung ableiten läßt, daß eine solche Aktivierung eigentlich stattfinden müßte,[72] besitzt diese Disposition einen höchst zweifelhaften Konkretisierungsgrad und damit verbunden eine geringe innere und äußere Stabilität[73]. Dies bedingt eine Konfliktstellung zwischen dem Prinzip kaufmännischer Vorsicht und dem Postulat der Erfolgsneutralität.

Wie dieser Konflikt in Rechtsnormen letztlich gelöst wird, ist eine Frage der ordnungspolitischen Gewichtung des Gläubigerschutzgedankens.[74] Zu fordern wäre, daß — wenn schon die Aktivierungsfähigkeit von Faktorverbräuchen innerhalb dispositiver Entscheidungsfelder aufgrund des Vorsichtgedankens bestritten wird — die Notwendigkeit der Vorsicht anhand der spezifischen Stellung der Disposition bezogen auf den oben angeführten Kriterienkatalog[75] erhärtet werden muß.

Gesetzgebung und Rechtsprechung begegnen dem aufgezeigten Zielkonflikt, indem für einzelne Kostenarten jeweils Einrechnungsgebote, — Wahlrechte und -Verbote festgelegt werden.[76] Der dispositive Zusammenhang von Kostenbestandteilen wird anhand von Einrechnungspflichten, Einrechnungswahlrechten und -Verboten für verschiedene Kostenarten typisiert. Die handelsrechtliche Wertuntergrenze für Herstellungskosten nach § 255 (2) Satz 2 HGB dürfte dabei den zurechenbaren Kosten auf der niedrigsten Dispositionsebene — dem einzelnen Produkt — entsprechen: Angesetzt werden müssen die Material- und Fertigungseinzelkosten sowie die Sondereinzelkosten der Fertigung.[77]

---

[72] Zur Aktivierungsfähigkeit von Vorlaufkosten vgl. etwa *Förschle,* Gerhart (1987): a.a.O., S. 102 f., bzw. *Groh,* Manfred (1980): Zur Bilanztheorie des BFH, in: StbJb 1979/1980, S.131.

[73] Vgl. hierzu Abschnitt 1.4.6., S. 47 ff.

[74] Vgl. oben Abschnitt 2.3., S. 56 ff.

[75] Vgl. Abschnitt 1.4.6., S. 47 ff.

[76] Der Gesetzgeber typisiert also die Kostenbestandteile, die für eine Erfolgsneutralisierung in Frage kommen, durch eine Kostenartenbetrachtung, vgl. *Moxter,* Adolf (1988): a.a.O., S. 940 ff.

[77] Vgl. zu dieser gängigen Interpretation des Gesetzeswortlautes etwa *Selchert,* Friedrich W. (1986): Probleme der Unter- und Obergrenze von Herstellungskosten, in: BB 1986, S. 2299 ff.

Einrechnungswahlrechte[78] sollen dabei gewährleisten, daß auch Kostenarten angesetzt werden können, die übergeordneten Dispositionsebenen angehören. Die Bedeutung dieser Kostenkomponenten im Rahmen des Herstellungsprozesses wird dabei von Fall zu Fall verschieden sein.

3.3.5. Die Behandlung von einzelnen Kostenkomponenten in den Herstellungskosten im Lichte der Dispositionsbetrachtung

Vor dem Hintergrund der entwickelten Grundgedanken sollen nun einige Einzelprobleme der Herstellungkostenbestimmung besprochen werden.

3.3.5.1. Leerkosten[79]

Das Gedankenmodell des Herstellungsprozesses als Abfolge von Einzeldispositionen, die in hierarchischen Ebenen gegliedert sind, führt bei dem bekannten und schon oben aufgeworfenen Bilanzierungsproblem der Aufteilung fixer Kosten auf die hergestellten Gegenstände bei schwankender Kapazitätsausnutzung zu differenzierten Ergebnissen.

Der Ansatz von Fixkostenanteilen wurde als grundsätzlich richtig erkannt. Daraus ist jedoch nicht eine pauschale Einrechnung aller während einer Periode angefallenen Fixkosten zu folgern: Dies würde bedeuten, daß durch Unterauslastung der Kapazitäten die bilanzierten Herstellungskosten des Einzelproduktes beliebig in die Höhe getrieben werden könnten, mit allen nachteiligen Konsequenzen für die ordnungspolitischen Funktionen der externen Rechnungslegung[80].

Entsprechend der Begriffslegung *Gutenbergs* wird in diesem Zusammenhang derjenige Anteil der fixen Kosten, der auf die in der Produktion genutzte Kapazität entfällt, als Nutzkosten bezeichnet. Im Gegensatz dazu sind Leerkosten diejenigen Beträge, die der ungenutzte Kapazität zuzurechnen sind.[81] Wie läßt sich aber eine solche Zurechnung bewerkstelligen?

---

[78] Eine Systematisierung von Wahlrechten bietet *Siegel* Theodor (1986): Wahlrecht, in: HURB, S.417–427; vgl. auch zu dem angesprochenen Problemkreis *Bauer,* Jörg (1981): Zur Rechtfertigung von Wahlrechten in der Bilanz, in: BB 1981, S. 766–771.

[79] Vgl. zum Begriff der Leerkosten *Bredt,* O. (1939): a.a.O., sowie *Gutenberg,* Erich (1979): a.a.O., S. 348 ff.

[80] Zu dieser Problematik vgl. *Schönnenbeck,* Hermann (1963): Die Abhängigkeit der aktivierungsfähigen Herstellungskosten von der Unternehmenslage, in: DB 1963, S. 1616–1619.

[81] Vgl. ebd.

Schon oben[82] wurde verworfen, Leerkosten auf dem Wege einer nachträglichen Effizienzprüfung zu identizieren und auszuscheiden, weil dies zur Vereinnahmung reiner Opportunitätsverluste führen würde.

Ein pragmatischer Weg besteht darin, die Istbeschäftigung ins Verhältnis zur Planbeschäftigung zu setzen und nach diesem Quotienten den gesamten Fixkostenblock in Leer- und Nutzkosten aufzuteilen.[83] Bei offenbarer und nachhaltiger Unterauslastung der Kapazitäten kann dann der Leerkostenanteil aus den Herstellungskosten ausgeschieden werden. Indiz hierfür könnte die Unterschreitung einer gewissen Mindest- Istbeschäftigung sein. Es bleibt allerdings unklar, in welchem Verhältnis eine solche Vorgehensweise zu dem hier dargestellten Rechnungslegungskonzept steht: Nach den entwickelten Leitlinien werden Kostenanteile, die im dispositiven Zusammenhang zur Fertigung stehen mögen, dann nicht in den Herstellungskostenansatz aufgenommen, wenn der Entscheidungszusammenhang zu den hergestellten Produkten zu unkonkret bzw. instabil ist, oder wenn sie aus verlustträchtigen Fehldispositionen herrühren. Pauschale Zurechnungsmechanismen helfen hier allerdings nicht weiter, vielmehr bedarf es einer genauen Analyse der Struktur des Fixkostenblokes.[84] Ausgangspunkt ist hierbei die Frage, in welchem Entscheidungszusammenhang der Werteverzehr aufgrund mangelnder Kapazitätsauslastung steht.

In Anlehnung an *Geibel*[85] kann zunächst zwischen gewollten und ungewollten Überkapazitäten unterschieden werden. Gewollte Überkapazitäten stehen in keinem dispositiven Zusammenhang mit den gefertigten Produkten der laufenden Periode, weil sie in Erwartung einer plötzlich einbrechenden Übernachfrage durchgehalten werden. Für eine Verrechnung innerhalb des Herstellungskostenansatzes kämen also nur die ungewollten Leerkosten in Frage. Sie entstehen dadurch, daß in der Vergangenheit Kapazitäten aufgebaut wurden, die zum Rechnungslegungszeitpunkt nicht mehr voll ausgelastet werden können, deren Unterhaltung aber Geld verschlingt. Als Kriterium für ihre Zurechenbarkeit in den Herstellungskostenansatz führt *Geibel* ihre Abbaufähigkeit an.

Abbaufähig sind Überkapazitäten genau dann, wenn die Herstellung der bilanzierten Gegenstände entsprechend den tatsächlichen Verhältnissen des Betriebes nicht an ihr Vorhandensein gebunden ist. *Geibel* kommt zu dem Schluß, daß allein die nicht abbaufähigen, nicht gewollten Leerkosten für eine Bilanzierung innerhalb der Herstellungskosten in Frage kämen.

---

[82] Vgl. Abschnitt 3.3.3., S. 99 ff.

[83] Zu diesem Konzept vgl. *Küting*, Karlheinz (1989): Aktuelle Probleme bei der Ermittlung der handelsrechtlichen Herstellungskosten, in: BB 1989, S. 587–596, inbes. S. 595.

[84] Zur Diskussion einer entscheidungsabhängigen Strukturierung des Fixkostenblocks vgl. etwa auch *Schneider,* Dieter (1971): a.a.O., S.334.

[85] *Geibel,* Johannes (1985): Die bilanzielle Behandlung von Leerkosten in kostentheoretischer Sicht, in: ZfB 1965, S. 237 ff., zur Diskussion vgl. *Tubessing,* Günter (1965): Zur verlustfreien Bewertung unfertiger Erzeugnisse, in:WPg 1965, S. 619 ff.

Diese Sichtweise steht mit dem hier entwickelten Bewertungskonzept in Einklang: Solange an einem Produktionsfaktorbestand innerhalb des Fertigungsprozesses überhaupt noch ein positives Interesse besteht, müssen die ihm zuzuordnenden Zahlungen innerhalb des Dispositionsfeldes Fertigung erfolgsneutral gehalten werden — ungeachtet der Frage, ob dieser Bestand an Potentialfaktoren in seiner Beschaffenheit für den Fertigungsprozeß effizient konstruiert ist oder nicht. Wenn die auf diese Weise errechneten Herstellungskosten den erwarteten Markterlös der gefertigten Produkte nicht überschreiten, besteht kein Anlaß zur Verlustantizipation.

Würde die Produktion nach Abbau der ungewollten Überkapazität allerdings ungestört und unvermindert weitergehen, dann besteht an den Sachenrechtspositionen, die die Überkapazität darstellen, nurmehr ein negatives Interesse. Positionen, an denen ein negatives Interesse besteht, können aber nicht Bestandteil eines weitergreifenden Dispositionsfeldes sein. Sie scheiden aus dem Finalzusammenhang des Herstellungsprozesses aus und sind deshalb nicht in den Herstellungskostenansatz mit aufzunehmen.

Es muß eingeräumt werden, daß der hier in Anlehnung an *Geibel* skizzierte Lösungsvorschlag an Praktikabilität einiges zu wünschen übrig läßt. Insbesondere mag die zweifelsfreie Dokumentation gewünschter und ungewünschter Überkapazitäten einige Schwierigkeiten bereiten.[86] Unser Augenmerk liegt allerdings eher darauf, zu zeigen, daß zur Lösung eines Problemes wie der Zurechnung von Fixkostenanteilen im Herstellungskostenansatz tatsächlich methodische Ansätze vorhanden sind, die mit den Grundkonzeptionen der externen Rechnungslegung in Einklang stehen.

3.3.5.2. Fehlgeschlagener Herstellungsaufwand

Unter fehlgeschlagenem Herstellungsaufwand versteht man geleistete Zahlungen im Rahmen eines Herstellungsprozesses von aktivierbaren Wirtschaftsgütern, denen zwar Leistungen von Seiten Dritter gegenüberstehen, deren Ineffizienz in Bezug auf den Vorgang der Herstellung aber offenkundig ist.

Nun bedeutet Ineffizienz für sich genommen noch nicht, daß Kostenanteile nicht in den Herstellungskostenansatz mit einbezogen werden dürften. Als Beispiele für fehlgeschlagenen Herstellungsaufwand lassen sich u. a. anführen:

— Architektenhonorare für Planungen beim Bau eines Gebäudes, die nachher verworfen werden.[87]

---

[86] Immerhin darf aber angenommen werden, daß die Dokumentation von Entscheidungen über die Fahrweise des Betriebes und ihrer Beweggründe im Rahmen einer ordnungsmäßigen Geschäftsführung nichts völlig ungewöhnliches ist.

[87] Vgl. BFH-Urteil vom 11. 3. 1976, IV R 176/72 BStBl. II 1976, S. 614.

— Architektenhonorare für Planungen beim Bau eines Gebäudes, die nachher stark modifiziert werden.

— Anzahlungen für Dienstleistungen im Rahmen eines Herstellungsvorganges, die nur teilweise ausgeführt wurden, weil der Schuldner der Dienstleistungen in Konkurs fällt.[88]

— Anzahlungen für Dienstleistungen im Rahmen eines Herstellungsvorganges, die nie ausgeführt wurden, weil der Schuldner der Dienstleistungen zwischenzeitlich in Konkurs gefallen ist.

— Herstellungskosten für Anlagen, die sich im nachhinein als unnötig groß dimensioniert erweisen, um ihren geplanten Zweck bei der Produktionstätigkeit des Betriebes zu erfüllen.[89]

Zu klären ist die Frage, ob und inwieweit diese Ausgaben im Herstellungskostenansatz zu berücksichtigen sind. Die Antwort erfolgt in zwei Stufen:

Es ist zunächst zu beantworten, ob an den Rechtspositionen, die aufgrund fehlgeschlagener Herstellungsaufwendungen entstanden sind, überhaupt ein positives Interesse im Rahmen der betrieblichen Faktorkombiation besteht. Bezogen auf die angeführten Einzelfälle wird man hierbei zu unterschiedlichen Antworten gelangen:

— An Planungen, die verworfen wurden, an Anzahlungen auf Dienstleistungen, die nie geleistet werden, besteht im Rahmen betrieblicher Faktorkombination ein negatives Interesse. Dieses negative Interesse — gemessen als Differenz zwischen getätigten Ausgaben und Abgangswert — muß in jedem Falle voll verlustwirksam antizipiert werden.

— Wenn der zu groß dimensionierte Kran, die modifizierten Planungen oder die Dienstleistungen, für die man zuviel gezahlt hat, trotzdem im Rahmen der Produktion zum Einsatz kommen, so besteht augenscheinlich am Vorhandensein dieser Positionen im Betrieb ein positives Interesse: Sie sind eingebunden in einen Umschichtungsvorgang der betrieblichen Wertschöpfung. In diesem Falle muß — im zweiten Schritt — aufgedeckt werden, ob aus der bezeichneten Disposition ein pagatorischer Verlust zu erwarten ist. Wird also etwa ein zu groß dimensionierter Kran bei Bauaufträgen eingesetzt, so muß überprüft werden, ob durch die überhöhten Anschaffungskosten für diesen Kran die Summe der Aufträge, die mittels dieses Gerätes abgewickelt werden bzw. voraussichtlich in der Zukunft bearbeitet werden, in die Verlustzone geraten. Solange es keine Anzeichen gibt, daß

88 Für eine Aktivierung BFH-Urteil vom 24. 3 1987, IX R 31/84 BStBl. II, 1987, S. 695; Kommentierung vgl. *Döllerer,* Georg (1988): Die Rechtssprechung des Bundesfinanzhofs zum Steuerrecht der Unternehmen, in: ZGR 1988, S. 593.

89 Vgl. BFH-Urteil vom 17. 9. 1987 III R 201–202/84 BStBl. II 188, S. 892. Kommentierung vgl. *Döllerer,* Georg (1989): Die Rechtsprechung des Bundesfinanzhofs zum Steuerrecht der Unternehmen, in: ZGR 1989, S. 506 f.

dies der Fall sein wird, ist auch kein Grund vorhanden, Verluste zu antizipieren: Das Argument, daß auch ein kostengünstigeres Gerät hätte eingesetzt werden können, ist für sich genommen unerheblich.

Dieses Ergebnis stützt sich auf ein Postulat, das wir zu Eingang aufgestellt hatten:[90] Bilanzierung hat keine Effizienzprüfung zum Gegenstand.

3.3.5.3. Rückstellungen für drohende Verluste aus schwebenden Geschäften: Einrechnung der Gesamtkosten oder der variablen Kosten?

Zu ermitteln ist der Unterschiedsbetrag zwischen dem vertraglich festgelegten Veräußerungspreis eines Vermögensgegenstandes und seinen Herstellungskosten. Ist diese Differenz negativ, so muß sie innerhalb der Rückstellung für drohende Verluste aus schwebenden Geschäften zurückgestellt werden. Der Streit entzündet sich nun daran, welcher Kostenbegriff bei der Ermittlung des Rückstellungsbedarfes zugrunde gelegt werden soll.

Es scheint naheliegend, daß die Abgrenzung der aktivierten Herstellungskosten einzig angebracht sei, um als Maßgröße der Verlustantizipation zu dienen: Was jemand als Wert eines Vermögensgegenstandes aktiviert, dessen soll er auch verlustig gehen, wenn dieser Vermögensgegenstand unter Wert verkauft wird. Dies hieße, daß weite Teile des Gemeinkostenblockes in der Regel eingerechnet werden müßten.[91]

Ausgangspunkt der Bestimmung der aktivierten Herstellungskosten ist die Erfolgsneutralisierung von Zahlungsvorgängen aus eingegangenen Dispositionen. Gedanklich kann man den Fertigungsprozeß in zahlreiche, einander hierarchisch zugeordnete Dispositionsebenen gliedern. Grundsätzlich ist dabei zu fordern, alle Dispositionen — mit Ausnahme jener Basisdisposition, deren Zahlungen im originären Firmenwert untergehen — erfolgsneutral zu halten.

Im Falle der Rückstellungsbildung hat sich der Akzent des Bewertungsproblems allerdings verschoben: Hier geht es um die Antizipation von künftigen Verlustsalden, mit deren Anfall aufgrund konkreter Ereignisse, die bis zum Bewertungsstichtage eingetreten sind, gerechnet werden muß.

Verlustsalden sind grundsätzlich auf der Betrachtungsebene einzelner Dispositionen zu ermitteln. Daran knüpft sich unmittelbar die Frage an, aus welcher Disposition denn Verluste erwartet werden.

---

[90] Vgl. Abschnitt 1.2.3., S. 26 ff.

[91] Unter dem Leitmotiv der Einheitlichkeit der Bilanzbewertung plädiert Selchert für eine solche Betrachtungsweise, vgl. *Selchert,* Friedrich W. (1983): Zur Diskussion gestellt: Grundsatz der Einheitlichkeit der Bewertung, in: WPg 1983, S. 447–453.

Es ist denkbar, daß Verluste lediglich aus der Veräußerung eines einzelnen Stückes zu einem ungünstigen Preis entstehen; verlustträchtig kann aber auch ein ganzes Produktionslos sein oder — auf der nächsten Stufe — eine ganze Serie. Wenn Verluste lediglich aus der Veräußerung eines einzelnen Stückes drohen, besteht kein Anlaß, bei der Rückstellungsbildung Kostenanteile zu berücksichtigen, die über die unmittelbar durch die Entscheidung zur Produktion des einzelnen Stückes verursachten Kosten hinausgehen, soweit auf der Saldierungsebene der jeweils übergeordneten Disposition — hier dem Produktionslos — keine Verluste absehbar anfallen.[92] Ist dies nicht der Fall, dann würde eine Verrechnung von Gemeinkosten in den Herstellungskostenansatz zur Vorwegnahme von Opportunitätsverlusten führen.

Gerät ein ganzes Produktionslos beim Verkauf in die Verlustzone, so müssen bei der Bemessung der Rückstellung selbstverständlich auch die Kostenbeiträge berücksichtigt werden, die sich auf der Saldierungsebene dieser Disposition als Ausgaben niederschlagen. Das gleiche gilt für eine Produktionsserie: In diesem Falle würde die Verlustantizipation allerdings wohl unbeachtlich bestehender Lieferverträge auch auf dem Wege von Teilwertabschreibungen auf die jeweiligen Produktionsanlagen stattfinden.

Die Frage, welche Kostenbestandteile einzurechnen sind, muß also für verschiedenartige Entscheidungsprobleme unterschiedlich beantwortet werden: Es kommt immer darauf an, aus welcher Disposition Verluste antizipiert werden müssen bzw. welche Disposition erfolgsneutral gehalten werden soll. Sind die Einzeldispositionen einander hierarchisch zugeordnet, so kommen mehrere alternative Saldierungsebenen in Frage.[93] Entscheidend für die Verlustantizipation ist dabei letztlich der Umfang des schwebenden Geschäfts.

---

[92] Zu gleichen Ergebnissen kommt *Döllerer,* Georg (1978): Die Grenzen des Imparitätsprinzips — Bilanzrechtliche Möglichkeiten, künftige Verluste vorwegzunehmen —, in: StbJb 1977/78, S 129–152, S. 140 ff. *Forster,* Karl-Heinz (1971): Rückstellungen für Verluste aus schwebenden Geschäften, in: WPg 1971, S.394 f. will zusätzlich Fixkostenanteile berücksichtigt wissen, wenn durch die Abwicklung des einzelnen Verlustgeschäftes die Kapazität zur Annahme von gewinnträchtigen Aufträgen blockiert ist. Eine solche Sichtweise führt allerdings zur Vereinnahmung von Opportunitätskosten. Ablehnend daher auch *Jonas,* Heinrich (1986): Die in der aktienrechtlichen Handelsbilanz zulässige Rückstellung für drohende Verluste aus schwebenden Geschäften, in: DB 1986, S. 1733.

[93] Für eine Gegenmeinung vgl. etwa *Christiansen,* Alfred (1990): Rückstellungen für drohende Verluste aus Schwebenden Geschäften und Erfüllungsrückstände, in: Stbjb 1989/1990, S. 134 f., der für eine zwingende Einbeziehung der Vollkosten plädiert, sowie die ebd. angeführte Rechtsprechung des BFH. Ebenso *Crezelius,* Georg (1987): Das Handelsbilanzrecht in der Rechtsprechung des Bundesfinanzhofs, in: ZGR 1987, S. 35, der als Rechtfertigung des Einbezuges von Fixkosten das Vorsichtsprinzip anführt. Wenn allerdings nachgewiesen werden kann, daß die jeweiligen Fixkosten die ihnen zugeordneten Dispositionserträge gedeckt sind, hat das Vorsichtprinzip bei dieser Frage nichts zu suchen. Nicht jedes Plädoyer für eine niedrigere Bewertung kann für sich das Vorsichtsprinzip in Anspruch nehmen, wenn nicht dargelegt wird, daß durch die niedrigere Bewertung bestehenden Risiken besser Rechnung getragen wird.

3.3.5.4. Fremdkapitalkosten

„Zinsen für Fremdkapital gehören nicht zu den Herstellungskosten. Zinsen für Fremdkapital, das zur Finanzierung der Herstellung eines Vermögensgegenstandes verwendet wird, dürfen angesetzt werden, soweit sie auf den Zeitraum der Herstellung entfallen; in diesem Falle gelten sie als Herstellungskosten des Vermögensgegenstandes." (§ 255 (3) HGB)

Die entsprechende Regelung in den Einkommensteuerrichtlinien Nr. 33 (7) lautet:

„Zinsen für Fremdkapital gehören nicht zu den Herstellungskosten. (...) Das gilt auch für Kosten der Geldbeschaffung. (...) Wird jedoch nachweislich in unmittelbarem wirtschaftlichem Zusammenhang mit der Herstellung ein Kredit aufgenommen, so können die Zinsen, soweit sie auf den Herstellungszeitraum entfallen, in die Herstellungskosten des Wirtschaftsgutes einbezogen werden. Voraussetzung für die Berücksichtigung von Zinsen für Fremdkapital als Teil der Herstellungskosten eines Wirtschaftsguts ist, daß in der Handelsbilanz entsprechend verfahren wird."

Aus beiden Formulierungen geht hervor, daß die Finanzierungskosten entsprechend dem Willen des Gesetzgebers nur in Ausnahmefällen in den Herstellungskostenansatz einbezogen werden sollen.[94] Die Voraussetzung für eine ausnahmsweise Einbeziehung sind in beiden Regelungen unterschiedlich gefaßt, wobei die Sprachregelung des § 255 (3) Satz 2 zu einigem Rätselraten Anlaß gibt:

Da es ja wohl unbestreitbar ist, daß das Kapital — und mithin auch das Fremdkapital — der Passivseite zur Finanzierung der Herstellung und Bestandshaltung der Vermögensgegenstände der Aktivseite verwandt wird, kann dieser Satz keinesfalls als hinreichende Bedingung für eine ausnahmsweise Einrechnung der Zinsen verstanden werden, sondern bedarf einer weitergehenden, über den Wortlaut hinausreichenden Interpretation.

Es liegt nahe, die Bezugnahme auf die zweckgebundene Verwendung des Fremdkapitales im Sinne des *Riebel*schen Identitätsprinzips zu interpretieren. Fremdkapitalzinsen könnten demnach genau dann berücksichtigt werden, wenn die Bestandshaltung von Fremdkapital der gleichen Entscheidung zuzuordnen wäre wie der Herstellungsvorgang. Eine Verrechnung von Fremdkapitalkosten dürfte genau dann erfolgen, wenn ohne den Vorgang der Herstellung des zu be-

---

[94] Im Gegensatz hierzu kommt *Selchert* zu dem Ergebnis, daß die Einrechnung von Fremdkapitalzinsen in den Herstellungskostenansatz auch im Normalfall nicht abgelehnt werden könne, vgl. *Selchert*, Friedrich Wilhelm (1985): Fremdkapitalzinsen in der Kalkulation der bilanziellen Herstellungskosten, in: DB 1985, S. 2413–2420, insbes. S. 2415 f., auf der gleichen Linie *van der Velde*, Kurt (1975): Fremdkapitalzinsen als Teil der Herstellungskosten, in: DB 1975, S. 661–667.

wertenden Vermögensgegenstandes eine andere Finanzierungsstruktur der Passivseite vorliegen würde.

Wenn die Aufnahme eines Kredites in Höhe des zusätzlichen Kapitalbedarfes entscheidungsgleich mit dem Herstellungsvorgang erfolgt und die Entscheidungsmotive in irgendeiner Form dokumentiert sind, so mag es für einen sachkundigen Dritten noch relativ einfach sein, die Bewertung nachzuvollziehen. Genau dies ist wohl der Fall, den die Einkommensteuerrichtlinien vorsehen.[95] Anders sieht es allerdings in dem wohl typischeren Falle aus, wo dem Herstellungsvorgang ein ganzer Fächer an verschiedenen Fremdfinanzierungsformen gegenübersteht, der sich mit den Beschaffungs-, Produktions- und Absatzvorgängen in der Unternehmung dauernd wandelt. Die Entscheidungseinheit von Finanzierungs- und Fertigungsvorgängen müßte hierbei anhand des reichlich spekulativ wirkenden Gedankenexperiments „was wäre, wenn die Herstellung dieses einen Gegenstandes nicht statt gefunden hätte?“ erhärtet werden.

Unabhängig von diesen tatsächlichen Zurechnungsschwierigkeiten[96] scheint der Ansatz von Fremdkapitalzinsen nach dem Identitätsprinzip der Zielvorstellung der Ergebnisneutralität eingegangener Dispositionen Rechnung zu tragen:[97] Der Kaufmann, der zur Finanzierung der Herstellung Fremdkapital aufnimmt und Zinsen zahlt, erwartet offenbar, daß er die im Rahmen dieser Disposition getätigten Ausgaben — einschließlich des Schuldendienstes — auch tatsächlich zurückbekommt. Wird diese Erwartung nicht durch am Abschlußstichtag sichtbare Entwicklungen in Frage gestellt, dann bestünde kein erkennbarer Grund, aus dieser Disposition negative Erfolgsbeiträge auszuweisen.[98]

Wenn dem jedoch wirklich so wäre, warum dürfen dann etwa die Zinszahlungen aufgrund der Vorratshaltung eines Handelsbetriebes, deren wirtschaftlicher

---

[95] Vgl. hierzu *Selchert,* Friedrich Wilhelm (1985): a.a.O., S. 2414 ff., Kritisch zur Verursachung einer Finanzierung durch einen Herstellungsprozeß *Rudolph,* Karl (1975): Zur Aktivierung von Fremdkapitalzinsen, in: DB 1975, S. 1563–1567.

[96] *Selchert* plädiert in diesem Falle für die Anwendung einer Durchschnittsmethode: „Auf der Grundlage dieser Einschätzung des Verhältnisses von (Finanz)Mittelverwendung und -beschaffung läßt sich nur feststellen, daß jeder einzelne Vermögensgegenstand wie das Gesamtvermögen anteilig mit Eigen- und Fremdkapital finanziert wurde, und zwar entsprechend der Kapitalstruktur, wie sie auf der Passivseite der Bilanz zum Ausdruck kommt.“, *Selchert,* Friedrich Wilhelm (1985): a.a.O., S. 2415.

[97] Eine Einbeziehungswahlrecht von Fremdkapitalzinsen mit Blick auf den finalen Herstellungskostenbegriff wird denn auch vom Hauptfachausschuß des Institutes der Wirtschaftsprüfer befürwortet, vgl. *Hauptfachausschuß des Institutes der Wirtschaftsprüfer* (1974): Die Aktivierung von Fremdkapitalzinsen als Teil der Herstellungskosten (Stellungnahme), in: WPg 1974, S. 324–325.

[98] Zur Kritik, die auf eine Trennung von Herstellungs- und Finanzierungssphäre hinausläuft, vgl. *Fasold,* Rudolf (1980): Fremdkapitalzinsen und 4. EG-(Bilanz-) Richtlinie, in: DB 1980, S. 14 f.

Zusammenhang mit der Lagerhaltung oft einfach nachzuweisen ist — etwa durch Lieferantenkredite und Wechselfinanzierung der Handelsware — nicht im Rahmen der Anschaffungskosten aktiviert werden?

Halten wir uns zur Beantwortung dieser Frage die im letzten Kapitel herausgearbeiteten Leitlinien zur ordnungspolitischen Funktion der Bilanzgewinnermittlung vor Augen:[99] Bilanzierung ist betriebswirtschaftliche Verteilungslehre.[100] Verteilt werden die Rückflüsse aus der laufenden Geschäftstätigkeit entsprechend den Ausschüttungsansprüchen der Finanziers und den Eigentumsrechten der Eigenkapitalgeber. Der Ausschüttungsanspruch der Gläubiger ist dabei von vornherein spezifiziert. Verteilt werden aber auch Risiken — Variable ist dabei vorallem das von Gläubigern zu tragende Risiko der Rückzahlung ihrer Forderungen.

Zinszahlungen sind deshalb nicht als Faktorverbrauch der Produktionssphäre zuzuordnen, weil die Faktorverbräuche der Produktionssphäre ja gerade mit den vorhandenen Kapitalmitteln bezahlt werden sollen. Wer Zinszahlungen aktivieren möchte, würde die Zinszahlung und mithin die Befriedigung von Kapitalgeberansprüchen selber als unmittelbaren Verwendungszweck des Kapitales hinstellen — die Zinszahlung würde sich als Aktivtausch in der Bilanz niederschlagen. Ausschüttungen an die Gläubiger als Aktivum gegen den Kapitalanspruch der Gäubiger als Passivum zu stellen, würde allerdings jedem Gläubigerschutzgedanken Hohn sprechen.[101]

Weil die Sphäre der Faktorkombination (Aktivseite) von der Sphäre der Finanzierung (Passivseite) streng zu trennen ist[102], müssen Zinszahlungen in der letzten Stufe unserer Dispositionsrechnung, nämlich dem originären Firmenwert, untergehen.[103] Aus diesem Grunde sind die Zinszahlungen einer Periode im vollem Umfange von der Ausschüttungsgrundlage der Eigenkapitalgeber abzuziehen, und zwar unabhängig von dem Entscheidungszusammenhang der jeweiligen Fremdkapitalaufnahme und unabhängig davon, ob die Fremdkapitalhaltung durch den Herstellungsprozeß oder die Bestandshaltung von Wirtschaftsgütern bedingt ist.

---

99 Vgl. oben Abschnitt 2.3. , S. 56 ff.

100 Vgl. *Schneider, Dieter* (1985): Geschichte betriebswirtschaftlicher Theorie, 2. Aufl., München, Wien 1985, S. 406: „Bilanztheorie ist (...) der einzige bisher meßbar („operational“) ausgebaute Teil einer einzelwirtschaftlichen Verteilungstheorie.“

101 Vgl. hierzu auch den Hinweis bei *Fasold,* Rudolf W. (1980): a.a.O., S.13.

102 Die Einbeziehung des Finanzbereiches in die betriebswirtschaftliche Produktionstheorie stellt dabei ein noch wenig beachtetes Sachgebiet dar, vgl. einführend *Schneider, D*ieter (1966): Grundlagen einer finanzwirtschaftlichen Theorie der Produktion, in: Moxter, Adolf, Dieter Schneider und Waldemar Wittmann (Hrsg.): Produktionstheorie und Produktionsplanung, Festschrift für Karl Hax, Köln und Opladen 1966.

103 Vgl. auch die in anderem Zusammenhang angestellten Überlegungen zur Zurechnung des Zinsaufwandes von *Döllerer,* Georg (1978): a.a.O., S. 144 ff.

Die Einrechnungsfähigkeit von Zinsen in den Herstellungskostenansatz wirkt vor diesem Hintergrund wie eine „Bewertungshilfe“[104] mit unklarer ordnungspolitischer Bedeutung. Erwägenswert wäre allenfalls ihre Sinngebung für die Bilanz als Überschuldungskontrolle. In diesem Falle müßte sie allerdings von einer Ausschüttungssperregelung flankiert sein.

3.4. Geschäftszwecke und die Bewertung von Termingeschäften

Im nun folgenden Unterkapitel soll die Problematik geschäftszweckgebundener Bewertungskonzeptionen anhand der Bilanzierung von Termingeschäften, denen Finanzaktiva zugrunde liegen, beleuchtet werden. Derartige Transaktionen finden heutzutage in den mannigfaltigsten Formen mit unterschiedlichem Standardisierungsgrad an Börsen und im Interbankenhandel statt. Sie besitzen für die Themenstellung dieser Untersuchung eine zentrale Bedeutung, weil mit ihrer Hilfe betriebswirtschaftliche Risiken fungibel — und damit für die Unternehmensleitung zweckgebunden steuerbar — gemacht werden, ohne daß zwischen den Marktpartnern eine Übertragung von Vermögensgegenständen im Sinne der durch Gesetzgebung und Rechtsprechung herausgearbeiteten Konturen stattfindet.[105]

Es geht dabei — wie immer — um die beiden Problemkreise, die bei der externen Rechnungslegung von Unternehmen zentrale Ansatzpunkte für geschäftszweckgebundene Bewertungskonzeptionen darstellen:

(1) Sachgerechte Antizipation von Verlusten: Es sollen nur diejenigen Verlustbeiträge ausgewiesen werden, mit deren Entstehen tatsächlich gerechnet werden muß;

(2) Sachgerechte Erfolgsperiodisierung bzw. Neutralisierung von Liquiditätsverschiebungen innerhalb des Zeithorizontes einer Disposition: Wenn mehrere Kassa-, Termin- und Optionspositionen einander zweckgebunden zugeordnet sind, so kommt es innerhalb des Zeitablaufes der Abwicklung dieser aufeinander abgestimmten Geschäfte zu Zahlungsvorgängen, deren Er-

---

[104] Zur Interpretation der Fremdkapitalzinsen als Bilanzierungshilfe vgl. *Fasold*, Rudolf. W. (1980): a.a.O., S. 13 ff.

[105] In diesem Sinne vgl. *Krümmel*, Hans-Jacob (1987): Neue Finanzierungsformen und aufsichtrechtliche Strukturnormen, in: Schierenbeck, Henner (Hrsg.): Neuer Entwicklungen auf den Finanzmärkten, Frankfurt a. M. 1987, S. 53 ff., *Stein*, Johann Heinrich von/*Kirschner*, Manfred (1987): Zum Problem der Berücksichtigung von bilanzunwirksamen Finanzinnovationen in der externen Rechnungslegung der Banken in: Krumnow, J. und M. Metz(Hrsg): Rechnungswesen im Dienste der Bankpolitik, Stuttgart 1987, S. 13–24, eine Einführung in die Analyse der ökonomischen Bedeutung von Finanzmarktinnovationen bietet *Zimmermann*, Heinz (1987): Zur ökonomischen Bedeutung von Finanzmarktinnovationen, in: *Aussenwirtschaft* 1987, S. 29–64.

folgsneutralisierung bzw. Periodisierung zur Diskussion gestellt werden muß.

Ausgehend von einfachen Typen einander zugeordneter Transaktionen, bei denen ein gegenständlicher Refinanzierungszusammenhang unmittelbar nachvollziehbar ist, sollen in diesem Abschnitt Transaktionsmuster untersucht werden, bei denen die Bestimmung des wirtschaftlichen Zusammenhanges in zunehmenden Maße von subjektiven Erwägungen geprägt ist.

Zunächst erscheint eine knappe Einführung in die Funktionsweise von Terminmärkten nützlich.

3.4.1. Die Preisbildung auf Terminmärkten[106]

Zwischen der Kassabewertung und dem Terminpreis eines beliebigen handelbaren Aktivums läßt sich eine einfache Beziehung herstellen, die dann besteht, wenn zwischen beiden Märkte Arbitrage möglich ist. Unter Arbitrage wird die „(...) auf Gewinnmaximierung oder Kostenminimierung gerichtete Ausnutzung der im gleichen Zeitpunkt auf mindestens zwei Teilmärkten bestehenden Preisunterschiede eines homogenen Gutes“[107] verstanden. Im Falle von Kassa- und Terminmärkten werden Arbitragegewinne durch Kassakauf und Terminverkauf bzw. durch die spiegelbildliche Transaktion erzielt. Vorausetzung hierfür ist, daß ein und derselbe Warenbestand auf Kassa- und Terminmarkt gleichzeitig gehandelt werden kann.

Wenn alle Arbitragemöglichkeiten auf einem Markt erschöpft sind, gilt folgende Gleichgewichtsbedingung:

Terminpreis
= Kassapreis
+ Kosten der Bestandshaltung der Ware vom Zeitpunkt der Beschaffung auf dem Kassamarkt bis zum Erfüllungszeitpunkt des Verkaufes der Ware auf dem Terminmarkt
– Erträge aus der Bestandshaltung des Aktivums im entsprechenden Zeitraum.

Weicht der Terminkurs von dieser Beziehung nachhaltig[108] ab, so fallen durch gleichzeitigen Kassakauf und Terminverkauf der zugrundeliegenden Ware bzw. durch die spiegelbildliche Transaktion risikolose Arbitragegewinne an. Dieser Überlegung folgend kann man den Terminpreis im Arbitragegleich-

---

[106] Die Darstellung folgt *Kuhner,* Christoph (1988): Die Bilanzierung von Zinstermingeschäften, Mitteilungen aus dem Bankseminar der Rheinischen Friedrich-Wilhelms-Universität Nr. 70, Bonn 1988, S. 5 ff.

[107] Zum Begriff der Arbitrage vgl. etwa *Bender,* Dieter (1978): Arbitrage, in: HdWW Bd. 1, S. 325 ff.

gewicht in eine zeitpunktbezogenen Komponente[109] – den Kassapreis – und eine zeitraumbezogene Komponente[110] – den Saldo zwischen Lagerhaltungskosten und -erträgen, der als Terminpreisbasis bezeichnet wird und der sich auf den Zeitraum bis zur Erfüllung des Termingeschäftes bezieht, zerlegen.

Eine Veränderung des Terminpreises im Arbitragegleichgewicht kann mithin durch die drei folgenden Einflußfaktoren[111] erklärt werden:

— Änderung des Kassapreises der zugrundeliegenden Ware;
— Änderung der Lagerhaltungskosten bzw. Erträge pro Zeiteinheit;
— Verkürzung des Zeitraumes bis zur Erfüllung des Termingeschäftes.

Ausgehend von diesen Grundlagen soll nun die Rechnungslegung von Devisentermingeschäften näher betrachtet werden. Hier läßt sich der Saldo zwischen Lagerhaltungskosten und -erträgen pro Zeiteinheit gleichsetzen mit der Zinsdifferenz zwischen den beiden beteiligten Währungen, jeweils bezogen auf die Restlaufzeit des Termingeschäftes: Wenn die Kassa-/Terminpreisrelation von der obigen Beziehung abweicht, so fallen risikolose Arbitragegewinne durch folgendes Transaktionsmuster oder aber durch das dazu komplementäre an:

Beispiel: Eine deutsche — in DM bilanzierende — Bank sei am 30.6.1992 mit folgenden Geld- und Devisenmarktdaten — betreffend die Parität zwischen DM und US-Dollar — konfrontiert:

US$ – Kassakurs 30.6.1992:	1,50 DM/US$
DM – 12-Monats-Zinssatz:	8 %
US$ – 12-Monats-Zinssatz:	15 %
US$ – Terminkurs 30.6.1993:	1,45 DM/US$

Die Bank entschließt sich zur Swap-Arbitrage im Volumen von 12 Mio DM. Dies beinhaltet folgende Geschäftsvorfälle:

(1) 30.6.92: Kreditaufnahme von 12 Mio DM im Interbankenmarkt, Laufzeit 12 Monate, Zinssatz: 8%.

(2) 30.6.92: Devisenkassakauf von 8 Mio US$, Kassakurs 1,50 DM/US$.

---

108 Bei der Berechnung von Arbitragegewinnen ist zu berücksichtigen, daß dem Arbitrageur zusätzlich noch Transaktionskosten in Form von Provisionen, Geld-/Briefspanne etc. entstehen, so daß Arbitragegeschäfte nicht schon bei einer beliebig kleinen Abweichung gewinnträchtig sind.

109 Die zeitpunktbezogene Komponente wird auch als Strömumgspreis bezeichnet, vgl. *Krümmel*, Hans-Jacob (1964): Bankzinsen, Köln u.a. 1964, S. 18 ff.

110 Die zeitraumbezogene Komponente wird auch wegen ihrer zeitabhängigen Dimension als Bestandshaltepreis bezeichnet, vgl. *Krümmel*, Hans-Jacob (1964): a.a.O., S. 18 ff.

111 Wir gebrauchen hier den Begriff Einflußfaktor im Sinne von funktionaler Abhängigkeit und nicht etwa im Sinne von kausaler Verursachung, da Kausalbeziehungen von Preisbewegungen auf Märkten ein sehr komplexes Problem darstellen.

(3) 30.6.92: Anlage von 8 Mio US$ im Interbankmarkt, 12 Monate, Zinssatz: 15 %.

(4) 30.6.92: Devisenterminverkauf per 30.6.1993 9,2 Mio US$ gegen DM. Terminkurs 1,45 US$/DM.

(5) 30.6.93: Rückzahlung des US$-Kredit in Höhe von 9,2 Mio US$ (Zins +Tilgung).

(6) 30.6.93: Verkauf von 9,2 Mio US$ bei Fälligkeit des Termingeschäftes. Erlös 13,34 Mio DM.

(7) 30.6.93: Rückzahlung (Zins + Tilgung) des aufgenommen DM-Kredit in Höhe von 12,96 Mio DM.

Als Arbitragegewinn fällt am 30.6.1993 an:

13,34 Mio DM — 12,96 Mio DM = 0,38 Mio DM

Wie leicht ersichtlich, lassen sich auf diese Weise ohne eigenen Kapitaleinsatz völlig risikolose Gewinne realisieren, sobald das Kassa-/Terminpreisverhältnis die oben dargestellte Bedingung nicht erfüllt. Auf annähernd vollkommenen Geld- und Devisenmärkten wird deshalb eine Abweichung von der Arbitragerelation nur kurzfristigen Bestand haben. Kurz nach Bekanntwerden könnte durch das Spiel der Marktkräfte etwa folgende Situation entstehen, bei der die Bedingung, daß durch Arbitragetransaktionen keine Gewinne anfallen, wieder gewahrt ist:

Kassakurs:	1,50 DM/US$
US$-Zinssatz:	8%
DM-Zinssatz:	15%
Terminkurs:	1,41 DM/US$

Die feste Beziehung zwischen Kassa- und Terminkurs sowie den Zinssätzen in in- und ausländischer Währung, die als Arbitragegleichgewicht bezeichnet wird, läßt sich allgemein folgendermaßen darstellen:

$$(1 + i_{DM})^t * A = (1 + i_{US\$})^t * A * TK / KK$$

i_{DM}	–	DM-Zinssatz
$i_{US\$}$	–	US$-Zinssatz
t	–	Laufzeit in Jahren
KK	–	Kassakurs DM/US$
TK	–	Terminkurs DM/US$
A	–	Anlagebetrag in DM

Die obige Gleichung bildet die Bedingung dafür ab, daß in einem Arbitragegleichgewicht keine Gewinne durch Arbitragetransaktionen anfallen:[112] Der

Rückzahlungsbetrag für den in einer Währung aufgenommenen Kredit einschließlich Zinsen *(linke Seite)* muß bei Fälligkeit genau gleich dem Einzahlungsbetrag aus der Anlage in der anderen Währung einschließlich Zinsen *(rechte Seite)* — gerechnet in Einheiten der ersten Währung — sein.

Durch einfaches Umstellen ergibt sich folgende Beziehung:[113]

$$\frac{(TK - KK)}{KK} = \frac{(i_{DM} - i_{US\$})^{*}\ t}{1 + i_{DM}^{\ *}\ t}$$

Bei annähend arbitragefreien Märkten entspricht mithin der relative Unterschiedsbetrag zwischen Kassa- und Terminkurs einer Devise — auch Swapsatz oder Swapabschlag genannt — dem laufzeitbezogenen Zinsgefälle zwischen in- und ausländischer Währung.

3.4.2. Absicherung eines Bilanzpostens durch ein Termingeschäft

Betrachtet werden soll der elementare Fall einer Absicherungstransaktion per Termin: Der Abgangswert eines Bilanzbestandes in Fremdwährung wird gegen das Devisenkursrisiko abgesichert, indem mit Fälligkeit zum Zeitpunkt seines Abganges — also etwa im Falle eines Kredites dem Tilgungszeitpunkt — ein Devisentermingeschäft, d. h. Terminverkauf US$/DM im gleichen Volumen abgeschlossen wird. Dadurch wird erreicht, daß die künftig anstehende Einzahlung aus dem in US$ valutierten Fremdwährungsbestand von Wechselkursschwankungen unabhängig ist, weil bei Fälligkeit des Kredites der eingehende US$-Betrag sofort zu dem schon heute festgelegten Terminkurs in DM umgetauscht wird. Aus diesem einfachen und oft praktizierten Transaktionsmuster ergeben sich tiefgreifende Bilanzierungsprobleme.[114]

3.4.2.1. Erster Problemkreis: Sachgerechte Verlustantizipation

Die Abbildung der beiden Geschäftsvorfälle US$-Kreditvergabe und Terminverkauf des gleichen Betrages an US$ — hätte nach der engen Auslegung der

---

[112] Diese Beziehung wird in der Literatur auch „Swaprelation" genannt.

[113] Vgl. z.B. *Gaab,* Werner (1983): Devisenmärkte und Wechselkurse, Berlin, Heidelberg, New York, Tokyo 1983, S. 67 f. Gemäß internationaler Bankusance bei unterjährigen Laufzeiten wird angenommen, daß die Zinsen laufzeitproportional berechnet werden.

[114] Zur Behandlung derartiger Transaktionen nach dem Bankbilanzrichtliniegesetz vgl. m.w.V. *Kuhner,* Christoph (1992): Erfolgsperiodisierung bei Fremdwährungsgeschäften mit „besonderer Deckung" nach § 340 h HGB, in: DB 1992, S. 1435–1439.

legalen Vorschriften — hierbei insbesondere des Einzelbewertungsprinzips § 252 (1) Nr. 3 - zur Folge, daß bei Wechselkursschwankungen in der einen oder anderen Richtung in jedem Falle Verluste antizipiert werden: Dies wird entweder durch eine Niederstwertabschreibung der Bilanzposition bei Kursverfall des US$ oder durch eine Verlustrückstellung für die Terminposition bei Kurssteigerung des US$ erforderlich.

Im Gegensatz dazu wird das tatsächliche Eintreten dieser Verluste aber gerade durch die zielgerichtet betriebene Absicherungspolitik der Unternehmensführung ausgeschlossen. Im Sinne einer getreuen Abbildung der wirtschaftlichen Lage ist dies besonders bedenklich, weil hierdurch eine bewußt risikoaverse und auf das Schließen spekulativer Positionen bedachte Unternehmenspolitik erfolgsrechnerisch diskriminiert wird.[115] Das Vorsichtsprinzip, mit dem sonst immer eine strenge Auslegung des Einzelbewertungsgrundsatzes begründet wird, führt sich in diesem Falle selbst *ad absurdum.*[116]

Die Rechtsprechung[117] sowie auch weite Teile der Literatur — unter ihnen auch Vertreter einer eher rechtlichen Betrachtungsweise — haben dem offensichtlichen Dispositionszusammenhang von Absicherungsgeschäften im Währungsbereich Rechnung getragen und Verlustrückstellungen sowie Niederstwertabschreibungen bei dem geschilderten Sachverhalt abgelehnt.[118] Für Kreditinstitute besteht mit § 340 h (2) Satz 2 HGB seit neuestem eine Gesetzesregelung, die eine entsprechende Behandlung vorsieht. In einer Welt volatiler Wechselkurse und immer weiter zunehmender internationaler Einbindung der Wirtschaftseinheiten zeugt dies von einer pragmatischen Haltung der rechtsetzenden und rechtsprechenden Institutionen, denn offensichtlich steht diese Auffassung im Gegensatz zu der hergebrachten bilanzrechtlichen Dogmatik.[119]

---

115 Wenn man — im Einklang mit der Theorie informationseffizienter Märkte — davon ausgeht, daß Kassakurssteigerungen und Minderungen gleichwahrscheinlich sind, so käme der Bilanzierende in 50 % der Fälle besser — d. h. mit einem höher ausgewiesenen Gewinn — davon, wenn das Sicherungsgeschäft nicht bestünde, weil er ja keine Verlustrückstellung bei Kurssteigerung zu bilden hätte.

116 Hierzu und zum Folgenden vgl. auch *Rübel,* Markus (1990): Devisen- und Zinstermingeschäfte in der Bankbilanz, Berlin 1990, S. 141 ff. sowie *Bieg,* Hartmut (1983): Bankbilanz und Bankenaufsicht, München 1983, S. 395 f.

117 Vgl. *Hessisches Finanzgericht*: Urteil vom 24. 11. 1982 IV 359/79, in: Entscheidungen der Finanzgerichte 1983: Keine Rückstellung für künftige Verluste aus Devisentermingeschäften, S. 337.

118 Vgl. zum Diskussionsstand m. w. V. *Finne,* Thomas (1991): Bilanzielle Berücksichtigung von Kursänderungen, in: BB 1991, S. 1295 ff., bzw. *Groh,* Manfred (1986): Zur Bilanzierung von Fremdwährungsgeschäften, in: DB 1986, S.869–877. Für eine Mindermeinung vgl. *Diehl,* Wolfram (1977): Die Bilanzierung von Devisengeschäften durch Kreditinstitute, in: BB 1977, S.290–294, ders.(1980): Die Bewertung von Devisentermingeschäften für Zwecke der Vermögensaufstellung, in: BB 1980, S.34–38, in dieser Richtung argumentiert auch *Eibelshäuser,* Manfred (1987): a.a.O., S. 865: „Eine zutreffende Interpretation der handelsrechtlichen Grundsätze ordnungsmäßiger Buchführung sollte auch dann nicht aufgegeben werden, wenn das Ergebnis im konkreten Fall nicht erfreut".

Diese Abweichung von eingefahrenen Bahnen bilanzrechtlicher Dogmatik wird bei der allgemeinen Problematik der Verlustantizipation aus wirtschaftlich miteinander verknüpften Vorgängen unterschiedlich begründet:

Groh[120] vertritt die Auffassung, daß „(g)anz allgemein (...) bei der Rückstellung für drohende Verluste aus schwebenden Geschäften Gewinne und Verluste aus dem Saldierungsbereich von miteinander verknüpften Vorgängen zu verrechnen" sind. Die wirtschaftliche Verknüpfung konkretisiere sich im hier betrachteten Fall durch den Charakter des Termingeschäftes als „Hilfsgeschäft", das eigens zur Absicherung des Kursrisikos aus dem „Hauptgeschäft" kontrahiert wurde.[121] Weil ein Verlust aus dem einen Geschäft notwendig und zeitgleich durch einen Gewinn aus dem anderen Geschäft kompensiert wird, sei für die Anwendung des Imparitätsprinzips kein Platz.

Jacobs[122] befürwortet die Zusammenfassung von mehreren Geschäften zu einer wirtschaftlichen Einheit, wenn sie zueinander in einem „unmittelbaren Ursache-Wirkungszusammenhang" stehen. Dieser sei dann gegeben, wenn die Entstehung eines Vorteils aus dem einen Geschäft unmittelbare Folge eines entstandenen Nachteiles aus dem anderen Geschäft sei. Mindestvoraussetzung hierfür sei, daß beiden Verträgen die gattungsgleiche Wirtschaftsgüter zugrundelägen.[123]

Pößl[124] nennt vier Kriterien für die Saldierung von Gewinn- und Verlusterwartung bei "wirtschaftlich ineinandergreifenden Vorgängen" :

---

[119] Stellvertretend für eine Vielzahl von rechtswissenschaftlichen Autoren, die für die zwingende Anwendung des strengen Einzelbewertungsprinzips bei Rückstellungen für drohende Verluste aus schwebenden Geschäften eintreten, seien hier genannt: *Christiansen*, Alfred (1990): Rückstellungen für drohende Verluste aus schwebenden Geschäften und Erfüllungsrückstände, in: StbJb 1989/1990, S. 129–153, bzw. *Crezelius*, Georg (1988): Das sogenannte schwebende Geschäft in Handels-, Gesellschafts- und Steuerrecht, in: Knobbe-Keuk, Brigitte et al.: Handels- und Steuerrecht, Festschrift für Dr. Dr. hc. Georg *Döllerer*, Düsseldorf 1988, S.81–95, sowie *Döllerer*, Georg (1974): Zur Bilanzierung des schwebenden Vertrags, in: BB 1974, S.1541–1548, bzw. *Eibelshäuser*, Manfred (1987): a.a.O., S.860–866; bzw. *Jonas, Heinrich*(1986): Die in der aktienrechtlichen Handelsbilanz zulässige Rückstellung für drohende Verluste aus schwebenden Geschäften, in: DB 1986, S.1733–1737. *Strobl*, Elisabeth (1984): Die Bewertung von Rückstellungen, in: *Raupach*, Arndt (hrsg.): Werte und Wertermittlung im Steuerrecht, Köln 1984, S. 195–219

[120] *Groh*, Manfred (1986): a.a.O., S. 873.

[121] Ebd., S. 873 ff. Zum Begriff des Hilfsgeschäftes siehe auch *Clemm*, Herman/*Nonnenmacher*, Rolf (1988): Überlegungen zur Bilanzierung von Swapgeschäften, in: Knobbe-Keuk, Brigitte et al. (Hrsg.): Handelsrecht und Steuerrecht, Festschrift für Dr. Dr. hc. Georg Döllerer, Düsseldorf 1988, S. 75.

[122] *Jacobs, Otto H.* (1988): Berechnung von Rückstellungen in der Steuerbilanz, in: DStR 1988, S.238–247, inbes. S. 240 ff. Zustimmend etwa *Kupsch*, Peter (1989): Neuere Entwicklungen bei der Bilanzierung und Bewertung von Rückstellungen, in: DB 1989, S. 59.

[123] Entsprechende Überlegungen finden sich bereits bei *Richter*, o.V. (1967): Zur Bilanzierung von schwebenden Geschäften, in: StBp 1967, S. 280–282.

(1) Hinreichende wirtschaftliche Konkretisierung der Gewinnerwartung;

(2) Rechtliche Unzweifelhaftigkeit der Gewinnerwartung;

(3) Gemeinsamer Entstehungsgrund für Gewinnerwartung und Verlustrisiko;

(4) „Kausale Beziehung“ zwischen Gewinnerwartung und Verlustrisiko in dem Sinne, daß der gewinntragende Geschäftsvorfall ohne den verlusttragenden Geschäftsvorfall nicht denkbar ist.

Burkardt[125] bezeichnet folgende zwei Kriterien als Voraussetzung für die Bildung von Bewertungseinheiten im speziellen Falle gegenläufiger Devisengeschäfte:

(1) Dokumentationsprinzip: Einzelne gegenläufige Geschäfte müssen bereits bei Geschäftsabschluß einander zweifelsfrei und eindeutig durch den Bilanzierenden zugeordnet werden.

(2) Prinzip der Relativierung durch Restrisiken: Die einzelnen zusammengefaßten Geschäfte dürfen nicht mit Bonitätsrisiken behaftet sein, die die Realisation ihrer Währungserfolgsbeiträge wieder in Frage stellen würden.[126]

Folgende Punkte stellen eine Synthese dieser ausgewählten Stellungnahmen dar:

Eine Saldierung von Gewinn- und Verlusterwartungen aus verschiedenen Rechtspositionen im Rahmen einer Kursabsicherung ist unter folgenden Voraussetzungen zu befürworten:

— Die Gewinnerwartung muß rechtlich — d. h. durch das Bestehen eines eindeutigen Anspruch am Bewertungsstichtag[127] — sowie wirtschaftlich — d. h. durch die Höhe der Marktnotierung am Stichtag — hinreichend konkretisiert sein.

— Die Rechtspositionen, die gemeinsam Gegenstand der Bewertungseinheit sind, müssen einander durch den Unternehmer zweckgerichtet zugeordnet sein.[128]

Auch die „kausale Beziehung“ nach *Pößl* ist wohl in diesem Sinne als zweckgerichtete Zuordnung auszulegen. Die Frage, wie eine solche finale Verknüp-

---

[124] *Pößl,* Wolfgang (1984): Die Zulässigkeit von Saldierungen bei der Bilanzierung von wirtschaftlich ineinandergreifenden Vorgängen, in: DStR 1984, S. 433 f. Ein ähnlicher Katalog findet sich auch bei *Benne,* Jürgen (1979): Die Bedeutung von Gewinnerwartungen aus schwebenden Geschäften für die Bewertung der Aktiva und Passiva, in: BB 1979, S.1653–1656.

[125] *Burkhardt,* Dietrich (1989): Realisation von Währungserfolgsbeiträgen aus gegenläufigen Geschäften, in: WPg 1989, S.495–498.

[126] Vgl. hierzu auch die weiterführenden Betrachtungen in Abschnitt 3.4.5., S. 134 ff.

[127] Dies ist keine Selbstverständlichkeit, weil es Absicherungstransaktionen — sogenannte antizipative Hedges — gibt, bei denen ein Termingeschäft getätigt wird, um Preisrisiken einer Kassatransaktion, die erst zu einem künftigen Zeitpunkt stattfindet, auszuschließen. Vgl. hierzu etwa *Kuhner,* Christoph (1988): a.a.O., S. 7. ff.

fung zwischen den verschiedenen Geschäftsvorfällen zweifelsfrei rekonstruierbar ist, wird auf zweierlei Art und Weise beantwortet: Zum einen durch den Grundsatz der formellen Dokumentation der zweckgebundenen Zuordnung nach *Burkardt*, zum anderen durch eine typisierende Betrachtungsweise, die den Absicherungszusammenhang zwischen verschiedenen Rechtspositionen durch die Begriffe „Hauptgeschäft" und „Hilfsgeschäft" aufzuhellen versucht. Diese typisierende Betrachtungsweise stößt da an ihre Grenzen, wo die rechtliche Ausgestaltungsform des Hilfsgeschäftes mehrere und zum Teil gegensätzliche wirtschaftliche Funktionen zuläßt. Seine Zwecksetzung ergibt sich dann nicht mehr aus der Natur der Sache heraus. Mit anderen Worten: Ein Devisentermingeschäft eignet sich eher zum Aufbau spekulativer Positionen als eine Delkredereversicherung.[129]

— Die Gewinnerwartung muß kausal auf dieselbe Ursache zurückzuführen sein wie das Verlustrisiko, das dagegen steht:

Der Nachteil aus dem einen Geschäft kann nicht ursächlich für den Vorteil aus dem anderen Geschäft sein, wie *Jacobs* dies meint; beide können ihrerseits lediglich Wirkungen derselben Ursache sein[130]. Wie wir gesehen hatten, ist die Kausalität ein notwendiges Element des Finalzusammenhanges. Die zusätzliche Bedingung einer Ursachengleichheit von Gewinn- und Verlusterwartung[131] stellt sicher, daß der vorgegebene Zweck der Absicherung mit den eingesetzten Mitteln erreicht wird und die Zuordnung auf der Basis der Finalität nicht rein willkürlich erfolgt.[132]

Interessant ist in diesem Zusammenhang die zusätzlich erhobene Forderung, daß die zusammengefaßten Rechtsverhältnisse über gattungsgleiche Wirtschaftsgüter kontrahiert sein sollten. Hierdurch läßt sich die Ursachengleichheit der gegensätzlichen Kursentwicklung von Kassa- und Terminposition vergleichsweise einfach nachvollziehen. Außerdem — so scheint es — wird auf diesem Wege die wirtschaftliche Verknüpfung zwischen den verschiedenen Geschäften zusätzlich konkretisiert, weil zwischen ihnen ein objektiv darstellbarer

---

[128] Zur Diskussion des Transaktionsmotivs bei Termingeschäften vgl. auch *Schwarze*, Armin (1989): Ausweis und Bewertung neuer Finanzierungsinstrumente in der Bankbilanz, Berlin 1989, S. 99 ff. Den Unterschied von „bewußter" und „zufälliger" Kompensation aus verschiedenen Termingeschäften diskutiert auch *Häuselmann*, Holger/*Wiesenbart*, Thomas (1990): Fragen zur bilanzsteuerlichen Behandlung von Geschäften an der Deutschen Terminbörse (DTB), in: BB 1990, S. 641–647, S. 642. Der Begriff der „besonderen Deckung" in § 340h (2) HGB scheint dieser Unterscheidung nach dem Transaktionsmotiv zu folgen.

[129] Zu dieser verwandten Problematik vgl. etwa *Knüppe*, Wolfgang (1985): Die Berücksichtigung einer Delkredereversicherung bei der Forderungsbewertung, in: DB 1985, S. 2361-2365.

[130] Vgl. in diesem Sinne auch *Benne*, Jürgen (1991): Einzelbewertung und Bewertungseinheit, in: DB 1991, S. 2602.

[131] Zur Würdigung der Ursachengleichheit in einem ähnlich gelagerten Fall vgl. auch *Knüppe*, Wolfgang (1985): a.a.O., S. 2364 f.

Refinanzierungszusammenhang besteht. Dieser Refinanzierungszusammenhang muß jedoch als recht unstabil angesehen werden, solange das zugrundeliegende Wirtschaftsgut eine Gattungsschuld von einer derartigen Markttiefe wie Geld einer fremden Währung ist.[133]

Der geschilderte Kriterienkatalog läßt zumindest Ansätze einer dogmatischen Würdigung ökonomischer Zusammenhänge bei der Antizipation von Verlusten aus final verbundenen Einzeltransaktionen erkennen.[134]

3.4.2.2. Zweiter Problemkreis: Sachgerechte Periodisierung von Erfolgsbeiträgen

Bei der Bewertung einer in Fremdwährung (US$) valutierten Aktivposition, der ein Devisentermingeschäft mit Fälligkeit zu ihrem Abgangstermin derart zugeordnet ist, daß eine vollkommene Absicherung bei der Abwicklung beider Verträge besteht, ergibt sich noch ein weiterer Anknüpfungspunkt geschäftszweckgebundener Bewertungskonzeptionen.[135]

Wie schon erläutert wurde[136], weicht der Terminkurs jeweils um einen Zuschlag bzw. Abschlag — dem Swapsatz — vom Kassakurs ab. Der Swapsatz folgt aus dem Zinsgefälle zwischen beiden Währungen. Fraglich ist, wie diese Differenz in der externen Erfolgsrechnung behandelt werden soll. In unserem Beispiel wollen wir eine negative Swapdifferenz (US$-Kassakurs > US$-Terminkurs) zugrundelegen. Die Zinsen in US$ sind höher als die Zinsen in DM, und der Kurs der angeschafften US$ - Kassaposition ist höher als der Verkaufskurs auf Termin.

---

[132] *Windmöller* stellt im Gegensatz zu der hier vorgetragenen Auffassung seine Definition von Deckungsgeschäften einseitig auf deren Zweckeignung im Rahmen des Kausalnexus ab: „Unter Deckungsgeschäft ist jede Rechtsposition zu verstehen, die geeignet ist, Risiken aus anderen vertraglichen Beziehungen oder Geschäftsvorfällen auszuschalten.(...) In meiner Begriffsbestimmung habe ich mich bewußt auf die ‚Eignung', Risiken auszuschalten beschränkt (...) Genauso wie Risiken grundsätzlich nur objektiv bestehen oder nicht bestehen, kann eine Deckungsfähigkeit nur objektiv gegeben sein oder nicht gegeben sein." *Windmöller,* Rolf (1988): Deckungsgeschäfte und Grundsätze ordnungsmäßiger Buchführung, Vortrag anläßlich der IDW-Fachtagung in Hamburg am 27.10. 1988, S. 3. Kritisch zu solch einem Objektivismus äußert sich *Schwarze,* Armin (1989): a.a.O., S. 123 ff.

[133] Zur Bestandsstabilität solcher und ähnlicher Dispositionen vgl. auch *Schwarze,* Armin (1989): a.a.O., S. 121f.

[134] Bezogen auf Devisentermingesschäfte bietet er einen Beitrag zur Interpretation des Begriffes der „besonderen Deckung" nach § 340 h HGB.

[135] Vgl. hierzu mit Blick auf die neuen Regelungen des § 340 h HGB *Kuhner,* Christoph (1992): a.a.O., S. 1435 ff.

[136] Vgl. 3.4.1., S. 114 ff.

Grundsätzlich sind drei verschiedene Möglichkeiten zur erfolgsrechnerischen Würdigung dieses Swapabschlages denkbar:

(1) Vereinnahmung des Swapabschlages bei Fälligkeit des Devisentermingeschäftes als Aufwand;[137]

(2) Vereinnahmung des Swapabschlages bei Abschluß des Termingeschäftes als drohender Verlust aus einem schwebenden Geschäft;[138]

(3) Zeitanteilige Vereinnahmung des Swapabschlages in der Periode zwischen Geschäftsabschluß und Fälligkeit.[139]

Es läge vielleicht nahe, den auf das Volumen des Absicherungsgeschäft bezogenen Swapabschlag als drohenden Verlust vorwegzunehmen, weil hier eine Position zu einen niedrigeren Preis verkauft als angekauft wird. Gerade die zeitanteilige Vereinnahmung wird aber von weiten Teilen der Literatur und der Bilanzierungspraxis zumindest der Kreditinstitute bevorzugt. Als Argument hierfür wird in der Regel der zinsähnliche Charakter der Swapdifferenz[140] angeführt.

Die Behauptung, der Swapsatz habe zinsähnlichen Charakter, könnte sich etwa aus einer Analyse des wirtschaftlichen Gehaltes der einzelnen beteiligten Rechtspositionen herleiten lassen. Eine solche Betrachtungsweise würde sich zunächst einmal anbieten, wenn sich die Swapdifferenz in irgendeiner Weise als zwischen zwei Parteien vereinbarter Preis für die Überlassung von Kapital innerhalb eines Zeitraumes interpretieren ließe. Ein näherer Blick auf die verschiedenen Rechtsbeziehungen einer Absicherungstransaktion widerlegt jedoch diese Annahme. Wir unterstellen dabei aus Gründen der Anschaulichkeit, daß der in US$ valutierte und per Termin abgesicherte Kassaposten ein Bestand an Staatsanleihen ist:

— Kauf eines Betrages an US$-Staatsanleihen, Fälligkeit: X.X.;

— Devisenterminverkauf US$/DM, Fälligkeit: X.X.

— Kreditbeziehung mit dem amerikanischen Staat als Schuldner bis zum X.X.

Anhand dieser drei verschiedenen Rechtsgeschäfte ist unzweifelhaft zu erkennen, daß sich der Swapaufschlag keinesfalls einer Überlassung von Kapital als Gegenleistung zuordnen läßt, denn die einzige Kreditbeziehung besteht zwischen dem Bilanzierenden als Inhaber der Bondposition und dem amerikani-

---

[137] Es gibt — soweit ersichtlich — keine literarische Stellungnahme, in der eine solche Vorgehensweise befürwortet wird.

[138] In diesem Sinne vgl. *Dreissig,* Hildegard (1989): Swap-Geschäfte aus bilanzsteuerlicher Sicht, in: BB 1989, S. 322–327.

[139] Für Devisentermingeschäfte vgl. grundlegend *Bankenfachausschuß des Instituts der Wirtschaftprüfer* (1975): Stellungnahme 1/75: Bilanzierung und Prüfung der Devisengeschäfte der Kreditinstitute, in: WPg 1975, S. 664–667.

[140] Vgl. für viele *Windmöller,* Rolf (1992): Prüfung der Devisengeschäfte, in: HdRev, Sp. 336 ff.

schen Staat als Schuldner. Dieser Position kann die Swapprämie jedoch offensichtlich nicht als Zinsanteil zugerechnet werden, weil das Devisentermingeschäft rechtlich in keiner Verbindung zu dieser Kreditvergabe steht. Mithin kann sich der Zinscharakter der Swapprämie nicht aus einem Vorgang der Kapitalüberlassung ergeben. Die zeitanteilige Vereinnahmung von Swapprämien muß auf einer anderen Ebene begründet werden.

In einer Welt frei zugänglicher Kapital- und Geldmärkte ist der Zinsunterschied zwischen zwei Währungen nicht etwa auf eine unterschiedliche reale Rentierlichkeit der Anlageformen in beiden Währungen zurückzuführen; die unterschiedliche Verzinsung ist lediglich Spiegelbild unterschiedlicher Markterwartungen bezüglich der Kursentwicklungen beider Währungen.[141]

Wenn sich der US$ also höher verzinst als die DM, so bedeutet dies unter der Annahme eines angenäherten Arbitragegleichgewichtes nichts anderes, als daß die Teilnehmer an Geld- und Devisenmärkten im Durchschnitt eine Abwertung der US-Devise erwarten. Diese Abwertungserwartung ist in ihrem Umfang durch den niedrigeren US$-Terminkurs gegenüber dem Kassakurs vergegenständlicht. Das Zinsgefälle zwischen beiden Währungen entspricht dabei im Arbitragegleichgewicht genau dieser Kassa-/Terminkursdifferenz.[142]

Mit Blick auf diese rein ökonomischen Bedingungen der Terminmärkte läßt sich die Risikoposition des Rechnunglegenden in unserem Beispiel wie folgt charakterisieren: Durch den Kassakauf von US$-Anleihen wird eine Nominalverzinsung erreicht, die höher ist als die einer Vergleichsanlage in DM. Dieser höheren Verzinsung steht die Abwertungserwartung des Marktes betreffend die US-Devise gegenüber. Die rechnunglegende Unternehmung hat aber gerade dieses Abwertungsrisiko ausgeschaltet, indem sie das Termingeschäft abgeschlossen hat. Die wirtschaftlichen Kosten dieser Kursversicherung bestehen in der Inkaufnahme des niedrigeren US$-Terminkurs, durch den die Rentierlichkeit der hochverzinslichen US$-Anlage wieder auf das normale DM-Zinsniveau gesenkt wird. Rein wirtschaftlich gesehen ist die höhere Verzinsung der US$-Anlage gerade deshalb zunichte gemacht, weil ihr nicht mehr die Übernahme des US$- Abwertungsrisiko gegenübersteht.

---

[141] Die hier geschilderte Sichtweise entspricht der Erwartungshypothese der Terminpreisbildung. Es soll nicht verheimlicht werden, daß es empirische Untersuchungen gibt, die die Erwartungshypothese des Terminpreises als Schätzer des künftigen Kassapreises nicht eindeutig stützen. Da es — soweit ersichtlich — allerdings keine hinreichende theoretische Fundierung für alternativ in Frage kommende Schätzwerte gibt, glauben wir, die Erwartungshypothese unseren Betrachtungen zu Grunde legen zu können. Vgl. zu diesem Problemkreis *Hinder,* Alex (1983): Wechselkursprognosen — Ansätze, Modelle und Erfolgsbeurteilung, Bern, Frankfurt a. M. 1983, S. 105 ff.

[142] A.A offenbar *Dreissig,* Hildegard (1989) a.a.O., in: BB 1989, S.322–327, insbes. S. 325 f.

Wenn man vor dem Hintergrund dieser Einsichten eine Analyse des ökonomischen Gehaltes der einzelnen, gegenseitigen Rechtspositionen vornimmt, könnte man zu dem Ergebnis kommen, daß das Devisentermingeschäft in Wirklichkeit ein verdecktes Versicherungsgeschäft beinhaltet, wobei der Swapabschlag die Versicherungsprämie darstellen würde, die an die Gegenpartei zu zahlen wäre.[143] Die Dauer vom Geschäftsabschluß bis zur Erfüllung wäre dann als der Zeitraum des Versicherungsschutzes anzusehen. Das Termingeschäft würde sich auf diese Weise als Dauerschuldverhältnis entpuppen.

Gegen diese Argumentation spricht allerdings folgendes: Ein Termingeschäft ist ein Umsatzgeschäft mit herausgeschobenen Erfüllungszeitpunkt, das zu dem Kurs abgeschlossen wird, den der Markt für diesen Zeitpunkt erwartet. Der zeitliche Aufschub bis zur Erfüllung ist dabei keineswegs Gegenstand der Leistung einer Partei an die andere.[144] Im Gegensatz zu einem Versicherungsgeschäft beinhaltet das Termingeschäft darüberhinaus eine in der *ex ante*-Betrachtung genau symmetrische Verteilung von Rechten und Pflichten für beide Partner in den verschiedenen künftigen Umweltsituationen. Seinen Versicherungscharakter für den einzelnen Geschäftspartner erhält es erst in der Gesamtbetrachtung mit der gesicherten Kassaposition.

Wenn aber feststeht, daß die Behauptung, der Swapsatz habe zeitanteiligen Charakter, nicht etwa auf einer Analyse des ökonomischen Gehaltes von gegenseitigen Rechtspositionen beruht, sondern vielmehr auf einer ökonomischen Analyse der isolierten Risikoposition des Rechnunglegenden, fällt es nun auch nicht mehr schwer, einzusehen, daß aktive und passive Swapabgrenzungsposten weder Vermögensgegenstände noch Rechnungsabgrenzungsposten zur Bereinigung von Leistungsasymetrien innerhalb gegenseitiger Vertragsbeziehungen sein können.[145] Vielmehr handelt es sich hierbei um Aktiva und Passiva, die im Sinne einer periodengerechten Gewinnermittlung aufgrund des Zusammenspiels mehrerer, einander geschäftszweckgebunden zugeordneter Rechtspositionen gebildet werden.

---

[143] Vgl. zu dieser Sichtweise *Bezold*, Andreas (1985): Bilanzierung der Devisengeschäfte der Kreditinstitute, Teil I in: WPg 1985, S.321–327, insbes. S. 526, kritisch hierzu *Groh*, Manfred (1986): a.a.O., S. 876 und *Kuhner*, Christoph (1988): a.a.O., S. 13 f.

[144] Diese Aussage wird auch durch die Überlegung untermauert, daß - je nach Marktzinsstruktur — die Swapprämie nicht notwendigerweise eine lineare oder auch nur monotone Funktion der Laufzeit des Termingeschäftes ist. Die Laufzeit entspräche aber der Bindungsdauer der hypothetischen Versicherung.

[145] Zum Nachweis, daß Swapabgrenzungsposten weder der Definition von Vermögensgegenständen, noch der von Rechnungsabgrenzungsposten bzw. Wirtschaftsgütern genügen vgl. *Kuhner*, Christoph (1988): a.a.O. Zur Diskussion vgl. *Hafner*, Bernhard (1983): Devisentermingeschäfte und ihre Bewertung, in: Die Bank 1983, S. 204–209, und *Rozencwajg*, Jakob (1983): Aktivierung von „unrealisierten“ Gewinnen aus Devisentermingeschäften?, in: Die Bank 1983, S. 514–517.

Man könnte nun fordern, daß wegen der fehlenden Wirtschaftsguteigenschaften der Bilanzansatz solcher Abgrenzungsposten und damit die zeitanteilige Vereinnahmung von Swaperfolgen zu unterbleiben habe. Dabei muß man sich allerdings vergegenwärtigen, daß in vielen Bilanzen — etwa von international tätigen Kreditinstituten — diese Abgrenzungsposten ein ganz erhebliches Gewicht haben. Eine Umstellung der Bilanzierungsweise würde tiefgreifende und möglicherweise sogar existenzbedrohende Verwerfungen in der Erfolgsrechnung zur Folge haben.[146]

3.4.3. Behandlung von realisierten Erfolgsbeiträgen aus Differenzgeschäften im Rahmen eines Absicherungszusammenhanges

Im Ergebnis hatten wir festgestellt, daß die Periodisierung des Swapsatzes von Termingeschäften, die zum Zwecke der Absicherung von Kassapositionen abgeschlossen wurden, sich keinesfalls auf eine ökonomische Analyse der schuldrechtlichen Struktur dieser Verträge berufen kann, sondern vielmehr aufgrund der unternehmensinternen Zuordnung solcher Positionen zu abgesicherten Kassapositionen folgt. Hieraus ergeben sich weitreichende Konsequenzen, wenn man analoge Erwägungen bei der Erfolgsperiodisierung von Zahlungen aus einzelnen Rechtspositionen, die in einem komplexen Absicherungszusammenhang[147] zu anderen Rechtspositionen stehen, anstellt: Im Rahmen einer Preisabsicherung von Kassapositionen sind die Ergebnisse eines Termingeschäftes dazu bestimmt, gegenläufige Preisbewegungen der ihnen zugeordneten Kassabestände zu konterkarieren, so daß das Preisrisiko auf der Ebene der gesamten Disposition eliminiert wird.[148]

Als Beispiel für eine weitere Absicherungsdisposition, für die derartige Überlegungen geltend gemacht werden müssen, soll nun der Kauf einer festverzinslichen Anleihe verbunden mit der Absicherung ihrer Refinanzierung zu einem von vornherein festgelegten Refinanzierungszinssatz betrachtet werden, also etwa:

— Kauf einer festverzinslichen Anleihe zum Kurs von 100 % mit einer Couponverzinsung von 10 % und einer Restlaufzeit von 2 Jahren.

---

146 Hierzu *Windmöller*: „Unzulässig ist u.E. die Forderung, Devisengeschäfte entsprechend den GoB zu bilanzieren, auch wenn dies zu erratischen Ausschlägen in der Gewinn- und Verlustrechnung führt und so ein Einblick in die tatsächliche Ertragslage des Unternehmens erschwert, wenn nicht gar unmöglich gemacht wird." *Windmöller, R*olf (1992): a.a.O., Sp. 336.

147 Für eine Diskussion sowie eine systematische Betrachtung verschiedener Arten von Absicherungstransaktionen vgl. *Kuhner,* Christoph (1988): a.a.O., S. 7 ff.

148 Vgl. ebd.

Es sei beabsichtigt, eine Refinanzierung dieser Transaktion darzustellen, die für die gesamte Restlaufzeit der Anleihe einen von Marktzinsentwicklungen abgekoppelten und fest kalkulierbaren Erfolgsbeitrag sichert. Am einfachsten wäre dies durch eine zweijährige Kreditaufnahme zu einen festen Zinssatz, der geringer ist als 10 %, zu bewerkstelligen. Es sei aber angenommen, daß zum Zeitpunkt der Anschaffung der Anleiheposition keine Festzinsfinanzierung über zwei Jahre am Geldmarkt darstellbar ist, sondern allenfalls eine Festsatzkredit über ein Jahr erhältlich ist. Die einjährige Festzinsfinanzierung der zweijährigen Festzinsanlage bedeutet aber, daß die gesamte Disposition einem erheblichem Zinsänderungsrisiko ausgesetzt ist, wenn nach Ablauf des ersten Jahres eine Anschlußfinanzierung zu dann veränderten Zinskonditionen getätigt werden muß. Dieses Risiko wird schlagend, wenn in der Zwischenzeit die Zinsen derart gestiegen sind, daß nur noch eine Geldaufnahme zu Sätzen höher als 10 % möglich ist.

Die internationale Bankpraxis hat ein Instrument entwickelt, das es erlaubt, trotz fristeninkongruenter Refinanzierung das Zinsrisiko von festverzinslichen Anlagen fernzuhalten: das sogenannte *forward rate agreement* (FRA)[149].

Das *forward rate agreement* ist ein Differenzgeschäft, dessen Spielregeln kurz erläutert werden sollen: Zwei Partner vereinbaren miteinander eine Kreditvergabe zu einem festgelegten Stichtag in der Zukunft, wobei Volumen, Laufzeit und Zinssatz von vornherein festgelegt sind. Am Stichtag findet allerdings keine Plazierung der festgelegten Kreditsumme statt; vielmehr wird der vertragsmäßig vereinbarte Zinssatz mit dem an diesem Stichtag gültigen Referenzzinssatz verglichen, der im Interbankenhandel für eine Geldanlage gleichen Volumens und gleicher Laufzeit gezahlt würde. Die auf die vertragsmäßig festgelegte Laufzeit und -Volumen bezogene Zinsdifferenz zwischen Kontraktzins und Referenzzins des Stichtages wird dann von dem einen Geschäftspartner an den anderen gezahlt, und zwar:

— vom „Kreditgeber" an den „Kreditnehmer", wenn der Referenzzinssatz am Stichtag höher ist, als der im *forward rate agreement* vereinbarte Zinssatz;

— vom „Kreditnehmer" an den „Kreditgeber", wenn der Referenzzinssatz am Stichtag niedriger ist, als der kontrahierte Zinssatz.

Es ist leicht erkennbar, daß der jeweils von der einen Partei an die andere ausgezahlte Differenzbetrag genau dem Opportunitätsverlust bezogen auf die Marktverhältnisse des Stichtages entspricht, den die „Verliererpartei" zu tragen hätte, wenn der Kredit tatsächlich zu den im FRA vereinbarten Konditionen plaziert worden wäre. Das *forward rate agreement* kann anschaulich mit einer Wette auf die zu einem künftigen Stichtag gültigen Zinssätze verglichen wer-

[149] Zur Funktionsweise dieses Instrumentes vgl. *Rübel,* Markus (1990): a.a.O., S. 24 ff., bzw. aus Anwendersicht *Adolph,* Birgit/*Glaab,* Wolfgang (1987): Instrumente zur Absicherung zukünftiger Zinsrisiken, Stuttgart 1987, S. 9–47.

den. Der „Kreditgeber" wettet auf sinkende, der „Kreditnehmer" auf steigende Zinsen.

In unserem Beispiel ist ein FRA nun wie folgt anzuwenden, um trotz der Fristeninkongruenz eine über die gesamte Restlaufzeit der Anleihe feste Verzinsung zu gewährleisten:

(1) 30.6.1992— Kauf von 10 Mio DM Anleihen, Restlaufzeit 2 Jahre, Effektivverzinsung 10%

(2) 30.6.1992— Aufnahme von 10 Mio DM Festzinskredit, Laufzeit 1 Jahr, Verzinsung 8%

(3) 30.6.1992— Verkauf eines FRA über 10 Mio, vereinbarter Zinssatz: 8 % vereinbarter Stichtag: 30.6.1993, vereinbarte Laufzeit : 1 Jahr

(4) 30.6.1992— Zahlung bzw. Erhalt des Differenzbetrages aus dem FRA

(5) 30.6.1993— Aufnahme Festzinskredit, Laufzeit 1 Jahr, Zinssatz ist identisch mit dem Referenzzinssatz des FRA.

(6) 30.6.1994— Rückzahlung der Anleihe, Rückzahlung des aufgenommenen Kredites

Unbeschadet der Zinsentwicklung hat sich der Rechnunglegende durch den Verkauf des *forward rate agreement* eine feste Refinanzierung des Wertpapierkaufes über die Restlaufzeit hinweg gesichert, weil jeder Marktzinsänderung von Ein-Jahres-Geldern eine genau spiegelbildliche Änderung der Differenzzahlung aus dem FRA gegenübersteht. Sind beispielsweise zum 30.6.1993 die Zinsen für einjährige Einlagen auf 9 % gestiegen, so ist der Käufer des FRA verpflichtet, der Gegenpartei den Opportunitätsverlust gegenüber einer Verzinsung entsprechend der *contract rate* von 8 % zu ersetzen.[150]

Es ist zu prüfen, welche Konsequenzen sich für die externe Rechnungslegung einer derartig gegen die Marktzinsentwicklung immunisierten „geschlossenen Position" ergeben.

3.4.3.1. Sachgerechte Verlustantizipation

Die Disposition, die nun betrachtet wird, umfaßt vier Rechtspositionen:

— den Anleihebestand;

— die beiden zeitlich aufeinander folgenden Kredite;

— das *forward rate agreement.*

Die Frage, ob bei Zins- sowie Anleihekursänderungen Verluste antizipiert werden müssen, ob also Gewinn- und Verlusterwartungen innerhalb der Dispo-

---

150 Auf eine Herleitung der Errechnung der *settlement sum* soll an dieser Stelle verzichtet werden, vgl. hierzu etwa *Adolph/Glaab*: a.a.O., S. 42.

sition gegeneinander aufrechenbar sind, kann anhand der oben entwickelten Kriterien leicht beantwortet werden:

— Gewinn- und Verlusterwartungen sind rechtlich durch standardisierte Vertragsbedingungen und wirtschaftlich durch notierte Kurse und Interbankenmarktzinsen konkretisiert.

— Der finale Zusammenhang der Vertragspositionen wird in der Regel leicht dokumentierbar sein.

— Die Ursacheneinheit von Gewinn- und Verlusterwartung kann als gewährleistet angesehen werden, wenn der Anschlußkredit zu einem Zinssatz zu haben ist, der an den Referenzzinssatz des FRA gekoppelt ist.

Es besteht kein Grund, bei der Vorwegnahme von Verlusten hier anders vorgegangen werden sollte, als im vorigen Beispiel des Swapgeschäftes[151]: Niederstwertabschreibungen sowie Verlustrückstellungen haben während der Laufzeit des FRA keine Berechtigung.

Wenn Niederstwertabschreibungen mit Blick auf die Bewertungseinheit unterlassen werden, muß der Anleihebestand allerdings unter dem Anlagevermögen ausgewiesen werden. Dies entspricht auch der Intention, die Wertpapiere bis zur Fälligkeit durchzuhalten. Ein Ausweis unter „Wertpapieren des Umlaufvermögen" käme bei der Unterlassung von Zeitwertabschreibungen einer Täuschung des Bilanzlesers gleich, weil Wertpapiere des Umlaufvermögens als Liquiditätsreserven angesehen werden.[152]

3.4.3.2. Erfolgsrechnerische Behandlung des Differenzbetrages

Es kann kein Zweifel daran bestehen, daß die Differenzzahlung aus einem *forward rate agreement* — die sogenannte *settlement sum* — nichts anderes ist, als ein Erfolgsbeitrag aus einem Differenzgeschäft. Sie ähnelt darin einem Gewinn oder Verlust aus einer Wette.

Für die Rechnungslegung der *settlement sum* hätte dies grundsätzlich zur Folge, daß sie mit dem Zeitpunkt ihres Entstehens sofort und in voller Höhe er-

---

[151] Vgl. zur Berechtigung einer analogen Behandlung von Wertpapier und Währungsgeschäften auch *Benne*, Jürgen (1991): a.a.O., S. 2506.

[152] Auf die interessante und praxisrelevante Frage, ob in unserem Falle ein anfänglicher Ausweis der Wertpapiere im Umlaufvermögen und ihre anschließende „Umwidmung" ins Anlagevermögen bei Kurseinbrüchen zur Vermeidung von Marktwertabschreibungen zulässig ist, soll hier nicht weiter eingegangen werden, weil unser Augenmerk auf Bewertungsfragen liegt. Die Umwidmung auch von nicht abgesicherten Positionen wird nicht selten bei unvorhergesehenen Zinssteigerungen vorgenommen. Man könnte diese Praxis vorallem als Verstoß gegen das Stetigkeitsprinzip anfechten.Vgl. hierzu mit weiteren Verweisen *Rübel,* Markus (1990): a.a.O., S. 242 ff.

folgswirksam würde. Die Problematik einer solchen Behandlung liegt auf der Hand: Im Zusammenhang der gesamten Disposition ist es die Zweckbestimmung der *settlement sum*, eine Korrektur des Marktzinssatzes zum Stichtag der Anschlußfinanzierung zu bewirken und mithin eine „Durchfinanzierung" des Anlagebetrages mit einer vorab fixierten Zinsmarge zu gewährleisten. Es wäre deshalb naheliegend, der dispositiven Verknüpfung des Differenzgeschäftes insoweit Rechnung zu tragen, daß erhaltene oder getätigte Differenzzahlungen aus diesen Geschäften zeitanteilig über die Restlaufzeit des Anleihenbestandes hinweg abgegrenzt werden.[153] Damit käme der disponierte Zinskorrekturcharakter der Differenzzahlung auch in der Erfolgsrechnung zum Tragen.

Vom Standpunkt einer vorsichtigen Betrachtungsweise dürfte gegen diese Bewertungsmethode wenig einzuwenden sein: Die Periodisierung erfolgt ja erst, wenn die Erfolgsbeiträge aus dem Differenzgeschäft schon realisiert sind, und nach der Abwickelung des Differenzgeschäftes sowie der erneuten Kreditaufnahme die Disposition eine vergleichweise hohe innere Stabilität aufweist.

Was unterscheidet nun die Periodisierung solcher Beträge von der im vorigen Kapitel betrachteten Periodisierung von Swapabgrenzungsposten?

Wie wir gesehen hatten, konnte die zeitanteilige Vereinnahmung von Swapsätzen eines Devisentermingeschäftes ebenfalls nicht als Einebnung von Leistungsasymmetrien innerhalb vorgegebener, gegenseitiger Rechtsverhältnisse nach Maßgabe einer ökonomischen Analyse von Rechtsfiguren verstanden werden. Ausschlaggebend war vielmehr die Erkenntnis, daß durch das Zusammenspiel zweier rechtlich voneinander völlig unabhängiger Transaktionen — der Kassageldanlage in Fremdwährung sowie dem Terminverkauf der Fremdwährung — eine Gesamtposition generiert wird, die in ihrer wirtschaftlichen Bindungswirkung mit einer Anlage in inländischer Währung identisch ist. Für eine zeitanteilige Vereinnahmung der Terminpreisbasis als Zinskorrektiv der abgesicherten Anlage sprach zusätzlich, daß sich die Swapdifferenz im Rahmen des Preisbildungsprozesses durch Kassa-/Terminmarktarbitrage als Ausgleichbetrag für das Zinsgefälle zwischen den beiden Währungen entpuppte und mithin in ihrem Wert eine Funktion der Restlaufzeit des Termingeschäftes darstellte.

Im dem betrachteten Beispiel der Periodisierung von Ausgleichzahlungen aus *forward rate agreements* bei Zinsabsicherungstransaktionen kann man demgegenüber eine weitere Zurückdrängung einer an den äußeren — wirtschaftlichen oder rechtlichen — Ausgestaltungsmerkmalen eines Einzelgeschäftes orientierten Bilanzierungsweise zugunsten geschäftszweckgebundener Bewertungskon-

---

[153] Dies entspräche der angelsächsischen Praxis des Hedge - Accounting, vgl. etwa *Goodman* Laurie S./*Langer* Martha J. (1983): Accounting for Interest Rate Futures in Bank Asset-Liability Management, in: Journal for Futures Markets 1983, S. 415–427, bzw. *Schwarze,* Armin (1989): a.a.O., S. 130 ff.

zeptionen erkennen: Die in Frage stehenden Ausgleichzahlungen sind reine Erfolgsbeiträge aus einem Differenzgeschäft, sind nichts andres als Wettgewinne. Ihre Preisbildung läßt keine lineare Abhängigkeit von der Restlaufzeit der zugrundeliegenden fiktiven Einlage erkennen, die einen zinsähnlichen Charakter der Differenzzahlung auf der Basis der Analyse der wirtschaftlichen Gegebenheiten des Preisbildungsprozesses erhärten würde.[154] Ausschlaggebend für die zeitanteilige Vereinnahmung derartiger Beträge ist damit einzig und allein die finale Zuordnung des Differenzgeschäftes als Absicherungsgeschäft zu den anderen Rechtspositionen der skizzierten Transaktion.

Der Ausschluß des Zinsänderungsrisikos bei fristeninkonkruenter Refinanzierung durch ein *forward rate agreement* ist dabei nur ein Beispiel dafür, wie aus einer Vielzahl von Kassa-, Termin- und Optionstransaktionen über gattungsgleiche Finanzaktiva eine neue Position synthetisiert wird, die eine eigene Würdigung in der Erfolgsrechnung fordert.[155] Die Effizienz der finalen Zuordnung verschiedener Geschäfte, d. h. die Ursacheneinheit künftiger und einander zugeordneter Gewinne und Verluste ist dadurch gesichert, daß sich alle Einzelgeschäfte auf die gleiche zugrundeliegende Gattung beziehen.

Gerade diese objektive Vergegenständlichung der Ursacheneinheit von Wertsteigerungen und -minderungen bei wirtschaftlich ineinandergreifenden Vorgängen soll im nächsten Schritt unserer Betrachtung aufgegeben werden.

3.4.4. Sachgerechte Verlustantizipation bei Absicherung eines festverzinslichen Anleihebestandes durch einen börsenhandelbaren Terminkontrakt

Als weiteres Beispiel einer Absicherungstransaktion sei nun die Absicherung des Kurswertes eines festverzinslichen Wertpapieres durch den gleichzeitigen Verkauf eines börsennotierten Terminkontraktes auf ein festverzinsliches Wertpapier der gleichen Währung im gleichen wertmäßigen Umfang betrachtet. Derartige Absicherungstransaktionen sind im Rahmen ordnungsmäßiger Geschäftsführung von Kreditinstituten nichts ungewöhnliches.

---

[154] Einige Anhaltspunkte zur Unterscheidung der wirtschaftlichen Charakteristika von Devisen- und Zinstermingeschäften, die vorallem an die unterschiedliche zeitliche Bindungswirkung anknüpfen, bietet *Windmöller,* Rolf (1985): Zinstermingeschäfte der Kreditinstitute, in: Forster, Karl-Heinz (Hrsg.): Bankbilanz, Bankaufsicht und Bankprüfung, Festschrift für Walter *Scholz*, Düsseldorf 1985, S. 219 ff.

[155] Vgl. zur erfolgsrechnerischen Behandlung eines komplexen Transaktionsmusters der Währungsarbitrage, das ein anderes Beispiel einer solchen synthetischen Position darstellt, die Diskussion bei *Hafner,* Bernhard (1983): Devisentermingeschäfte und ihre Bewertung, in: Die Bank 1983, S. 204–209, *Rozencwajg,* Jakob: Aktivierung von „unrealisierten" Gewinnen aus Devisentermingeschäften?, in: Die Bank 1983, S. 514–517.

Gewinn- und Verlusterwartungen aus börsennotierten Terminkontrakten werden grundsätzlich dadurch vergegenständlicht, daß dem Halter derartiger Terminpositionen während der Schwebezeit des Kontraktes die Ergebnisse seiner Position täglich auf einem Konto verrechnet werden, dessen Saldo er jederzeit abdisponieren kann.[156]

Es stellt sich die Frage, ob mit Blick auf den Absicherungszusammenhang Gewinn- und Verlusterwartungen aus den beiden Einzelgeschäften verrechnet werden können. Unser Beispiel unterscheidet sich dabei grundsätzlich von den bereits diskutierten Transaktionsmustern, weil die abgesicherte Bilanzposition in den seltensten Fällen mit dem zugrundeliegenden Aktivum des Börsentermingeschäftes gattungsgleich sein wird. In der Regel lauten nämlich börsenhandelbare Terminkontrakte nur über hoch standardisierte und zum Teil am Kassamarkt überhaupt nicht gehandelte Instrumente. Damit steht insbesondere die Ursacheneinheit von Gewinn- und Verlusterwartungen aus den beteiligten Einzeltransaktionen in Frage, die als Voraussetzung einer gemeinsamen Betrachtung verschiedener wirtschaftlich miteinander verknüpfter Geschäfte angesehen wird.[157] Deren Bestätigung war an sich nicht problematisch, solange das gesamte Absicherungsgeschäft aus einer Gesamtheit einander komplementärer Transaktionen über ein- und dieselbe Gattungsschuld bestand.

Warum ist aber die Ursacheneinheit von gegenläufigen Wertschwankungen für die Rechnungslegung derartiger Transaktionen von Bedeutung? Mit Blick auf die Ergebnisse des Einführungskapitels[158] lautet die Antwort, daß Kausalitätsbetrachtungen ex ante nur dann einen eigenen Stellenwert haben können, wenn die Durchführbarkeit eines finalen Nexus in Frage steht. Wenn es eine gemeinsame Ursache gegenläufiger Wertänderungen von Kassa- und Terminposition auf verschiedene Gattungen festverzinslicher Wertpapiere gibt, so ist dies die Änderung der Marktzinsstruktur. Diese mögliche Ursacheneinheit — die Voraussetzung der Zweckeignung der Absicherung im Rahmen des Finalnexus ist — kann allerdings nur durch komplexe statistische Verfahren anhand von Vergangenheitsdaten erhärtet werden. Diese beziehen sich jeweils auf ein bestimmtes, von vornherein festgelegtes Signifikanzniveau und treffen deshalb keine absoluten Aussagen.[159]

Die Bildung von Bewertungseinheiten aufgrund von statistischen Beziehungen zwischen Zeitreihen der Vergangenheit und nicht auf der Basis eines greifbaren Refinanzierungszusammenhanges scheint nun vollends im Widerspruch zu hergebrachten Abbildungskonzeptionen zu stehen.[160] Ausschlaggebend für

---

156 Zur Funktionsweise des Terminkontrakthandels vgl. etwa *Schwarze*, Armin (1989): a.a.O., S. 86 ff.

157 Vgl. die Diskussion in 3.4.2., S. 117 ff.

158 Vgl. Abschnitt 1.2.4., S. 29 ff.

159 Infrage käme etwa ein *Granger-Kausalitätstest*.

das Gewicht dispositiver Zusammenhänge zwischen einzelnen Rechtsgeschäften in der Bilanz ist überdies die willkürfreie intersubjektive Nachvollziehbarkeit dieser Zweckbeziehung sowie die tatsächliche Eignung der vorgesehenen Mittel zur Erreichung des Zweckes. Anhand eines objektiv gegebenen Refinanzierungszusammenhanges läßt sich die dispositive Einbettung der einzelnen Rechtspositionen natürlich trefflich erhärten. Es ist aber nicht erkennbar, warum eine solche gewissermaßen greifbare Kausalbeziehung zwischen den Wertänderungen einzelner Positionen grundsätzlich notwendige Bedingung für die Berücksichtigung der wirtschaftlichen Verknüpfung von einzelnen Vorgängen in der Rechnungslegung sein soll.[161]

Die Richtlinien des amerikanischen Wirtschaftsprüferverbandes schreiben in unserem Beispielfall u. a. als Vorbedingung für die Bildung einer Bewertungseinheit vor, daß zwischen den Wertänderungen der Kassa- und der Terminposition eine hohe, durch statistische Zeitreihen erhärtete Korrelation bestehen müsse.[162] Eine solche hohe Korrelation kann zwar nicht als sicheres Indiz für eine Ursacheneinheit von Wertänderungen angesehen werden; als Eignungsvoraussetzung für Absicherungsgeschäfte ist ein Korrelationstest allerdings wohl ein angemessenes Instrument.

Obwohl die Forderung einer hohen Korrelation weder ein exaktes Trennungskriterium noch ein eindeutiger Beleg für kausale Beziehungen darstellt, ist diese Bilanzierungsleitlinie des amerikanischen Wirtschaftsprüferverbandes wohl nicht in Bausch und Bogen zu verwerfen: Auch wenn dadurch die Anforderungen an rechnungslegende und prüfende Instanzen steigen, dürfte es grundsätzlich möglich sein, die Zweckeignung und eindeutige Zuordnung von Bewertungseinheiten auf dieser Basis bei entsprechender Dokumentation zu überprüfen.

Ein interessanter Nebeneffekt liegt darin, daß durch eine derartige Einbeziehung geschäftszweckgebundener Bewertungskonzeptionen die Jahresabschlußprüfung in zunehmendem Maße zu einer Prüfung der Ordnungsmäßigkeit der Geschäftsführung würde: Wird der Zweckgebung eines Geschäftes ein Eigengewicht bei der Rechnungslegung zugebilligt, so daß aufgrund geschäftszweckgebundener Bewertungskonzeptionen andere Bewertungsgrundsätze des Handelsrechts umgedeutet werden, dann muß eine Prüfung erfolgen, ob im Rahmen der finalen Zuordnung verschiedener Rechtsgeschäfte durch den Bilanzierenden

---

[160] Es sei allerdings darauf hingewiesen, daß etwa die Bestimmung der Herstellungskosten aufgrund statistischer Zusammenhänge wohl nichts völlig ungewöhnliches ist. Zum Themenkomplex vgl. beispielsweise *Schneider,* Dieter (1961): a.a.O., S. 677–704.

[161] Vgl. oben Abschnitt 1.2.3., S. 26 ff.

[162] *Financial Accounting Standards Board*: Statement of Financial Accounting No. 80, Accounting for Futures Contracts, Stamford 1984, S. 3 f. Eine Besprechung dieses Statements findet sich bei *Schmekel,* Helmut (1985): Die Bilanzierung von Terminkontrakten in den USA, in: DB 1985, S. 1495–1496, sowie *Kuhner,* Christoph (1988): a.a.O., S. 27 ff.

eine Auswahl angemessener Mittel zur Bewirkung des vorgegebenen Zweckes stattgefunden hat.

3.4.5. Verlustantizipation durch geschäftszweckgebundene Einzeldispositionsbewertung versus Verlustantizipation durch Gesamtabbildung der objektiven Risikoposition

Zwei gewichtige Aspekte des hier diskutierten Bewertungsproblemes, die dazu geeignet scheinen, alle in diesem Unterkapitel entwickelten Bewertungsmethoden wiederum in Frage zu stellen, sind noch nicht genügend gewürdigt worden:

(1) Die hier besprochenen Finanzdispositionen zeichnen sich alle durch einen sehr geringen Grad an innerer Stabilität aus.[163] Finanztransaktionen, die auf nahezu vollkommenen Märkten stattfinden, können jederzeit durch entsprechende Gegengeschäfte rückgängig gemacht werden, ohne daß die Glattstellung etwa hohe Transaktionskosten verursachen würde. Der Dispositionszusammenhang von Geschäften im Zins- oder Devisenterminmarkt ist also dauernd gefährdet, weil die Disponierenden es sich ja auch anders überlegen können. Der Entscheidungsspielraum kann dabei auch nicht durch irgendwelche Dokumentationsvorschriften eingeschränkt werden.

(2) Die Eliminierung von Preis- und Kursänderungsrisiken aus einem Einzelgeschäft mittels einer Absicherungstransaktion kann auf der Betrachtungsebene der gesamten Unternehmung gerade zum gegenteiligen Ergebnis, d. h. einer Verstärkung der Kursrisikoexposition führen. Man muß sich vergegenwärtigen, daß Preis- und Kursänderungsrisiken sowohl auf der Aktiv- als auch auf der Passivseite der Bilanz auftreten können. Wenn also etwa eine Position festverzinslicher Wertpapiere durch einen Terminkontrakt kursgesichert wird, so hat dies eine Verstärkung des Zinsänderungsrisikos zur Folge, falls dieser Position auf der Passivseite eine festverzinsliche, fristenkongruente Refinanzierung gegenüberstünde. Der Terminkontrakt führt in diesem Falle zur Öffnung einer schon geschlossenen, d. h. zinsbindungsgleich finanzierten Position, obwohl er — isoliert betrachtet — der Absicherung eines bestimmten Aktivpostens dient. Eine Aussage darüber, wie ein bestimmtes Geschäft die Zinsrisikoposition eines Unternehmens beeinflußt, ist allerdings nur auf der Betrachtungsebene aller, im Unternehmen vorhandener Einzelpositionen möglich.

---

[163] Vgl. *Schmekel,* Helmut (1983): Rechnungslegung von Zinstermingeschäften für Banken und Industrieunternehmen, in: DB 1983, S. 893-898, zur Bestandsstabilität eines Absicherungszusammenhanges auch *Schwarze,* Armin (1989): a.a.O., S. 121.

Die oben schon erwähnte Verlautbarung des amerikanischen Wirtschaftsprüferverbandes FASB — No. 80[164] stellt für die Anerkennung von Absicherungseinheiten in der Bilanz die zusätzliche Bedingung auf, daß das Sicherungsgeschäft das Preisänderungsrisiko auf der Ebene der gesamten Unternehmung vermindern müsse. Unmittelbar soll hierbei ein Ergebnis aus einer einzelnen Disposition ermittelt werden; die Anwendung einer bestimmten Bewertungsmethode hat aber eine Betrachtung der Auswirkung dieser Einzeldisposition auf die Gesamtposition zur Voraussetzung. Insofern führt hier die Anwendung geschäftszweckgebundener Bewertungskonzeptionen zu einer jedenfalls ungewöhnlichen Durchmengung von Einzel- und Gesamtbewertung.

Nachteilig an einem solchen Verfahren ist auch, daß es mehrere Methoden gibt, um die Auswirkung eines Einzelgeschäftes auf die Zinsrisikoexposition des Unternehmens festzustellen. Diese können jeweils zu unterschiedlichen Ergebnissen führen.[165] Es liegt deshalb nahe, ein Bewertungsverfahren zu fordern, das die Antizipation von Verlusten aus Preisrisiken bezogen auf das gesamte Geschäftsvolumen der Unternehmung ermöglicht.[166] Damit würden sich zweckgebundene Zuordnungen einzelner Kassa- und Termingeschäfte, deren Auswirkung auf die Risikoexposition der Gesamtunternehmung undeutlich ist, erübrigen. Solche geschäftsvolumenbezogenen Bewertungsverfahren zur Antizipation von Verlusten aus Wechselkurs- und Zinsänderungen sind in der Bilanzierungspraxis verbreitet und Gegenstand der Diskussion im Schrifttum.[167] Vereinfacht ließe sich das Verfahren der Aufdeckung von Verlusten aus Zinsänderungen[168] etwa wie folgt darstellen:

Für alle zukünftigen Perioden[169] werden die Bestände an festverzinslichen Aktiv- und Passivpositionen einander gegenüber gestellt und ihr Saldo ermittelt. Anschließend wird der Betrag errechnet, den man aufwenden müßte, um auf der

---

[164] Vgl. *Financial Accounting Standards Board* (1984): a.a.O., S. 3 ff.

[165] Für den Fall von Zinsrisiken vgl. mit weiteren Verweisen *Kuhner,* Christoph (1988): a.a.O., S. 27 f.

[166] Zum Beleg, daß auch die Rechtsprechung einer solchen Sichtweise nicht fern steht, werden oft einige Einlassungen im BGH-Urteil vom 1. 3. 1982 II ZR 23/81 angeführt. Abgedruckt in: Entscheidungen des Bundesgerichtshofes in Zivilsachen, Köln, Berlin 1982. S. 340–351.

[167] Vgl. hierzu die Betrachtungen bei *Schlotter,* J. (1980): Bewertungsgrundsätze für das Devisengeschäft der Kreditinstitute, Frankfurt a.M. 1980, S. 103 ff., bzw. für Zinsrisiken *Schwarze,* Armin (1989): a.a.O., S. 132 ff., bzw. *Rübel,* Markus (1990): a.a.O., S.147 ff., bzw *Windmöller,* Rolf (1988): a.a.O., S. 15 ff.

[168] Grundlegend zu diesem Themenkomplex *Scholz,* Walter (1979): Zinsänderungsisiken im Jahresabschluß der Kreditinstitute, in: Kredit und Kapital 1979, S. 517–543 sowie *Scholz,* Walter (1982): Die Steuerung von Zinsänderungsrisiken und ihre Berücksichtigung im Jahresabschluß von Kreditinstituten, in: *Schierenbeck,* H. und H. *Wielens*: Bilanzstrukturmanagement von Kreditinstituten, Frankfurt am Main 1982, S. 119–136.

[169] Wobei die Einzelperiode etwa ein Quartal umfassen könnte, vgl. *Scholz,* Walter (1982): a.a.O., S. 132 ff.

Basis der Marktzinssätze des Stichtages die offenen Positionen durch die jeweils gegenläufigen Anlage- und Refinanzierungsgeschäfte zu schließen. Geschäfte des Options- und Terminbereiches können berücksichtigt werden, indem die zugrundeliegenden Positionen nach ihren Fälligkeiten in das Fristenablaufschema eingestellt werden. Der so ermittelte Betrag verkörpert den Verlust, den das Unternehmen aufgrund der eingetretenen Zinsänderungen aus der zinsfristeninkongruenten Refinanzierung seiner Geschäfte zu tragen hat. Der Verlustantizipationsbedarf aus Zinsänderungen ergibt sich schließlich, wenn dieser Betrag mit dem schwebenden Zinsergebnis aus der gesamten Zinsposition verrechnet wird.[170]

Ohne auf weitere Besonderheiten dieses Bewertungsverfahrens einzugehen[171], läßt sich im Lichte geschäftszweckgebundener Bewertungskonzeptionen folgendes sagen: Durch die auf solche Weise ermittelte Rückstellung für Zinsänderungsrisiken wird kein zu erwartender Erfolgsbeitrag aus einer Gesamtheit einander dispositiv zugeordneter Rechtsgeschäfte vorweggenommen, es wird vielmehr der auf das gesamte Geschäftsvolumen bezogene Verlust aus einer spezifizierten Risikoart vereinnahmt. Der finale Zusammenhang zwischen den einzelnen Positionen spielt dabei keine Rolle mehr. Ebenfalls ist die Erwägung unerheblich, ob den drohenden Verlusten aus der einen Risikoart im Einzelfall möglicherweise andere unrealisierte Erfolge aus anderen Risikoarten gegenüberstehen:

Entsprach es dem hier vorgestellten Konzept, daß alle möglichen schwebenden Erfolgsbeiträge innerhalb eines wohldefinierten Bündels an Rechtspositionen — einer einzelnen Disposition — saldiert werden sollen, so wird nun dieser Saldierungsbereich auf die Globalebene ausgedehnt. Andererseits werden lediglich Erfolgsbeiträge einer einzigen vorherbestimmten Risikoart miteinander verrechnet. Bezüglich verschiedener Risikoarten kann damit ein und dieselbe Rechtsposition Bestandteil verschiedener gleichgeordneter Bewertungseinheiten sein.

Eine solche Bewertungsmethode ist mithin auf der Basis unseres Dispositionskonzeptes nicht zulässig,

(1) weil der finale Zusammenhang der einzelnen Rechtspositionen gegenstandslos geworden ist, und

(2) weil ein und dieselbe Rechtsposition nicht Bestandteil mehrerer gleichgeordneter Dispositionen sein kann.[172] Dies widerspricht unserer Definition weil die Abspaltung der Verfügungsrechtspositionen, die eine Disposition bilden, aus dem Unternehmensganzen keinen weiteren Effekt haben soll, als

---

170 Vgl. *Scholz*, Walter (1982): a.a.O., S. 132 ff.

171 Vgl. *Scholz*, Walter (1982): a.a.O., S. 132 ff.

172 Vgl. Abschnitt 1.4.3. , S. 44 ff.

die Minderung des Kapitalwertes der Unternehmung um die daraus unmittelbar hervorgehenden Zahlungsmittelströme.

Wie wir sehen, hat sich das hier vorgetragene Konzept der geschäftsvolumenbezogenen Verlustantizipation aus einzelnen Risikoarten so weit wie nur denkbar von einer Einzelbetrachtung wirtschaftlicher Vorgänge entfernt. Dafür, daß es dennoch als sinnvolle Bewertungsmethode für die externe Rechnungslegung angesehen werden sollte, mögen folgende Erwägungen sprechen[173]: Es ist von allen subjektiven Erwägungen frei, die in unserer Betrachtungsweise, welche an Dispositionen anknüpft, notwendigerweise enthalten sind.[174] Darüberhinaus entspricht es einer ökonomisch sinnvollen Risikoanalyse und Risikobewertung, für unterschiedliche Risikoarten unterschiedliche Betrachtungsebenen zugrunde zu legen. Gerade weil eine einzelne Rechtsposition mehrere unterschiedliche Risikodimensionen haben kann, wobei manche dieser Risikokategorien nur im Aggregat schlagend werden, geht sie auch auf mehreren Ebenen in das Risikomanagement und die Rechenschaftslegung der Unternehmung ein.[175]

Gegen Gesamtbewertungsverfahren in der externen Rechnungslegung wird oft eingewandt, daß sie subjektiven Ermessensspielräumen Tür und Tor öffneten.[176] Im vorliegenden Fall führt allerdings erst die Globalbetrachtung zu einer Wertung, bei der Willkür weitgehend ausgeschlossen ist, weil die Wagnisexposition einer Vermögensgesamtheit gegenüber einem bestimmten Preisrisiko auf denkbar objektive Weise wiedergegeben wird.

3.4.6. Ergebnisse

Ausgangspunkt der Betrachtungen in diesem Unterkapitel war die Frage, in welcher Weise Positionen, die aus dem Zusammenspiel einzelner Kassa- und Termingeschäfte entstehen, in der externen Rechnungslegung dargestellt werden sollen. Dabei ging es um die getreue Darstellung des Risikogehaltes durch sachgerechte Verlustantizipation und um die Erfolgsneutralisierung zeitlicher

---

[173] Vgl. zur Würdigung der *Scholz*schen Zinsänderungsrückstellung sowie zum Vergleich dieser Konzeption mit dem Bilanzierungsvorschlag für Devisentermingeschäfte des *Bankenfachausschusses des Instituts der Wirtschaftprüfer (1975)*: a.a.O., S. 664–667 auch *Kuhner,* Christoph (1988): a.a.O., S. 36 ff.

[174] Die Erfordernis eines objektiven Verfahren zur Erfassung von Preisänderungsrisiken betont insbesondere *Windmöller,* Rolf (1988): a.a.O., S. 15 ff.

[175] In einem neuen Urteil hat auch der BFH zwingend vorgeschrieben, bei der Frage der Antizipation von Verlusten aus festverzinslichen Ausleihungen aufgrund gestiegener Marktverzinsung die gesamte Refinanzierungsseite zu berücksichtigen; vgl. *BFH-Urteil* vom 24.1.1990 IR 157/85 , IR 145/86, BFHE 159, S. 494, BStBl.II S. 639, Kommentierung bei *Mathiak, Walter* (*1990*): Rechtsprechung zum Bilanzsteuerrecht, in: DStR 1990, S. 691–696.

[176] Vgl. etwa *Moxter,* Adolf (1982): a.a.O., S. 90 ff.

Liquiditätsverschiebungen innerhalb dieser Dispositionen. Zu diesem Zwecke haben wir fünf Stufen der Würdigung geschäftszweckbezogener Bewertungskonzeptionen unterschieden:

(1) Erfolgsneutralisierung und Verlustantizipation nur im Rahmen einzelner Rechtsbeziehungen, die in ihrer Reichweite durch die gegenseitige Aufrechnung nach § 387 ff. BGB begrenzt sind. Ökonomische Erwägungen spielen hier nur bei der Einebnung von zeitlichen Leistungsasymmetrien innerhalb der konkret vorgegebenen Rechtsbeziehung eine Rolle.

(2) Ausweitung der Betrachtungsweise auf ein Bündel einander dispositiv zugeordneter Rechtsgeschäfte, die untereinander in einem objektiv nachvollziehbaren Refinanzierungszusammenhang stehen. Eine Erfolgsneutralisierung von Liquiditätsverschiebungen findet statt, wenn der zeitabhängige Charakter dieser Beträge durch die äußeren wirtschaftlichen Gegebenheiten des Preisbildungsprozesses solcher Posten am Markt erhärtet wird.

(3) Ausweitung der Betrachtungsebene auf ein Bündel einander dispositiv zugeordneter Rechtsgeschäfte, die untereinander in einem objektiv darstellbaren Refinanzierungszusammenhang stehen. Die Erfolgsneutralisierung von Liquiditätsverschiebungen findet unabhängig von den äußeren ökonomischen Bedingungen ihres Preisbildungsmechanismus allein nach Maßgabe ihrer subjektiven Zwecksetzung im Zusammenhang der Disposition statt.

(4) Ausdehnung des Saldierungsbereiches für Zwecke der Verlustantizipation auf eine Gesamtheit einander dispositiv zugeordneter Rechtspositionen, für die kein objektiv nachvollziehbarer Refinanzierungszusammenhang mehr darstellbar ist, weil ihnen jeweils Wirtschaftsgüter verschiedener Gattung zugrunde liegen. Die Zweckeignung der Zuordnung einzelner Rechtspositionen zur Abschirmung gegen Preisrisiken muß durch die statistisch-mathematische Analyse von Vergangenheitsdaten auf einem bestimmten, kardinal festgelegten Signifikanzniveau bestätigt werden.

(5) Verlustantizipation durch Vereinnahmung des drohenden Verlustes aus einer vorgegebenen Risikoart, der das gesamte Geschäftsvolumen betrifft. Man antizipiert also nicht mehr den gesamten, alle Risikoarten umgreifenden Erfolg, der aus einem einzelnen wirtschaftlichen Vorgang zu erwarten ist, sondern den auf eine isolierte Risikoart bezogenen Erfolg, der aus der gesamten Geschäftstätigkeit des Unternehmens anfällt.

Es ist zu betonen, daß in der deutschen sowie der internationalen Rechnungslegungspraxis Bewertungsverfahren in Anwendung sind, die alle fünf Stufen betreffen. Wie leicht ersichtlich, beinhaltet jede Stufe gegenüber der vorhergehenden eine weitere Aufweichung hergebrachten Ansatz- und Bewertungsrestriktionen der handelsrechtlichen Dogmatik. Ein bedeutender Teil insbesondere der eher juristisch orientierten Rechnungslegungsliteratur hält daher auch jede Abweichung von der ersten Stufe für unzulässig. Mit einer derartigen, puristisch anmutenden Haltung macht man es sich wohl zu leicht.[177]

Das Dilemma beginnt aber, wenn man sich erst einmal von der ersten Stufe gelöst hat. Dann nämlich kann man sich nicht mehr auf den handelsrechtlich kodifizierten Kanon der Bewertungsprinzipien berufen, wenn man etwa in Umdeutung des Realisationsprinzips und unter Durchbrechung der Ansatzrestriktion die Erfolgsperiodisierung von Swapstellen befürwortet, die zeitliche Vereinnahmung von Differenzzahlungen aus *forward rate agreements*, oder ähnlicher Liquiditätsverschiebungen bei komplexen Absicherungstransaktionsmustern aber verwirft.

Auf die angerissenen Fragen kann hier keine abschließende Antwort gegeben werden. Zur Beurteilung der Gewichtung dispositiver Zusammenhänge in der Rechnungslegung stehen allerdings die im ersten Teil dieser Arbeit entwickelten Kriterien[178] bereit: Innere und äußere Stabilität, zeitliche Ausdehnung, Zweckeignung, Stellung der Einzeldisposition innerhalb der gesamten Geschäftstätigkeit. Die Überprüfung und Wertung des Dispositionszusammenhanges anhand dieser Kriterien setzt im zunehmendem Maße auch die Beurteilung der Ordnungsmäßigkeit der Geschäftsführung durch die prüfenden Instanzen voraus. Dokumentationspflichten würden sich auch auf die Zwecke und Zweckeignung bestimmter Geschäftsvorfälle beziehen.[179]

Sollte man hieraus ein Überhandnehmen der finalen Betrachtungsweise befürchten, dann steht mit der fünften Stufe ein Bewertungsverfahren zur Verfügung, das die objektive Erfassung von Verlusten aus einer Risikoart bezogen auf die gesamten Geschäftsaktivität einer Unternehmung erlaubt. Dieses Verfahren ist allerdings in seinem Kern Gesamtbewertung. Außerdem bezieht es sich nur auf den Bereich der Verlustantizipation, und nicht auf die Neutralisierung von Liquiditätsverschiebungen.

3.5. Erfolgsneutralität von Beschaffungsvorgängen im Personalbereich: Ausbildungsverträge

Von großer Bedeutung in unserem Zusammenhang ist die Frage, inwieweit Zahlungsvorgänge einem konkret faßbaren, zeitlich und sachlich abgegrenzten

---

[177] Wenn man diese Auffassung konsequent zuende denkt, so könnte man beispielsweise zu der Folgerung gelangen, daß bei der Bewertung von Bürgschaftskrediten ausschließlich auf die Bonität des Erstschuldners abzustellen wäre.

[178] Vgl. Abschnitt 1.4.5., S. 45 ff.

[179] Gerade hierin liegt die Motivation für eine „branchenspezifische" Auslegung der Grundsätze ordnungsmäßiger Buchführung, vgl. in diesem Zusammenhang *Mathiak*, Werner (*1990*): a.a.O., S. 692, bzw. in Bezug auf einen anderen Problemkreis *Nies*, Helmut (1984): Rückstellungen für drohende Verluste bei schwebenden Dauerschuldverhältnissen unter besonderer Berücksichtigung des Versicherungsgeschäfts, in: StBp 1984, S. 130–135.

Dispositionszusammenhang zuzuordnen sind, oder aber sich im originären Firmenwert verflüchtigen, weil ihre Auswirkungen derart allgemein sind, daß sie nicht einem konkreten Objekt zugerechnet werden können.

Für die Rechnungslegung hat letzteres zur Folge, daß eine Aktivierung solcher Zahlungsvorgänge von vornherein ausscheidet, weil das Postulat der Erfolgsneutralität eingeleiter Dispositionen sich nur auf solche beziehen kann, deren zeitliche und sachliche Reichweite eingeschränkt werden kann. Wenn man die Vermutung aufstellt, daß solchen Ausgaben, die im originären Firmenwert untergehen, normalerweise ein ähnlich hoher Abbau dieses originären Firmenwertes in der laufenden Periode gegenübersteht, so ergibt sich auch kein besonderes Erfordernis für eine Erfolgsneutralisierung dieser Zahlungsvorgänge. Umgekehrt betrachtet besteht aber auch kein Anlaß, Ausgaben für den originären Firmenwert, die in der Zukunft anfallen, in der laufenden Periode als Verlust zu antizipieren, selbst wenn diese durch Vorgänge der laufenden Periode veranlaßt sind:

Einerseits gehören diese Aufwendungen keiner abgrenzbaren Einzeldisposition an, die Bezugspunkt einer Verlustantizipation sein könnte, andererseits greift unsere Regelvermutung, nach der sich die Aufwendungen für den originären Firmenwert und seine normale Minderung in der Zeit die Waage halten. Der Abnutzung von morgen ist aber Ergebnis der Geschäftstätigkeit von morgen; es wäre falsch, ihn heute schon ergebniswirksam vorwegzunehmen.

Diese Grundgedanken sollen nun anhand der in jüngster Zeit intensiv diskutierten Rückstellungsproblematik für Ausbildungsverträge veranschaulicht werden. Als Ausgangspunkt soll dabei das BFH-Urteil vom 25. 1. 1984 dienen.

3.5.1. Das BFH-Urteil vom 25. 1. 1984[180]

Zur Entscheidung stand an, ob aufgrund des Verpflichtungsüberschusses, den ein Arbeitgeber aus einem normalen Ausbildungsverhältnis zu tragen hat, bei Abschluß des Ausbildungsvertrages eine Rückstellung für drohende Verluste aus schwebenden Geschäften gebildet werden kann. Unbestritten war dabei, daß der Arbeitgeber bei gewöhnlicher Ausgestaltung und Erfüllung eines Ausbildungsvertrages durch beide Seiten tatsächlich einen Verpflichtungsüberschuß aus diesem Vertragsverhältnis zu tragen hat: Die vertragliche Gegenleistung des für betriebliche Zwecke noch nicht voll einsatzfähigen Auszubildenden deckt nämlich nach allen Erwartungen die Aufwendungen des Unternehmers für die Ausbildung nicht.[181]

Der Bundesfinanzhof kam zu dem Urteil, daß eine solche Rückstellung im Normalfall, wenn der Auszubildende seinen vertraglichen Pflichten ordnungs-

[180] *BFH-Urteil* vom 25.1.1984, IR 7/80 BStBl. II 1984, S. 344.

mäßig nachkommt, unzulässig sei. Dieses Ergebnis wird folgendermaßen begründet:

— Die Vertragsbedingungen der in Frage stehenden Ausbildungsverhältnisse seien als „üblich", weil durch tarifvertragliche Regelungen standardisiert, anzusehen.
— Aufgrund der Üblichkeit[182] der Bedingungen sei von einer Ausgeglichenheit von Leistung und Gegenleistung auszugehen, soweit es bei der Erfüllung des Vertrages durch den Kontrahenten im Einzelfall zu keinen Leistungsstörungen kommt.
— Beim Vergleich von Leistung und Gegenleistung müsse man auch Vorteile berücksichtigen, die selber nicht unmittelbar Vertragsgegenstand seien, aber aus dem Ausbildungsvertrag zu „erwarten" seien: Gemeint ist hierbei der Aufbau eines hauseigenen Personalstammes verbunden mit der Möglichkeit, „(...) aus einem Bestand im eigenen Haus ausgebildeter Fachkräfte"[183] auswählen zu können. Diese Vorteile seien als „Ertrag" des Ausbildungsverhältnisses zu werten.
— Es könne auch kein drohender Verlust aus einem schwebenden Beschaffungsgeschäft geltend gemacht werden, da Beschaffungsgeschäfte Wirtschaftsgüter zum Gegenstand hätten. Der Bezug zu einem Wirtschaftsgut sei bei einem Ausbildungsvertrag allerdings nicht erkennbar.

Das Urteil nimmt eine Sonderstellung im Rahmen der Finanzrechtsprechung ein, weil wirtschaftliche Vorteile — d. h. das Zusandekommen eines gewöhnlichen Arbeitsverhältnisses nach Beendigung der Ausbildung — in den Saldierungsbereich der Drohverlustrückstellung mit einbezogen werden, welche selber nicht Gegenstand des betrachteten Rechtsgeschäftes sind und sich auch zum Betrachtungszeitpunkt noch nicht konkretisiert haben, sondern reinen Erwartungscharakter besitzen. Das Gewicht dieser Erwartungshaltung wird — getreu der Devise „ein Kaufmann verschenkt nichts" — durch die Üblichkeit und Standardisierung solcher Verträge im Wirtschaftsleben zu untermauern gesucht. Die Trennungslinie zu rechtlichen Ausgestaltungsformen, bei denen eine Drohverlustrückstellung allein anhand des Vergleiches von vertraglich vereinbarten Rechten und Pflichten gebildet werden kann, wird dann durch die Forderung gezogen, solche Geschäfte müßten konkrete Wirtschaftsgüter zum Gegenstand haben.

---

[181] Vgl. zur empirischen Untermauerung dieser Behauptung *Albach,* Horst (1974a): Steuerliche Erleichterungen für betriebliche Maßnahmen der Berufsausbildung?, in: BB 1974, S.1449–1452.

[182] Zur Diskussion der Marktüblichkeit von Dauerschuldverhältnissen als Instrument „(z)ur Objektivierung der Ertragszurechnung (...)" vgl. insbes. *Euler,* Roland (1990): Der Ansatz von Rückstellungen für drohende Verluste aus schwebenden Dauerrechtsverhältnissen, in: ZfbF 1990, S. 1036–1056, S. 1053 f.

[183] *BFH-Urteil* vom 25.1.1984 — IR 7/80.

Der Gegenstand des BFH-Urteil vom 25. 1. 1984 — Rückstellungen aus Ausbildungsverhältnissen — ist Zielpunkt zahlreicher kontroverser Stellungnahmen im Schrifttum. Das Spektrum der Meinungen reicht dabei von einer grundsätzlichen Ablehnung von Verlustrückstellungen aus Dauerschuldverhältnissen[184] über die Anerkennung von Rückstellungen im Falle von Erfüllungsrückständen[185] bis hin zur Forderung, Rückstellungen aus Ausbildungsverhältnissen zur allgemeinen Regel zu machen, wenn — wie dies normalerweise der Fall ist — der Wert der vertragsmäßigen Verpflichtungen des ausbildenden Betriebes den Wert der vom Auszubildenden zu erbringenden Arbeitsleistung übersteigt.[186]

Das Argumentationsmuster für die letztere Auffassung kann dabei kurz wie folgt zusammengefaßt werden:

Das Einzelbewertungsprinzip verbiete es, in den Bereich der Drohverlustrückstellung Ertragserwartungen aufzunehmen, die selber nicht Gegenstand des betrachteten Rechtsverhältnisses seien.[187] Diese Ertragserwartungen seien vielmehr Bestandteile des originären Firmenwertes und damit weder aktivierungsfähig noch für bilanzielle Zurechnungsfragen heranzuziehen. Für den Ansatz der Rückstellung sei es deshalb unbeachtlich, in welcher Erwartungshaltung der Unternehmer das Ausbildungsverhältnis abgeschlossen habe; Rückstellungen seien auch für andere freiwillige Verlustgeschäfte zu bilden.[188] An anderer Stelle wurde die Zwiespältigkeit einer solchen Absolutsetzung des Einzelbewertungsprinzips herausgestellt.[189] Wir wollen diese Auffassung hier deshalb auf sich beruhen lassen und uns der entgegengesetzten Extremposition zuwenden, die ebenfalls von Vertretern einer eher rechtlich geprägten Bilanzauffassung in diesem Zusammenhang vertreten wird.

---

184 Vgl. *Biener, Herbert*(1988): Rückstellungen für drohende Verluste aus schwebenden Geschäften bei Dauerrechtsverhältnissen, in: Knobbe-Keuk, Brigitte et al. (Hrsg.:) Handelsrecht und Steuerrecht, Festschrift für Dr. Dr.hc. Georg Döllerer, Düsseldorf 1988, S. 45–64.

185 Vgl. *Geis,* Ivo (1978): Rückstellungsfähigkeit von Ausbildungskosten, in: DB 1978, S.409–412.

186 Siehe hierzu etwa *Thomas,* Jürgen (1977): Rückstellungen für Kosten der betrieblichen Berufsausbildung, in: BB 1977, S.85–90. bzw. *Brenzing,* Klaus (1978): Rückstellungsfähigkeit von Ausbildungskosten, in: DB 1978, S.1303–1304, bzw. *Strobl,* Elisabeth (1984): Die Bewertung von Rückstellungen, in: *Raupach,* Arndt (Hrsg.): Werte und Wertermittlung im Steuerrecht, Köln 1984, S. 199, *Scheidle,* Helmut und Günther *Scheidle* (1980): Zur bilanziellen Behandlung von Ausbildungsverträgen, in: BB 1980, S. 719–722 oder auch *Lempenau* in *Bordewin,* Arno / *Streim,* Hannes / *Lempenau,* Gerhard (1984): Rückstellungen für Ausbildungskosten? Drei Anmerkungen zum Urteil des BFH vom 25.1.1984 – IR 7/80, in: FR 1984, S. 462 ff.

187 Stellvertretend für viele vgl. *Eibelhäuser,* Manfred (1987): a.a.O., S. 865.

188 Für eine Systematik der freiwilligen Verlustgeschäfte bei Absatzleistungen siehe *Christiansen,* Alfred (1988): Die bilanzielle Berücksichtigung sogenannter bewußter Verluste, in: StBp 1988, S. 265–268. Vgl. auch unten Abschnitt 3.5.4., S. 146 ff.

189 Vgl. Abschnitt 2.4.2., S. 65 ff.

3.5.2. Die Extremposition Bieners[190]

Die Argumentationsweise Bieners zur Ablehnung von Rückstellungen aus Dauerschuldverhältnissen weist in manchen Zügen eine gewisse Ähnlichkeit mit der o. a. Urteilsbegründung auf:

Kernpunkt der *Biener*schen Ausführungen ist die Behauptung, daß ein Dauerschuldverhältnis überhaupt kein „Geschäft" im Sinne von § 249 Abs. 1 HGB sei.[191] Mithin könnten aus einem Dauerschuldverhältnis auch keine Verluste drohen. Ein Geschäft sei nämlich dadurch gekennzeichnet, daß es die buchungspflichtige Anschaffung bzw. den buchungspflichtigen Abgang eines Vermögensgegenstandes beinhalte[192]. Solches sei aber bei einem Dauerschuldverhältnis gerade nicht der Fall. Im Übrigen seien lediglich Verluste im Bilanzsinne rückstellungsfähig. Verluste würden aber nur als Saldo von buchungspflichtigen Aufwendungen und Erträgen entstehen.

Bei Dauerschuldverhältnissen ließe sich aber ein solcher Saldo aus der Buchhaltung nicht direkt herleiten, da — wie etwa bei Mietverträgen oder Arbeitsverhältnissen — immer nur ein geldlicher Aufwand dem Vertrag buchungsmäßig zuzuordnen sei, dem als positive Komponente der Erlös aus den Absatzgeschäften des Kaufmannes gegenüberzustellen sei. Weil aber dieser Erlös dem einzelnen Dauerschuldverhältnis in der Buchhaltung nicht direkt zuzuordnen sei, könne auch kein drohender Verlust ermittelt werden.

Den Boden geschäftszweckgebundener Bewertungskonzeptionen betritt *Biener*, wenn er ausführt: „Arbeits- und Mietverträge werden von einem Unternehmen abgeschlossen, um dem Unternehmenszweck durch Abschluß einer Vielzahl von Geschäften über einen längeren Zeitraum erfüllen zu können. Die Aufwendungen aus solchen Verträgen ergeben sich aus dem Weiterbestehen des Unternehmens in späteren Perioden."[193]

Für unsere Themenstellung sind diese Ausführungen von hohem Interesse, weil hier aufgrund einer Analyse der rechtlichen Ausgestaltungsform von Vertragsbeziehungen auf die disponierte Zielsetzung dieser Verfügungsrechtspositionen innerhalb des Unternehmensganzen geschlossen wird: Dem juristischen Typus ‚Dauerschuldverhältnis' wird der finale Charakter ‚Voraussetzung für die Erwirtschaftung von Deckungsbeiträgen über einen längeren Zeitraum' zugeordnet.

Im Ergebnis — der Ablehnung aller Verlustrückstellungen aus Dauerschuldverhältnissen — schießt *Biener* mit dieser holzschnittartigen Argumentation

---

[190] Vgl. zum folgenden *Biener*, Herbert (1988), a.a.O.

[191] Eine kritische Würdigung dieser Auffassung findet sich bei *Euler*, Roland (1990): a.a.O., S. 1045 f.

[192] Kritisch hierzu *Euler*, Roland *(1990)*: a.a.O., S. 1048 f.

[193] *Biener*, Herbert (1988): a.a.O., S. 59.

allerdings weit über das Ziel hinaus: Einerseits gibt es Branchen, bei denen Dauerschuldverhältnisse unmittelbarer Gegenstand der Absatzleistung sind,[194] andererseits spielt die ursprüngliche dispositive Einbindung einer Rechtsposition für die Bilanzierung dann keine Rolle, wenn aufgrund irgendwelcher inzwischen eingetretener Veränderungen an dieser Rechtsposition seitens des Unternehmens nurmehr ein negatives Interesse besteht, sie aber trotzdem weiterhin aufrechterhalten werden muß. Für solche Dauerrechtsverhältnisse, die sich isoliert betrachtet als Fehldispositionen erwiesen haben, sind Verlustrückstellungen in Höhe des zurechenbaren Zahlungsüberschusses unabdingbar.

Auf die Vorgehensweise, von rechtlichen Typen auf wirtschaftliche Funktionen zu schließen, wird im Folgenden noch einzugehen sein.

3.5.3. Das zivilrechtliche und das bilanzrechtliche Synallagma

Zu dem Ergebnis, eine Rückstellung für Ausbildungskosten im oben geschilderten Normalfall abzulehnen, kommt auch *Herzig.*[195] Er begründet dies mit der Notwendigkeit, den Saldierungsbereich erwarteter Aufwendungen und Erträge für die Bildung der Verlustrückstellung über die zivilrechtlich bindenden gegenseitigen Rechte und Pflichten des Ausbildungsvertrages — das zivilrechtliche Synallagma — hinweg auszudehnen.[196] Er stützt sich dabei auf die vom Bundesfinanzhof entwickelte Lehre vom wirtschaftlich einzigen Geschäft[197], wodurch eine wirtschaftlich-funktionale Abgrenzung und nicht eine formalrechtlich orientierte vorgegeben sei:

„Für die Ermittlung eines drohenden Verlustes kann es jedoch nicht darauf ankommen, ob sich ein wirtschaftliches Austauschverhältnis ggf. aus mehreren rechtlichen Elementen zusammensetzt. Denn der Zweck der Drohverlustrückstellung, den zukünftigen Verlustbeitrag eines Geschäftes zu antizipieren, gebie-

---

[194] Zu denken ist hier an Dienstleistungs-, Versicherungs-, Leasingunternehmen sowie Kreditinstitute.

[195] *Herzig, Norbert* (1988): Bilanzrechtliche Ganzheitsbetrachtung und Rückstellung bei Dauerrechtsverhältnissen, in: ZfB 1988, S. 212–225; im Gegensatz zu *Herzig,* Norbert (1986): Rückstellungen für Verbindlichkeiten aus Arbeitsverhältnissen, in: StbJb 85/86 S. 61–112, insbes. S. 94 ff.

[196] Ein ähnlicher Gedankengang deutet sich an auch bei *Fey,* Dirk (1984): Keine Rückstellung für künftige Ausbildungskosten aus Berufsbildungsverhältnissen?, in: DB 1985, S. 713–717. Ablehnend etwa *Crezelius,* Georg (1987): a.a.O., S. 38, der davor warnt, „(...) das zivilrechtliche Synallagma als Grundgedanken auch der bilanzrechtlichen Behandlung des schwebenden Geschäftes beiseite zu schieben." Vgl. auch *Crezelius,* Georg (1988): Das sogenannte schwebende Geschäft in Handels-, Gesellschafts- und Steuerrecht: in: Knobbe-Keuk, Brigitte et al.: Handelsrecht und Steuerrecht, Festschrift für Dr. Dr. hc. Georg *Döllerer,* S. 81–95.

[197] BFH VIII R 160/79 v. 19/7/1983, BStBl. II 1984, S. 56.

tet es, alle Leistungen und Verpflichtungen aus einem Geschäft gegenüberzustellen, wozu das Überspringen formalrechtlicher Grenzen erforderlich ist.“[198]

Bezogen auf den besonderen Fall der Ausbildungsverhältnisse führt *Herzig* dann aus: „Nicht sachgerecht dürfte es sein, die Leistungselemente eines Ausbildungsverhältnisses auf die unmittelbar verwertbaren Beträge zur Erbringung von Markt- und innerbetrieblichen Leistungen zu reduzieren und diese Erträge mit den ersparten Aufwendungen für einen ausgebildeten Arbeitnehmer zu bewerten. Diese Betrachtung verkennt den besonderen Charakter eines Ausbildungsverhältisses, das nicht primär auf die Erbringung von Leistungen gerichtet ist, die unmittelbar am Markt verwertet werden können. Vielmehr ist die Ausbildung für die Unternehmung eine Investition in Humanvermögen, die bilanziell in den originären Firmenwert eingeht. Obgleich dieser Firmenwert unter ein Bilanzansatzverbot fällt, ist der Firmenwerteffekt als Leistungsbestandteil eines schwebenden Ausbildungsverhältnisses anzusehen, da es bei der Gegenüberstellung von Leistungen und Verpflichtungen nicht auf die Bilanzierungsfähigkeit einzelner Leistungselemente ankommen kann.“[199]

Man kann diese Argumentation in drei Thesen zusammenfassen:

— Der Saldierungsbereich für eine Drohverlustrückstellung geht über den Bereich der vertraglich vereinbarten gegenseitigen Rechte und Pflichten hinaus.[200]

— Bezogen auf den „besonderen Charakter“ von Ausbildungsverhältnissen bedeutet dies, daß über die monetäre Bewertung des Saldos der vertraglich vereinbarten Leistung und Gegenleistung hinaus in die Saldierung noch die Vorteile einfließen, die sich der Unternehmer aus einer Weiterbeschäftigung des ausgebildeten Arbeitnehmer versprechen kann.

— Dieser Vorteil ist Bestandteil des originären Firmenwertes, was seine Einbeziehung in das bilanzrechtliche Synallagma bei der Abwägung des Saldierungsbereiches der Rückstellung aber nicht hindert.

---

[198] *Herzig*, Norbert (1988): a.a.O., S. 215.

[199] Ebd., S. 319.

[200] Im Gegensatz hierzu die etwas sophistisch anmutenden Bemerkungen *Woerners* zum o.a. BFH-Urteil, der darin keine Ausdehnung des Saldierungsbereiches zu erkennen glaubt, weil der Vorteil eines späteren Arbeitsverhältnisses sich nach dem Wortlaut der Urteilsbegründung unmittelbar aus dem Ausbildungsverhältnis ergeben würde. Dieser Vorteil sei deshalb wertbildende Komponente des Arbeitgeberanspruches aus dem Ausbildungsverhältnis.vgl.: *Woerner,* Lothar (1984/85): Passivierung schwebender Dauerschuldverhältnisse in der Bilanz des Unternehmers, in: StbJb 1984/85, S. 177–200, S.194. Zur Kritik vgl. auch *Streim* in: *Bordewin,* Arno / Streim Hannes / Lempenau, Gerhard (1984): Rückstellungen für Ausbildungskosten? Drei Anmerkungen zum Urteil des BFH vom 25.1.1984 — IR 7/80, in: FR 1984, S. 464 ff. mit weiteren Verweisen.

3.5.4. Eigene Stellungnahme

Den von *Herzig* herausgearbeiteten Leitgedanken folgend, soll zunächst die Frage aufgeworfen werden, worin der besondere Charakter eines Ausbildungsverhältnisses besteht. Hierzu soll uns die folgende Überlegung weiterhelfen: Unter drohenden Verlusten aus schwebenden Geschäften können ja nur negative Deckungsbeiträge verstanden werden, welche entscheidungseinheitlich aus einer eingegangenen Disposition entstehen:[201] Ein Verlust ist nichts anderes als ein negativer Gewinn. Auch im Bilanzsinne können negative Gewinne aber nur aus solchen Geschäften hervorgehen, denen gewöhnlicherweise Deckungsbeiträge zuzuordnen sind.[202]

Ausbildungsverträge sind Investitionen in Humankapital. Für das Problem der Verlustantizipation ist es zunächst einmal bedeutsam, sich die Frage zu stellen, wie solche Verträge denn aussähen, wenn im Rahmen der Vertragsbeziehung Gewinne, d. h. positive Deckungsbeiträge, vereinnahmt werden könnten. Dies würde voraussetzen, daß sich der Unternehmer die Investitionserträge aus dem Ausbildungsverhältnis rechtlich sichern könnte. Das ist allerdings schon allein aufgrund der grundgesetzlichen sowie arbeitsrechtlichen Regelungen nicht möglich. Insofern ist es rechtlich überhaupt undenkbar, ein Ausbildungsverhältnis so auszugestalten, daß der vertragsmäßige Saldo von Rechten und Pflichten einen Gewinn ergeben könnte, wenn der investive Charakter des Ausbildungsvertrages beibehalten werden soll. Die Unmöglichkeit der rechtlichen Sicherung von Investitionserträgen ist nun nichts völlig ungewöhnliches: Auch der Unternehmer, der einen Hochofen anschafft, hat überhaupt keine Handhabe, sich die erwarteten *cash flows* aus der Rohstahlproduktion von vornherein rechtlich zu sichern. Trotzdem wird der Hochofen aktiviert. Aufwendungen für Ausbildungsinvestitionen werden nicht aktiviert[203] — und dies wohl nicht zuletzt deshalb, weil aufgrund des mangelnden Bezuges der Ausbildung zu einer konkret greifbaren Disposition der Gegenwert dieser Aufwendungen dem originären Firmenwert zugeordnet werden muß.

Zur Beantwortung der Frage, ob Zahlungsvorgänge einer isolierbaren Disposition angehören oder im originären Geschäftswert untergehen, gelten für den Problemkreis der Verlustantizipation die gleichen Grundsätze, wie für den Problemkreis der Erfolgsneutralität:[204] Wo kein eingeleitetes Geschäft dingfest ge-

---

[201] Vgl. hierzu auch unsere Ausführungen in Abschnitt 3.3.5.3., S. 108 ff.

[202] *Strobl*, Elisabeth (1984): a.a.O., S. 199, sieht im Gegensatz zu der hier vergetragenen Meinung bei dieser Vorgehensweise eine „(...) Saldierung eines drohenden Verlustes mit allgemeinen betrieblichen Vorteilen".

[203] Die Aktivierung von Ausbildungsinvestitionen fordert *de lege ferenda* etwa *Schmalen*, Helmut (1977): Human Resource Accounting und Ausbildungsfinanzierung, in: ZfbF 1977, S. 805–814.

[204] Vgl. hierzu Abschnitt 2.4., S. 61 ff.

macht werden kann, das zur Erfolgsneutralisierung von Ausgaben herhalten könnte, da gibt es auch kein eingeleitetes Geschäft, in dessen Rahmen eine Verlustantizipation stattfinden könnte.[205] Das bilanzrechtliche Synallagma ist also im Normalfall eines Ausbildungsvertrages nicht auf konkret sichtbare und bewertbare Positionen begrenzbar.[206]

Es besteht nach unserem Dafürhalten auch kein Anlaß, etwa aus Vorsichtsgründen eine Antizipation des Verpflichtungsüberschusses aus dem isolierten Vertragsverhältnis zu fordern: Dies wäre vielleicht gerechtfertigt, wenn es sich um eine im Rahmen ordnungsmäßiger Geschäftsführung ungewöhnliche oder besonders risikobehaftete Transaktion handeln würde. Bei Ausbildungsinvestitionen ist dies jedoch nicht der Fall; im Gegenteil sind Ausbildungsinvestitionen oft unabdingbare Voraussetzung für den Fortbestand einer Unternehmung. Insofern hat das Argument der „Üblichkeit" solcher Geschäftsvorfälle im BFH-Urteil vom 25. 1. 1984 seine Berechtigung.[207]

Zu klären bleibt noch, in welcher Beziehung ein Ausbildungsverhältnis zu den absichtlichen Verlustgeschäften steht, mit denen es manchmal verglichen wird:[208] Um eine Rückstellungsbildung für Ausbildungsverhältnisse zu begründen, wird dabei auf die Vorgehensweise bei diesen freiwilligen Verlustgeschäften verwiesen. Als „bewußte Verlustgeschäfte" definiert Christiansen[209] die unternehmerisch sinnvolle Annahme von Aufträgen, bei denen „(...) von vornherein absehbar ist, daß sie zu Verlusten führen werden". Als Gründe für solch ein Handeln führt er an:

— Erzielung eines Deckungsbeitrages, um die Fixkosten der Produktion zu decken;

— Sicherung und Erhaltung eines Kundenstammes mit der Hoffnung auf gewinnbringende Anschlußaufträge;

---

205 Vgl. Abschnitt 2.4., S. 61 ff. Diese Auffassung steht im Gegensatz zur Vorgehensweise *Eulers*, der das wesentliche Problem für die Verlustantizipation in der „Objektivierung der Ertragszurechnung" auf das einzelne Dauerschuldverhältnis sieht. Ein geeignetes Objektivierungsmittel hierfür glaubt er in der Marktüblichkeit der jeweiligen Rechtsgeschäfte zu finden, vgl. *Euler, R*oland (1990): a.a.O., S.1053 f.

206 Die sehr formalrechtlich klingende Vorhaltung im BFH-Urteil vom 25. 1. 1984, für eine Verlustrückstellung sei der Bezug zu einem bestimmten Wirtschaftsgut notwendig, gewinnt vielleicht dann an ökonomischem Gehalt, wenn man sich vor Augen hält, daß dieses Wirtschaftsgut im Regelfall den Bezug zu einer konkreten Disposition darstellt.

207 In diesem Sinne argumentiert *Bordewin* in Bordewin, Arno / *Streim* Hannes / *Lempenau,* Gerhard (1984): Rückstellungen für Ausbildungskosten? Drei Anmerkungen zum Urteil des BFH vom 25.1.1984 — IR 7/80, in: FR 18/1984, S.461 f.

208 Vgl. *Eibelshäuser,* Manfred (1987), a.a.O., S. 865.

209 Vgl. *Christiansen,* Alfred (1988): Die bilanzielle Berücksichtigung sogenannter bewußter Verluste, in: StBp 1988, S.265–268.

— Palletierung von Produktreihen: Mehrere Artikel werden im Bündel abgesetzt; einige davon sind Verlustträger, die den Verkauf von Gewinnbringern erst ermöglichen.

Für diese Arten von Transaktionen wird gewöhnlich eine Drohverlustrückstellung gefordert.[210] Im Unterschied zu den betrachteten Ausbildungsverhältnissen handelt es sich hierbei allerdings um rechtliche Ausgestaltungsformen, die im Rahmen einer ordnungsmäßigen Geschäftsführung gewöhnlicherweise dazu vorgesehen sind, Deckungsbeiträge zu erwirtschaften.

Wenn die individuellen Verhältnisse des jeweiligen Betriebes die Disponierenden veranlassen, im Einzelfall Absatzmarktgeschäfte zu nicht kostendeckenden Preisen vorzunehmen, so wird bei einer Rückstellungsbildung die individuelle Sinngebung einer Transaktion durch die geschäftstypische Zwecksetzung, die sich aus der rechtlichen Ausgestaltung und der Verkehrsanschauung ergibt, überlagert. Diese Bewertungsmethodik kann mit Blick auf die Prinzipien der Vorsicht und willkürfreien Nachvollziehbarkeit gerechtfertigt werden.[211] Bei Ausbildungsverträgen ist ein solches Auseinanderklaffen von individueller Zweckbestimmung und Verkehrsanschauung aufgrund der rechtlichen Ausgestaltungsform im Normalfall jedoch nicht erkennbar. Deshalb hat auch eine Rückstellungbildung hier keine Berechtigung.

Einzugehen ist ferner auf Sonderfälle, in denen eine Rückstellung aus Ausbildungsverträgen tatsächlich zu bilden ist. Zu denken wäre zunächst erst einmal an die Möglichkeit, daß sich der Ausbildungsvertrag tatsächlich als eine Fehlmaßnahme erweist. In diesem Falle stellt er eine Rechtsposition dar, an deren Aufrechterhaltung lediglich ein negatives Interesse besteht. Eine Rückstellungsbildung dürfte hierbei unproblematisch sein.[212]

Andererseits ist die Möglichkeit denkbar, daß Ausbildungsverträge überhaupt nicht aus erwerbswirtschaftlichen Erwägungen abgeschlossen werden, sondern vielmehr aus Gründen der sozialen Verantwortung. Eine Rückstellungsbildung ist in diesem Falle geboten, weil im Rahmen des betrieblichen Faktorkombinationsprozesses ebenfalls kein positives Interesse an der Aufrechterhaltung einer solchen Vertragsbeziehung bestünde.[213] Allerdings wären zusätzliche Dokumentationspflichten über die betriebliche Personalplanung Voraussetzung, um eine solche Rückstellung geltend zu machen.[214]

[210] Strittig ist dabei der erste Fall, für den wir eine Rückstellungsbildung abgelehnt hatten, siehe oben Abschnitt 3.3.5.3., S. 108 ff.

[211] Zu diskutieren wäre allerdings, inwieweit hier im Einzelfall eine geschäftszweckgebundene Betrachtung möglich wäre.

[212] Für ähnliche rückstellungsbegründende Sachverhalte aufgrund von betrieblichen Fehldispositionen vgl. etwa *Kupsch,* Peter (1989): Neuere Entwicklungen bei der Bilanzierung und Bewertung von Rückstellungen, in: DB 1989, S. 56.

[213] Im selben Sinne vgl. *Jonas,* Heinrich (1986): a.a.O., in: DB 1986, S. 1736.

3.6. Abschließende Bemerkungen

Gegenstand des vorstehenden Kapitel war es, Ansatzpunkte geschäftszweckgebundener Bewertungskonzeptionen in Gesetzgebung, Rechtsprechung und Rechnungslegungspraxis anhand einiger ausgewählter Beispiele aufzuzeigen und die dabei angerissenen offenen Bewertungsprobleme auf dieser Basis eigenständig weiterzuentwickeln. Als Ergebnisse können wir festhalten:

— Das Erfordernis der Erfolgsneutralität eingegangener Dispositionen führt in besonderen Fällen zur Durchbrechung der Ansatzrestriktion: Es führen — mit und ohne ausdrückliche Zustimmung des Gesetzgebers — Sachverhalte zur Aktivierung, die tatsächlich keine Vermögensgegenstände sind. Als Beispiel hierfür wurden der derivative Firmenwert und die Swapabgrenzungsposten angeführt.

— Das Erfordernis einer sachgerechten Vorwegnahme von Dispositionsverlusten führt in besonderen Fällen zur Durchbrechung des Einzelbewertungsprinzips. Beispiel hierfür war vorallem die Abgrenzung des Saldierungsbereiches bei Absicherungstransaktionen.

— Die Fragestellung, ob ein Zahlungsvorgang in einem konkretisierbaren Dispositionszusammenhang steht oder ob seine dispositive Zielrichtung derart ungewiß ist, daß dieser Zahlungsvorgang im originären Firmenwert untergeht, ist für den Problemkreis der Verlustantizipation grundsätzlich gleich zu beantworten wie für den Problemkreis der Erfolgsneutralität: Wo kein Dispositionszusammenhang erkennbar ist, der eine Aktivierung vergangener Auszahlungen für eine Rechtsposition rechtfertigen würde, da ist auch kein Dispositionszusammenhang erkennbar, der für die Passivierung künftiger Auszahlungssalden aus dieser Rechtsposition als Dispositionsverluste herhalten könnte. Dies gilt, solange davon auszugehen ist, daß von Seiten der Unternehmung ein positives Interesse an dem jeweiligen Rechtsverhältnis besteht. Als Beispielfall hierfür wurde die Rückstellungsproblematik für Ausbildungsverträge angeführt.

— Sobald bewertungsrelevante Zurechnungen aufgrund von geschäftszweckgebundenen Erwägungen erfolgen, ergibt sich die Notwendigkeit, diese Zurechnungen anhand intersubjektiv nachvollziehbarer Kriterien zu erhärten.

---

[214] In einem neuen Urteil hat der Bundesfinanzhof entschieden, daß in einem solchen Falle gleichwohl die Bildung einer Rückstellung zu unterbleiben habe: Auch wenn kein unmittelbares betriebliches Interesse an der einzelnen Vertragsbeziehung bestünde, so sei doch die „Ansehenssicherung oder -erhöhung“, die mit einer derartigen Ausbildungspolitik verbunden ist, als wertbildende Komponente in das bilanzrechtliche Syllagma einzubeziehen, vgl. *BFH-Urteil* vom 3.2.1993 — I R 37/91, in: DB 1993, S. 962–965. Eine derartige Wertung stellt eine extreme Variante der Auffassung dar, daß bilanzierende Kaufleute nichts verschenken: Transaktionen, die nicht erwerbswirtschaftlich motiviert sind, werden von vornherein ausgeschlossen.

Dies findet oft durch eine typisierende Betrachtungsweise statt. Beispiele hierfür sind die rechtliche Ausgestaltungsform einer Verfügungsrechtsposition *(Vertragstyp)* als Indiz für ihren Geschäftszweck und die Funktion einer Verfügungsrechtsposition innerhalb des güterwirtschaftlichen Faktorkombinationsvorganges *(Prozeßfunktionstyp)* als Indiz für ihren Geschäftszweck. Die Argumentation auf der Basis einer typisierenden Betrachtungsweise ist immer dann überzeugend, wenn die rechtliche Ausgestaltungsform oder der Prozeßfunktionstyp einer Transaktion überhaupt nur für einen der möglichen Geschäftszwecke geeignet ist. In diesem Falle wird der Geschäftszweck gleichsam faktisch dokumentiert, indem für die jeweilige Transaktion durch den Unternehmer Zahlungen geleistet werden: „Ein Kaufmann verschenkt nichts"

— In anderen Fällen müssen andere Objektivierungskriterien herangezogen werden. Zur Diskussion gestellt wurde in diesem Fall der objektiv gegebene oder konstruierbare Refinanzierungszusammenhang zwischen einzelnen Transaktionen einer Disposition oder die aufgrund statistischer Verfahren erhärtete Zweckeignung von Geschäften im Rahmen einer Absicherungsdisposition. Im Gegensatz zum oben erwähnten „Prinzip der faktischen Dokumentation" kann auch eine formelle Dokumentation des Entscheidungsverbundes einer Rechtsposition durch die Entscheidungsträger Objektivierungsfunktionen erfüllen.

— Kritisch beleuchtet wurde die Abbildung von Handlungen des Preisrisikomanagements auf der Grundlage von Entscheidungsfeldern, die nicht das gesamte Geschäftsvolumen umfassen: Sinnvollerweise kann die Absicherung von Preisrisiken aus Einzelpositionen nämlich nur mit Blick auf die globale Risikoposition erfolgen. Bewertungsverfahren, die die geschäftsvolumenbezogene Antizipation von Erfolgsbeiträgen aus einer einzigen Preisrisikokategorie zum Gegenstand haben, lassen sich allerdings nicht mit dem hier vorgestellten Konzept der Verlustantizipation aus eingegangenen Dispositionen vereinbaren.

— Als allgemeine Faustregel kann festgehalten werden: Je mehr eine rechtlich geprägte Betrachtungsweise durch geschäftszweckgebundene Bewertungskonzeptionen zurückgedrängt wird, desto größer ist das Erfordernis zusätzlicher Dokumentation auch von Transaktionsmotiven der Entscheidungsträger sowie das Erfordernis einer Überprüfung ordnungsmäßiger Geschäftsführung durch die rechnungslegenden und rechnungsprüfenden Instanzen.

4. Finale Bewertungskonzepte und Normzwecke externer Rechnungslegung

Der Diskussion um die Tragweite geschäftszweckgebundener Bewertungskonzeptionen in den vorangegangenen Kapiteln lag die Vorstellung zugrunde, daß der Gesetzgeber mit den legalen Regelungen der externen Rechnungslegung ein ordnungspolitisches Leitbild verfolge, welches vor allem die Verteilung von Ausschüttungsansprüchen und damit einhergehend die Verteilung von Kapitalausfallrisiken zwischen den Parteien der Eigenkapital- und Fremdkapitalgeber zum Inhalt hat: Durch die bilanzrechtlichen Ansatz- und Bewertungsregeln soll ein bestimmtes Gläubigerschutzniveau gewährleistet werden. Charakterisiert wird dieses Gläubigerschutzniveau durch die Kurzformel:

  Erfolg im Bilanzsinne
= Realisationserfolg
– durch die Bedingungen der gegenwärtigen Umwelt vergegenständlichter Dispositionsverlust

Aufbauend auf diesem Gedankenfundament wurde die Problematik der Realisation von Aufwänden im Gleichschritt mit der — durch schuldrechtliche Kriterien festgelegten — Ertragsrealisation sowie die Ermittlung disponierter Verluste als Saldogröße von zukünftigen Zahlungsströmen aus Dispositionen als wesentlicher Anknüpfungspunkt für geschäftszweckbezogene Bewertungskonzeptionen dargestellt.

Wir hatten uns die Bedeutung geschäftszweckgebundener Bewertungskonzeptionen bisher eher anhand einer teleologisch wertenden Interpretation von einzelnen Bewertungsnormen veranschaulicht; auf eine ausführliche Diskussion der Verwurzelung dieses Grundkonzeptes im geltenden Bilanzrecht wurde bisher verzichtet. Weil man deshalb — und auch im Hinblick auf die oft beschworene Zweckpluralität der externen Rechnungslegung — den hier dargelegten Entwurf für allzu holzschnittartig halten könnte, soll nun näher auf die legalen Grundlagen geschäftszweckgebundener Bewertungskonzeptionen eingegangen werden.

„Die übergeordneten Prinzipien müssen dabei dem geltenden Bilanzrecht entnommen werden, also den im Gesetz explizit angeführten Vorschriften und den nicht kodifizierten, gewohnheitsrechtlichen GoB. Deshalb müssen auch Wirtschaftswissenschaftler, die ihre Aufgabe darin sehen, widersprüchliche Interpretationen de lege lata zu beseitigen, und nicht unabhängig vom bestehenden

Recht betriebswirtschaftliche Modelle zum handelsrechtlichen Jahresabschluß konzipieren wollen, die juristischen Rahmenbedingungen als ein Datum akzeptieren. Wenn die Aussagen der Wirtschaftswissenschaftler von der Praxis umgesetzt werden sollen, muß die Auslegung des geltenden Rechts durch die Betriebswirtschaftslehre zwar auf Basis betriebswirtschaftlich abgesicherter Erkenntnisse, aber mit den Methoden der Jurispudenz durchgeführt werden."[1]

Da wir im Laufe unserer Erörterungen Lösungsvorschläge für Bewertungsprobleme vorgestellt haben, die eine Interpretation gesetzlicher Einzelregelungen darstellen, oder im unmittelbaren Gegensatz zu gesetzlichen Einzelregelungen stehen, soll nunmehr die Tragfähigkeit unserer Ergebnisse, deren Voraussetzung das Eigengewicht geschäftszweckgebundener Bewertungskonzeptionen war, vor dem Hintergrund des geltenden Rechtes überprüft werden.

4.1. Geschäftszweckgebundene Bewertungskonzeptionen und Going-concern-concept

Die Verbindungslinie zwischen Going-concern-Prinzip und geschäftszweckgebundenen Bewertungskonzeptionen läßt sich auf einfache Weise skizzieren: Polares Gegenstück und disjunkte Alternative zur Fortführungsbilanz ist der Liquidationsstatus. Im Liquidationsstatus ist die Zerschlagung aller bestehenden Rechtspositionen einer Unternehmung innerhalb eines bestimmten Zeithorizontes vorgesehen. Einzig denkbarer Geschäftszweck in diesem Rahmen ist die Veräußerung aller einzelnen Vermögenspositionen. Die Bewertung muß diesem Sachverhalt Rechnung tragen.

Im Gegensatz dazu gibt es im Going-concern eine Pluralität von Geschäftszwecken. Diese Pluralität kann etwa durch die verschiedenen Bestandhaltungsmotive oder die unterschiedlichen Prozeßfunktionen der einzelnen Positionen charakterisiert werden. Weicht nun der Geschäftszweck einer im Unternehmen vorhandenen Rechtsposition von ihrer Zerschlagung ab, so kann auch die Bilanzbewertung nicht anhand von Liquidationserlösen der einzelnen Positionen erfolgen.

Die Fortführungsfiktion ist mithin „(...) die Grundvoraussetzung dafür, daß überhaupt eine bestimmungsgemäße Verwendung des Vermögensgegenstandes denkbar und damit die Ermittlung des Zeitwertes nach der unternehmensinternen Bedeutung des Vermögensgegenstandes denkbar ist."[2]

---

[1] *Fey*, Dirk (1987): a.a.O., S. 40. Grundsätzlich zur Auslegungsmethodik von Rechtssätzen vgl. *Larenz*, Karl *(1975)*: a.a.O., S. 307–350.

[2] *Wohlgemuth*, Michael: Kommentierung § 252, Rdz. 16, in: Bonner Handbuch der Rechnungslegung.

Einflußreiche Kommentatoren sehen die Hauptbedeutung des Fortführungsprinzips in der Objektivierungsfunktion:[3] Zerschlagungswerte von Vermögensgegenständen sind kaum willkürfrei zu ermitteln, wenn keine Zerschlagungsgeschwindigkeit vorab definiert ist.[4] Die Fortführungsbilanz stellt nach dieser Auffassung eine „objektivierte" Zerschlagungsbilanz dar.[5] Abgesehen von den sicherlich bestehenden Schwierigkeiten der Ermittlung von Zerschlagungswerten fällt es jedoch — wie schon erläutert wurde[6] — schwer, in den handelsrechtlichen Rechnungslegungsregeln die objektivierte Ermittlung von Liquidationswerten zu erkennen: Wenn dies wirklich in der Intention des Gesetzgebers gelegen hätte, so hätten Abbildungskonzepte zur Verfügung gestanden, die bei dem gleichen Grad von Willkürfreiheit den Liquidationswert wesentlich exakter approximieren als beispielsweise die über die Nutzungsperiode hinweg fortgeführten Anschaffungskosten samt Anschaffungsnebenkosten.[7] Der Begriff der Objektivierung erscheint in diesem Zusammenhang wie so oft etwas überstrapaziert.[8]

4.1.1. Das Fortführungsprinzip als allgemeiner Bewertungsgrundsatz

„Bei der Bewertung ist von der Fortführung der Unternehmenstätigkeit auszugehen, sofern dem nicht tatsächliche oder rechtliche Gegebenheiten entgegenstehen." (§ 252 (1) Nr. 2 HGB)

Zu prüfen ist, wie sich das so kodifizierte Fortführungsprinzip in den Kanon der allgemeinen Bewertungsgrundsätze des § 252 (1) einfügt. Drei Stufen der möglichen Gewichtung des Fortführungsgrundsatzes im Zusammenspiel mit den anderen Regelungen sind dabei grundsätzlich denkbar:

(1) Alle Auswirkungen des Going-concern-Prinzips sind schon in den übrigen Regelungen des Bilanzrichtliniegesetzes enthalten: Der Wortlaut des § 252 (1) Nr. 2 HGB wäre dann ohne jede eigenständige Ausstrahlung, d. h. rein deklaratorisch.

(2) Das Fortführungsprinzip dient zur Auslegung der übrigen, legal kodifizierten Regelungen, kann aber nicht mit ihnen in Konflikt treten.

(3) Das Going-concern-Prinzip ist eine eigenständige Bewertungsregel, die mit anderen Rechtsvorschriften grundsätzlich konkurrieren kann. Mit Verweis

---

[3] *Moxter,* Adolf (1980): Ist bei drohendem Unternehmenszusammenbruch das bilanzrechtliche Prinzip der Unternehmensfortführung aufzugeben?, in: WPg 1980, S. 345 ff.

[4] Vgl. *Krümmel,* Hans-Jacob (1980): Liquidität, in: HdWW, Bd. 5, S. 52.

[5] Vgl. *Moxter,* Adolf (1980): a.a.O., S. 345 ff.

[6] Vgl. Abschnitt 2.3., S. 56 ff.

[7] Vgl. hierzu die Betrachtung in Abschnitt 4.2.1., S. 159 ff.

[8] Ausführliche Diskussion in Abschnitt 4.2., S. 158 ff.

auf § 252 (1) Nr. 2 HGB könnten dann bei bestimmten Bewertungsproblemen andere Gesetzesregelungen überlagert werden.

Die systematische Einordnung dieses Prinzips als allgemeiner Bewertungsgrundsatz in § 252 (1) HGB legt eine Interpretation im Sinne der letzten Stufe nahe. Ein Blick auf einschlägige Stellungnahmen im Schrifttum lehrt aber, daß sich die Kommentatoren in dieser Frage erstaunlicherweise sehr bedeckt halten: *Lutter*[9] erklärt die ausdrückliche Erwähnung des Fortführungsprinzips für überflüssig, weil alle seine Aussagen schon in § 253–256 HGB enthalten seien. Da das Fortführungsprinzip auch bislang schon Teil der GoB gewesen sei, habe sich durch seine Aufnahme in den Gesetzeswortlaut auch nichts geändert.

Andere Autoren begnügen sich mit einer beispielhaften Aufzählung von einzelnen Regelungen, die auf dem Going-concern-Prinzip basieren[10], lassen aber die Frage nach der Reichweite dieses Grundsatzes im Sinne der genannten drei Stufen unbeantwortet.[11] Viel Raum wird dagegen im allgemeinen auf die Frage verwandt, unter welchen Voraussetzungen das Going-concern-Prinzip als Bewertungsprämisse zugunsten des Liquidationsprinzip aufgegeben werden muß.[12]

Die kurze Bestandsaufnahme von Literaturmeinungen zu § 252 (2) Nr. 1 HGB hinterläßt also ein eher zwiespältiges Bild. Aufgrund der systematischen Einordnung des Fortführungsprinzips als allgemeiner Bewertungsgrundsatz in § 252 und aufgrund des Wortlautes der gesetzlichen Regelung kann die Zurückhaltung der Kommentatoren in dieser Frage kaum befriedigen:

— § 252 (1) HGB lautet: „Bei der Bewertung der im Jahresabschluß ausgewiesenen Vermögensgegenstände gilt insbesondere Folgendes: …"

— § 252 (2) HGB lautet: „Von den Grundsätzen des Absatzes 1 darf nur in begründeten Ausnahmefällen abgewichen werden"

Schon die Semantik und Systematik des Gesetzeswortlautes dürfte demnach die Auslegung von §252 (2) Nr. 2 im Sinne einer redundanten Leerformel oder auch einer Regelung, die nach dem Grundsatz „lex specialis derogat lex generalis" von anderen Legalvorschriften ohne weiteres verdrängt wird, verbieten.

---

9 Vgl. *Lutter,* Marcus (1986): Fortführung der Unternehmenstätigkeit, in: HURB, S.185 - 191, S. 185.

10 *Janssen,* Friedrich Carl (1984): Überlegungen zum "Going concern concept", in: WPg 1984, S. 342.

11 *Adler/Düring/Schmaltz* (1987): Rechnungslegung und Prüfung der Unternehmen, Stuttgart 1987: § 252 Rdz. 14, *Siegel,* Theodor: § 252, in: Becksches Handbuch der Rechnungslegung, *Glade*, Anton: Rechnungslegung und Prüfung nach dem Bilanzrichtliniengesetz: § 252, Rdz. 13, Herne, Berlin 1986. Eine größere Reichweite scheint *Wohlgemuth,* Michael: a.a.O., dem Fortführungsprinzip zuzugestehen.

12 Vgl. etwa *Janssen,* Friedrich Carl (1984): a.a.O., S.342 ff. bzw. *Leffson,* Ulrich (1984): Die Going-Concern-Prämisse bei Unsicherheit über den Fortbestand der Unternehmung, in: WPg 1984, S.604–606.

Interessant ist in diesem Zusammenhang ein Blick auf die historische Entwicklung des Fortführungsprinzips als Bewertungsmethode im deutschen Bilanzrecht: Als das eigenständige Bewertungskonzept der deutschen Bilanzrechtstradition, durch das der Fortführungsgedanke eine unmittelbare Ausstrahlung auf Ansatz und Bewertung der Wirtschaftsgüter gewinnt, ist nämlich der Teilwertgedanke zu nennen. Trotz aller begrifflichen Unwägbarkeit und Widersprüchlichkeit muß die Teilwertfiktion als der Versuch betrachtet werden, zu verdeutlichen, was Gewinnermittlung unter der Fortführungsprämisse im Einzelfall bedeute[13].

Wie wir gesehen hatten, leidet das Teilwertkonzept in seiner traditionellen Formulierung an Widersprüchen, die seine Zweckeignung erheblich in Frage stellen. Trotzdem sollte mit Blick auf die nun schon seit Generationen andauernden Teilwertdiskussion niemand so tun, als sei die Fortführungsprämisse als eigenständiger Bewertungsgrundsatz etwas völlig exotisches.[14]

Um das spezifische Gewicht des Going-concern-Grundsatzes besser erfassen zu können, wollen wir nun auf die systematische Stellung dieses Prinzips innerhalb der Grundsätze ordnungsmäßiger Buchführung eingehen.

4.1.2. Das Fortführungsprinzip als Grundsatz ordnungsmäßiger Buchführung

Nach § 243 (1) HGB ist der Jahresabschluß nach den Grundsätzen ordnungsmäßiger Buchführung aufzustellen. Bei den Grundsätzen ordnungsmäßiger Buchführung handelt es sich bekanntlich um unbestimmte Rechtsbegriffe. Durch einen unbestimmten Rechtsbegriff wird ein Interpretationsspielraum bewußt vorgegeben, den der Rechtsanwender unter Beachtung aller gesetzlichen und außergesetzlichen Normen und Erkenntnisquellen, welche im Zusammenhang der auszulegenden Norm von Belang sein können, zu füllen hat[15].

Durch eine solche Gesetzgebungstechnik soll erreicht werden, daß die Rechtsanwendung sich ändernden Umweltverhältnissen anpassen kann, ohne daß Ermessensspielräume entstehen, die zugunsten oder zu Ungunsten einzelner Interessentengruppen willkürlich ausgenutzt werden können.[16] Zur Auslegung unbestimmter Rechtsbegriffe steht die hermeneutische Methode[17] zur Ver-

[13] Vgl. oben Abschnitt 2.4.3., S. 67 ff.

[14] Vgl. etwa *Beisse*, Heinrich (1984): a.a.O., S. 8. f.

[15] Siehe hierzu *Baetge*, Jörg (1986): Grundsätze ordnungsmäßiger Buchführung, DB 1986, Beilage 26, S. 6 ff. mit Verweis auf *Larenz*, Karl (1983): a.a.O.

[16] Ebd.

[17] Vgl. allgemein zur Einführung m. w. V. *Hassemer*, Winfried (1986): Juristische Hermeneutik, in: Archiv für Rechts- und Sozialphilosophie 1986, S.195–212.

fügung: Die konkrete Bedeutung des unbestimmten Rechtsbegriffes wird anhand seines Bedeutungszusammenhanges im Gesetzestext, anhand der vom Gesetzgeber intendierten Gesetzeszwecke, der Erwartungen und Ansichten der verschiedenen Interessentengruppen sowie wissenschaftlicher Erkenntnisse über die Natur der Sache ermittelt.[18]

Leffson berücksichtigt das Fortführungsprinzip nicht als eigenständigen Grundsatz ordnungsmäßiger Buchführung. Es sei lediglich eine Vorstufe dazu im Sinne einer „(...) ganz allgemeinen Voraussetzung für die Erstellung von Jahresabschlüssen" und liefere noch keine Regeln für allgemeine oder besondere Bilanzierungsfragen.[19]

Zur Interpretation des unbestimmten Rechtsbegriffes „Grundsätze ordnungsmäßiger Buchführung"[20] hat *Baetge* eine umfassende und hierarchisch in „obere" und „untere" Grundsätze gegliederte Systematik entwickelt.[21] Das Fortführungsprinzip ist hier als sogenannter Systemgrundsatz berücksichtigt. Von den Systemgrundsätzen werden auf gleicher Stufe die sogenannten Rahmengrundsätze, die eine sinnvolle Informationsvermittlung mit Rechtsfolgen erst ermöglichen sollen, sowie die Dokumentationsgrundsätze, die die ordnungsmäßige Erfassung von Geschäftsvorfällen regeln, unterschieden. Die Systemgrundsätze „(...) sollen als einheitliche Bezugsbasis für eine gleichartige Konkretisierung der anderen Grundsätze dienen, so daß eine widersprüchliche Auslegung einzelner Grundsätze vermieden wird."[22]

Als Systemgrundsätze werden gleichermaßen das Fortführungsprinzip, das Prinzip der Pagatorik sowie der Einzelbewertungsgrundsatz angeführt. Wir hatten die Erfordernis geschäftszweckgebundener Bewertungskonzeptionen aus dem pagatorischen Prinzip wie auch aus dem Fortführungsprinzip[23] hergeleitet. *Fey* setzt dagegen das Going-concern-Prinzip mit dem Finalitätsgrundsatz gleich.[24]

Hierzu ist zu sagen, daß im Grunde nichts gegen eine Going-concern-Bilanzierung auf der Basis kausaler Zurechnungsregeln nach dem *conditio sine qua non*-Kriterium sprechen würde, außer daß eine solche Methodik aus den schon erwähnten Gründen im Gegensatz zur Pagatorik steht.[25]

---

[18] Vgl. *Larenz*, Karl (1983): a.a.O.

[19] Vgl. *Leffson*, Ulrich (1987): a.a.O., S. 180.

[20] Zum Verständnis der Grundsätze ordnungsmäßiger Buchführung als unbestimmte Rechtsbegriffe vgl. insbes. *Lang*, Joachim (1986): Grundsätze ordnungsgemäßer Buchführung I, in: HURB, S.221÷251.

[21] Vgl. *Baetge*, Jörg (1986): a.a.O., S. 6 (Schema).

[22] *Baetge*, Jörg (1986): a.a.O., S. 10, mit Verweis auf *Fey*, Dirk (1987): a.a.O., S. 104 ff.

[23] Siehe Abschnitt 1.3.2., S. 37 ff.

[24] Vgl. *Fey*, Dirk (1987): a.a.O., S.107.

[25] Vgl. die Ausführungen in Abschnitt 1.2.3., S. 26 ff.

Schließlich fällt gegen eine Zusammenfassung der drei genannten Grundsätze als einheitliche Bezugsbasis für eine widerspruchsfreie Konkretisierung der anderen GoB ins Gewicht, daß diese offensichtlich in sich selber nicht widerspruchsfrei sind: Es lassen sich etwa etliche Bewertungsprobleme aufzeigen, bei denen geschäftszweckbezogene Bewertungskonzeptionen in Konkurrenz zum Einzelbewertungsprinzip treten. Dieser Gegensatz zwischen den Systemgrundsätzen läßt sich nur beseitigen, wenn man das Einzelbewertungsprinzip in diesem Zusammenhang ganz allgemein im Sinne einer „Atomisierung“ der Bilanz in viele additiv zusammengefaßte, aber nicht näher konkretisierte Einzelobjekte begreift.[26]

Wenn ein Systemgrundsatz nun eine einheitliche Basis für die Konkretisierung der übrigen Grundsätze abgeben soll, so kann daraus wohl nicht gefolgert werden, daß es zulässig ist, mit Blick auf einen Systemgrundsatz die anderen Grundsätze zu modifizieren. Insofern könnte in diesem Zusammenhang das Going-concern-Prinzip etwa nicht zur Umdeutung des Realisationsprinzips in bestimmten Fällen herangezogen werden, weil es ja primär der Objektivierung dienen soll. Außerdem sind Konkurrenzen zwischen einzelnen Systemgrundsätzen im obigen Sinne[27] in dieser Begriffsfassung wohl kaum denkbar.

Diese Erkenntnis weist jedoch auf eine grundsätzliche Schwäche der hier präsentierten Interpretation von Grundsätzen ordnungsmäßiger Buchführung als hierarchisch gegliedertes Gebilde mit jeweils eindeutigen Funktionsgebungen für die einzelnen Bestandteile hin: Aufgrund der hermeneutischen Vorgehensweise zur Ermittlung von Grundsätzen ordnungsmäßiger Buchführung ist es ein zwiespältiges Unterfangen, ein derart geschlossenes, hierarchisch sich entfaltendes System der einzelnen Grundsätze zu postulieren, bei dem dem einzelnen Element eine bestimmte Funktion zukommt.[28]

Dies soll anhand eines Beispieles aus dem Gliederungsschema von *Baetge* näher erläutert werden:

Als einen der obersten Grundsätze postuliert *Baetge* die Kapitalerhaltung. Obwohl dies nicht weiter präzisiert wird, darf man wohl davon ausgehen, daß damit ein nominales Kapitalerhaltungskonzept gemeint ist. Nominalkapital kann aber weder durch einen Ertragswert, noch durch einen Substanzwert, einen Zerschlagungswert oder einen Buchwert versinnbildlicht werden.[29]

Die vom Gesetzgeber geforderte Nominalkapitalerhaltung wurde im vorliegenden Text als Einhaltung eines bestimmten Gläubigerschutzniveaus be-

---

[26] Vgl. Baetge (1986); S.10, den Widerspruch sieht auch *Fey*, der darum von der Erfordernis einer „finalen Einzelbewertung“ spricht, a.a.O., S. 128 f.

[27] Einzelbewertungsprinzip und Going-concern-Prinzip

[28] Dieses Problem sieht auch *Fey*, er verzichtet deshalb auf die hierarchische Zuordnung, gibt aber nicht das Denken in Funktionsgebungen für die Einzelgrundsätze auf. Vgl.: *Fey*, Dirk (1987): a.a.O., S. 106 f.

[29] Hierzu sowie zum folgenden vgl. *Krümmel*, Hans-Jacob (1992): a.a.O., S. 307 ff.

trachtet. Dieses Gläubigerschutzniveau ist durch die Beschränkung der Bemessungsgrundlage von Ausschüttungen auf Realisationserfolge abzüglich vergegenständlichter Dispositionsverluste charakterisiert.

Daß dieses Gläubigerschutzniveau dem ordnungspolitischen Willen des Gesetzgebers entspricht, wird aus der Analyse der gesetzlichen Einzelregelungen (Realisationsprinzip, Anschaffungswertprinzip, Verlustrückstellungen, Niederstwertabschreibungen auf Umlaufvermögen etc.) entwickelt. Diese Gesetzesregelungen ergeben ein Puzzlespiel, das durch sinnvolle Ergänzungen aus der Natur der Sache zu einem in sich geschlossenen ordnungspolitischen Leitbild verdichtet wird.[30] Zentraler Dreh- und Angelpunkt dieses Puzzlespiels war dann in unserer Betrachtung die Disposition als Bezugspunkt sowohl der Verlustantizipation als auch des Realisationsvorganges. Eine derartige Interpretation der Kapitalerhaltungsfunktion beruht aber gerade auf einer wertenden Analyse der unteren Gewinnermittlungsvorschriften. Zwischen oberen und unteren Grundsätzen herrscht demnach keine hierarchisch abgestufte Beziehung, sondern eine dynamische gegenseitige Beeinflussung. Daraus folgt dann aber, daß man keinem einzelnen Prinzip eine von vornherein feste Funktionsgebung zuordnen kann.

Auf der Grundlage dieser Vorgehensweise der Rechtsauslegung hatten wir das Konzept geschäftszweckgebundener Bewertungskonzeptionen als eigenständiges, hermeneutisch-teleologisch begründetes Bewertungskonzept innerhalb der Grundsätze ordnungsmäßiger Buchführung zu begründen gesucht. Im vorigen Kapitel wurden Problemstellungen aufgeworfen, wo dieses Konzept mit den „untersten“ Gewinnermittlungsgrundsätzen in Konkurrenz trat. Wie die entstehenden Konflikte gelöst werden,[31] bzw. welcher Bewertungsgrundsatz dabei die Oberhand behält, muß wiederum aufgrund des hergeleiteten ordnungspolitischen Leitbildes erhärtet werden. Einen besonderen Kontrapunkt bildet dabei das im nächsten Abschnitt behandelte Leitmotiv.

4.2. Finalprinzip und Objektivitätsanspruch der Rechnungslegung

Innerhalb der Grundsätze ordnungsmäßiger Buchführung gibt es ein Institut, das in einer unmittelbar antithetischen Beziehung zum Konzept geschäftszweckgebundener Bewertungsnormen zu stehen scheint: Das Prinzip der Objektivität der Wertansätze.

---

[30] Zur zyklischen Struktur dieses Erkenntnisprozesses vgl. etwa *Gizbert-Studnicki,* Thomas (1987): Der Vorverständnisbegriff in der juristischen Hermeneutik, in: Archiv für Rechts- und Sozialphilosophie 1987, S. 477–493.

[31] Zur Interpretation des Going-Concern-Prinzips als materieller Grundsatz vgl. auch *Schneider,* W. Edelfried (1980): Bilanztheoretische Probleme der vierten EG-Richtlinie, Bonn 1980, S. 144 ff.

4.2.1. Objektivität und Objektivierung

Zunächst sollen die häufig und etwas sorglos als Synonyme gebrauchten Begriffe „objektiv" und „objektiviert" gegeneinander abgegrenzt werden.

Objektiv ist „(...) ein von subjektiven Vorstellungen und Interessen unabhängiges Merkmal des Gegenstandes oder Urteils, dessen Gründe für jedes vernünftige Wesen gültig sind." *Objektivität* ist „(...) die Eigenschaft des Objektiven".[32]

Objektivierung ist „(...) das Verfahren, etwas als an sich seienden Gegenstand zu setzen, oder auf ein an sich Seiendes zurückzuführen. O(bjektivierung) ist die Darstellung eines Subjektiven in einem objektiven, vom Subjekt ablösbaren Sein."[33]

Objektivität ist also eine unmittelbare Seinskategorie, während Objektivierung eine erkenntnistheoretische Methode bezeichnet.[34] Man könnte nun durchaus der Meinung sein, die Bilanz habe objektive, d. h. von subjektiven Vorstellungen und Interessen unabhängige Werte, die unmittelbar rational einsichtig sind, wiederzugeben. Wenn aber überhaupt ein objektiver Wert „an sich" von Vermögensgegenständen vorstellbar ist, so nur in einer Welt vollständiger und vollkommener Märkte, in der nicht nur alle einzelnen — physisch vorhandenen — Vermögensgegenstände gehandelt werden, sondern auch alle zukünftigen Zahlungsströme, die aus ihren verschiedenen möglichen Verwendungsarten im Rahmen der Faktorkombination entspringen können. Daß es eine solche Welt garnicht gibt und daß die externe Rechnungslegung in einer solchen Welt ihre Eigenbedeutung verloren hat, bedarf keiner weiteren Erläuterung. Wenn also Objektivität von Wertansätzen kein Ziel externer Rechnungslegung sein kann, so bleibt zu erwägen, Objektivität durch den Begriff der Objektiviertheit zu ersetzen.

Nun entdecken wir folgendes: Während die Aussage „Ein bestimmter Wertansatz ist objektiv." — da falsifizierbar — eine empirisch gehaltvolle Aussage darstellt, ist die Aussage „Ein bestimmter Wertansatz ist objektiviert" als solche ohne weiteres nicht falsifizierbar: Wenn Objektivierung die Darstellung eines

---

[32] *Brockhaus Enzyklopädie*, 13. Band, 15. Aufl., Wiesbaden 1971, S. 643.

[33] *Brockhaus Enzyklopädie*, 13. Band, 15. Aufl., Wiesbaden 1971, S. 644.

[34] Im Gegensatz zu dieser Begriffslegung benutzt *Baetge* den Begriff „objektiv" im Sinne von „willkürfrei nachprüfbar", vgl. *Baetge, Hans* Jörg (1970): Möglichkeiten der Objektivierung des Jahreserfolges, Düsseldorf 1970, S. 17 f, 168 f. Ähnlich in der englischsprachigen Literatur: „(...) objectivity is defined as the extent of agreement among measures produced by application of the same measurement system, or rule, by different measurers." *Ashton,* Robert H. (1977): Objectivity of Accounting Measures: A Multirule- Multimeasurer Approach, in: The Accounting Review 1977, S. 567, mit Verweis auf *Ijiri* Y., und R. K. *Jaedike* (1966): Reliability and Objectivity of Accounting Measures, in: The Accounting Review 1966, S. 474–463.

Subjektiven in einem objektiven, vom Subjekt ablösbaren Sein ist, dann ist die Frage, ob eine Objektivierung stattgefunden hat oder nicht, nur beantwortbar, falls Klarheit darüber herrscht, welches Subjektive denn überhaupt Gegenstand dieses Objektivierungsvorganges ist.[35]

Wir wollen die Frage, was denn überhaupt Gegenstand des Objektivierungsvorganges ist, anhand eines Beispieles erläutern.

These: Die fortgeführten Anschaffungskosten einschließlich Anschaffungsnebenkosten eines Hochofens[36], der auf dem Gelände eines Stahlwerkes fest installiert ist, stellen den objektivierten Bilanzwert dieser Anlage dar.[37]

Frage: Was ist es denn, was in seinem Werte dabei objektiviert wird?

Am nächsten liegt es wohl, zu sagen: Die reine physisch — materielle Konsistenz dieses Hochofens wird in ihrem Werte objektiviert. Dieses Ergebnis steht aber offensichtlich im logischen Widerspruch zu unserer Definition, die ein Subjektives voraussetzte, das durch den Vorgang der Objektivierung zu einem an sich Seienden vergegenständlicht wird. Die schiere materielle Konsistenz des Anlagegutes, das aus Atomen und Nichts besteht, ist keinesfalls etwas Subjektives, was einer Objektivierung noch bedürfte oder auch nur zugänglich sein könnte. Rein logisch gesehen könnte ihr entsprechend der obigen Definition ein objektiver Wert „an sich" zukommen; wir haben gesehen, daß dieser objektive Wert „an sich" nicht von dieser Welt ist.

Objektiviert werden kann also nur etwas Subjektives: Ansichten, Anschauungen, Meinungen, Erwartungen. Man könnte nun der Meinung sein, daß durch die fortgeführten Anschaffungskosten die Erwartung über den Zerschlagungswert der Anlage objektiviert wird.[38] Dies erscheint jedoch absolut indiskutabel: Einerseits steht überhaupt in Frage, ob sich irgendjemand Erwartungen über den Zerschlagungswert gebildet hat, die Gegenstand einer Objektivierung sein könnten, andererseits scheint der Buchwert als Schätzgröße für den Veräußerungswert im Zerschlagungsfalle — der herkömmlicherweise mit dem Konkurs-

---

[35] Der Wertansatz selber ist nicht dieser Gegenstand, weil er ja gerade Ergebnis des Objektivierungsprozesses ist.

[36] Beispiel in Anlehnung an *Stützel* in: *Christians,* F. *Wilhelm / Pale, Karl / Stützel,* Wolfgang / *Weinkämptner,* Franz-Josef (1983): Die Eigenkapitalknappheit in der Wirtschaft, in: Zeitschrift für das gesamte Kreditwesen 1983, S.1087.

[37] Vgl. hierzu die etwas unklare Darstellung bei *Leffson* Ulrich (1987): a.a.O., S. 196 ff. *Leffson* sieht — mit Verweis auf *Fülling,* Friedhelm (1976): Grundsätze ordnungsmäßiger Bilanzierung von Vorräten, Düsseldorf 1976, S. 79 ff. — im Ansatz der geschichtlichen Anschaffungskosten keine „Bewertung", sondern eine „Bepreisung" des zugrundeliegenden Anlagegutes. Wenn der Ansatz zu Anschaffungskosten allerdings nicht als zweckrational wertende Handlung verstanden werden kann, steht die ganze Sinnhaftigkeit externer Gewinnermittlung zur Disposition. Weiter hilft hier vielleicht die Erkenntnis, daß durch den Ansatz der Anschaffungskosten nicht ein irgendwie gearteter Wert des Anlagegutes an sich ermittelt wird, sondern vielmehr die Handlung der Anschaffung des jeweiligen Gutes unter Ausschüttungsgesichtspunkten bewertet wird.

fall identisch ist — so offenkundig ungeeignet, daß wir glauben, uns nicht weiter damit beschäftigen zu müssen.

Ferner könnte man der Meinung sein, hier würde eine Wertvorstellung, die irgendwelche unternehmensexternenen Gruppen mit der jeweiligen, zu bewertenden Handlung verbinden, objektiviert. Es scheint aber eine heroische Annahme, zu glauben, unternehmensexterne Gruppen würden jeden Anschaffungsvorgang mit Wertungen und Erwartungen begleiten.

Wenn überhaupt irgend etwas durch das Anschaffungswertprinzip objektiviert wird, so kann dies nur die Ertragswerterwartung des dispositiven Faktors selber sein, die sich auf künftige *cash flows* aus dem Betrieb der Anlage bezieht.[39] Wir kommen zu dem Schluß, daß Objektivierung sich eben gerade darauf bezieht, was wir in dieser Abhandlung als geschäftszweckgebundene Bewertungskonzeptionen bezeichnet haben:

Indem ein Unternehmer die Anschaffungsausgaben für den Einbau eines Hochofens aufwendet, gibt er eine Werteinschätzung zu erkennen: Er gibt zu erkennen, daß diejenigen Zahlungsmittelzuströme, die er aus dem Betriebe der Anlage im Rahmen seiner Unternehmung erwartet, die Anschaffungsausgaben übersteigen. Es handelt sich dabei in der Tat um eine rein subjektive Einschätzung, die aber gerade dadurch willkürfrei dokumentiert wird, daß der Unternehmer bereit ist, dafür eine Zahlung in bestimmter Höhe zu leisten. Er entzieht seine eigene subjektive Werteinschätzung damit allen nachträglichen Manipulationsmöglichkeiten, indem er sie durch die geleistete Zahlung faktisch dokumentiert.[40]

Gerade der Vorgang der Zahlungsleistung ist jener Tatbestand, der letzlich das, was nur als vage Werteinschätzung in den Köpfen der Handelnden vorhanden war, auf eine objektive, d. h. für jedermann zweifelsfrei nachvollziehbare Ebene hebt. Dabei wird nicht irgendein Wert, der irgendeinem Gegenstand un-

[38] Zumindest die Neigung zu einer solchen Sicht der Dinge scheint vorhanden zu sein, wenn von einer objektiviert-statischen Wertermittlung die Rede ist, vgl. *Moxter,* Adolf (1980): a.a.O. „Statische Bilanzen bilden nur ‚tendenziell‘ das Zerschlagungsvermögen (und die Zerschlagungsschulden) ab; denn sie sind nicht allein orientiert an dem Kriterium, die bei Konkurslage (und zu erwartender Unternehmenszerschlagung) gegebenen Schuldendeckungsmöglichkeiten zu bezeichnen. Mindestens gleich stark werden statische Bilanzen durch die Objektivierungserfordernisse beeinflußt, das heißt durch die vom Gesetz erzwungene (und z. B. im Einzelbewertungsprinzip präzisierte) Ermessensbeschränkung.“, S. 346 f.

[39] Für ähnliche Überlegungen vgl. auch *Ordelheide,* Dieter (1988): Zu einer neoinstitutionalistischen Theorie der Rechnungslegung, in: Budäus, Dietrich et al. (Hrsg.): Betriebswirtschaftslehre und Theorie der Verfügungsrechte, Wiesbaden 1988, S. 280: „Das Anschaffungskostenprinzip ist in dem Sinne zukunftsorientiert, daß ab dem Investitionszeitpunkt Rückflüsse aus der Investition (zunächst) in Höhe der Anschaffungskosten berücksichtigt werden.“

[40] Eine derartige willkürfreie Nachvollziehbarkeit ist allerdings auch nicht zu hundert Prozent gewährleistet: Verhält sich der Unternehmer im Sinne der bekannten Risikoaversionsmaße der *Von Neumann/Morgenstern* — Nutzenfunktion risikofreudig, so liegt der Erwartungswert der Zahlungsmittelrückflüsse unter den Anschaffungskosten für das Investitionsgut.

mittelbar zukäme, zweifelsfrei objektiviert, sondern vielmehr eine Werterwartung, die ein bestimmtes Wirtschaftssubjekt an das Vorhandensein eines einzelnen Vermögensgegenstandes innerhalb des Unternehmensganzen knüpft. Und eben diese Erwartung ist das Subjektive, das durch die Leistung einer Zahlung vergegenständlicht wird.

Vor diesem Hintergrund ist es nun müßig und ein Sophismus, sich zu fragen, ob in einer Bilanz Vermögensgegenstände oder Erwartungen stehen: Die Erwartung wird durch die Anschaffungsausgabe für die Vermögensgegenstände vergegenständlicht und die Vermögensgegenstände werden nur deshalb als in Höhe der Anschaffungsausgabe für werthaltig angesehen, weil an ihr Vorhandensein eine darüberhinausreichende Ertragserwartung geknüpft ist.[41]

Das Objektivierungsprinzip und das Prinzip einer geschäftszweckbezogenen Bewertung schließen sich gegenseitig keinesfalls aus, sondern bedingen einander: Objektivierung ist nur da notwendig und sinnvoll, wo es überhaupt etwas Subjektives gibt und wo diesem Subjektiven Gewicht beigemessen wird.

4.2.2. Anforderungen an Objektivierungsmethoden

Objektivierung ist eine Methode. Deshalb kann Objektivierung für sich genommen niemals Zweck der Rechnungslegung sein: Verfahrensweisen können nur jeweils Mittel zur Verfolgung höherer Ziele darstellen. Will man überhaupt einen systematisch gegliederten Prinzipienkanon von Bewertungsregeln der externen Rechnungslegung aufstellen, so kann dem Objektivierungserfordernis immer nur die Bedeutung einer restriktiven Nebenbedingung[42] zukommen.

Objektivierungsverfahren müssen deshalb andauernd der Kritik bezüglich ihrer Eignung unterzogen werden. Diese Kritik kann grundsätzlich zwei Ansatzpunkte haben:

(1) Wenn Objektivierungskriterien die Beschränkung von Ermessensspielräumen des Bewertenden bei der Erfassung von etwas Subjektiven zum Ziel haben, so muß gefragt werden, ob sie diese Aufgabe effizient erfüllen können: Maßgröße hierfür wäre die Streuung der Wertansätze, die verschiedene Individuen unter Anwendung ein und derselben Bewertungsmethode ermittelt haben. Objektivierung als restriktive Nebenbedingung[43] eines Meßvorganges bedeutet also, daß die mögliche Streuung der Wertansätze durch die Vorgabe eines bestimmten Meßverfahren beschränkt wird.

---

[41] Vgl. hierzu auch *Stützel,* Wolfgang in *Christians,* F. Wilhelm, *Pale,* Karl, *Stützel,* Wolfgang und *Weinkämptner,* Franz-Josef (1983): a.a.O., S.1087: „Fast alle Zahlen in unseren Handelsbilanzen sind nichts als quantifizierte Hoffnungen und Befürchtungen (…)“.

[42] Vgl. *Moxter,* Adolf (1983): Wirtschaftliche Gewinnermittlung und Bilanzsteuerrecht, in: StuW 1983, S. 305 f.

(2) Subjektive Erwartungen sollen durch das objektivierende Bewertungsverfahren auf eine gegenständliche Ebene gehoben werden. Wenn man davon ausgeht, daß subjektiven Erwartungen auch im Regelfalle erwartungstreu sind, so muß man an das objektivierende Bewertungsverfahren die Anforderung stellen, diese Erwartungen ohne systematische Verzerrungen wiederzugeben.

Es liegt auf der Hand, daß zwischen den beiden Punkten Zielkonflikte auftreten können: Eine umso erwartungstreuere Methode der Vergegenständlichung kann umso weniger effizient sein, und umgekehrt: Eine absolut von subjektiver Willkür befreite Meßmethode ist gleichwohl unbrauchbar, wenn sie die Wiedergabe der abzubildenden Dinge in nicht hinnehmbarer Weise systematisch verzerrt. Zu beachten ist in diesem Zusammenhang, daß es keinen unmittelbaren Gegensatz zwischen dem Prinzip geschäftszweckgebundener Bewertung und dem Objektivierungsgrundsatz gibt — beide Bewertungsinstitute leben voneinander — sondern daß bei der Konzipierung von Objektivierungsregeln selber ein Widerspruch zwischen den beiden Zielgrößen „Erwartungstreue" und „Effizienz" auftritt. Wie dieser Widerspruch im Einzelfalle gelöst wird, ist wiederum eine Frage der ordnungspolitischen Gewichtung beider Motive.

4.2.3. Objektivierung als Bestandteil der Grundsätze ordnungsmäßiger Buchführung

Objektivierung bedeutet also, ein Meßverfahren so zu konstruieren, daß die Streuung der Ergebnisse dieses Meßverfahrens beschränkt wird, um damit zu verhindern, daß eine weite Bandbreite möglicher Werte willkürliche Manipulationsspielräume offenläßt. Es ist offenkundig, daß das ganze Recht der externen Rechnungslegung stark vom Objektivierungsmotiv geprägt ist:

Die elementarste Objektivierungsregel ist dabei diejenige, die besagt, daß die externe Rechnungslegung keine Gesamtbewertung aller künftigen *cash flows* zum Gegenstand hat, sondern daß Bezugspunkt aller Werterwägungen der einzelne wirtschaftliche, auf der Geldvermögensebene stattfindende Vorgang ist.

4.2.3.1. Objektivierung und Ansatzrestriktion

Nun gibt es — wie wir gesehen haben — verschiedene Fassungen des Wirtschaftsgutbegriffes. Die äußerste Fassung — im Sinne der Teilwertdefinition —

[43] Zur Objektivierung als Restriktion eines Meßvorganges vgl. auch *Moxter,* Adolf (1981): Bilanztheorien, statische, in: Handwörterbuch des Rechnungswesens. Kritisch hierzu *Hartle,* Joachim (1984): a.a.O., S. 27 f.

würde es erlauben, eine jede geleistete Zahlung in der Vergangenheit entsprechend ihrer Ausstrahlung in der Zukunft anzusetzen. Die grundsätzlichen, methodischen Einwendungen gegen den Teilwertbegriff greifen bei der Ansatzfrage nicht, weil sie ja nur den Anspruch des Teilwertes in Frage stellen, in der Summe der Bewertungsgegenstände den gesamten Unternehmenswert zu repräsentieren: Wenn es um Ansatzfragen geht, stellt sich für den Bewertenden nur die Frage, ob er einem Zahlungsvorgang in der Vergangenheit einen in der Zukunft fortwirkenden Einfluß auf die gesamte Unternehmenslage zugesteht oder nicht. Welchen Wert er hierfür ansetzen würde, ist dabei zunächst einmal unerheblich.[44]

Eine Rechnungslegung auf der Grundlage dieser Ansatzregel würde bedeuten: Bilanzierung ist die Beurteilung aller wirtschaftlichen Vorgänge der Vergangenheit — soweit sie sich auf der Geldvermögensebene niedergeschlagen haben — auf ihre Ausstrahlung in die Zukunft.

Es scheint gerade — wie schon oben betrachtet — dem ordnungspolitischen Willen des Gesetzgebers zu entsprechen, hier eine zusätzliche Hürde einzubauen, die den Ansatz von Zahlungen als Vermögensgegenstände einer objektiven Restriktion[45] unterwirft. Diese Restriktion besteht darin, daß die Fähigkeit der in Frage kommenden Positionen gefordert wird, selbständig Gegenstand des Rechtsverkehrs sein zu können. Diese schuldrechtliche Eigenschaft eines wirtschaftlichen Vorganges wird vom Gesetzgeber als Regelvermutung für die Nutzenausstrahlung dieses wirtschaftlichen Vorganges über die Zeit hinweg aufgestellt. Die Restriktion der rechtlichen Vergegenständlichung gilt dabei nach verbreiteter Meinung sowohl für Vermögensgegenstände als auch für Rechnungsabgrenzungsposten, deren Bedeutung streng auf die Bereinigung von Leistungsasymmetrien innerhalb einzelner Vertragsbeziehungen gesehen wird.[46]

Die Würdigung des fortwirkenden Wertgehaltes von Zahlungsvorgängen der Vergangenheit erfolgt also in zwei Stufen: Auf der ersten Stufe wird überprüft, ob ein wirtschaftlicher Vorgang überhaupt bewertungsrelevant ist. Auf der zweiten Stufe wird festgelegt, wie dieser Vorgang in den Gesamtwert eingeht. Die gedankliche Trennung von Ansatz und Bewertung, indem für die Ansatzfähig-

---

[44] Unerheblich ist auch, ob man sich dabei nach einer der beiden Fassungen der Differenzmethode orientiert oder dem *Shapley*verfahren, vgl. oben Abschnitt 2.4.3.3.1., S. 70 ff.

[45] *Moxter* spricht in diesem Zusammenhang von der „Objektivierungsrestriktion", vgl. etwa *Moxter,* Adolf (1983b): Wirtschaftliche Gewinnermittlung und Bilanzsteuerrecht, in: StuW 1983, S. 305 f.

[46] Vgl. m.w.V die Darstellung bei *Moxter,* Adolf (1985): Bilanzrechtsprechung, 2. Aufl. Tübingen 1985, S. 39 ff. Für diese — über den reinen Gesetzeswortlaut § 250 (1) HGB hinaus — enge Auslegung von Rechnungsabgrenzungsposten spricht insbesondere, daß der Gesetzgeber ausdrücklich nur noch die transitorischen Posten erlaubt, was mit einer solchen Sichtweise in Einklang steht, denn die antizipativen Posten wären dann nichts anderes als unmittelbar Vermögensgegenstände und Schulden.

keit Kriterien erfüllt sein müssen, die bei der Bewertung nicht ins Gewicht fallen, markiert eine unmittelbare Beschränkung des hier vorgestellten Konzeptes:

Wenn man den Begriff des Vermögensgegenstandes so eng faßt, daß damit nur Positionen gemeint sein können, die für sich genommen Gegenstand des Rechtsverkehrs sein können, so hat man damit eine Objektivierung erreicht, wenn man davon ausgeht, daß die Beurteilung des schuldrechtlichen Charakters dieser Gegenstände keinen allzu großen subjektiven Ermessensspielräumen unterworfen ist. Diese Objektivierung geht aber zu Lasten einer zutreffenden erfolgsrechnerischen Würdigung von Zahlungsvorgängen unter dem Aspekt der Erfolgsneutralität eingegangener Dispositionen.[47]

Akzeptiert man die Voraussetzung der Justiziabilität von Vermögensgegenständen und Rechnungsabgrenzungsposten als vom Gesetzgeber grundsätzlich gewollte Objektivierungsmaßnahme, so bleibt dennoch die Frage, ob vielleicht in Ausnahmefällen diese Objektivierungsrestriktion zugunsten einer großzügigeren Interpretation im Sinne des traditionellen Wirtschaftsgutbegriffes ausgeweitet werden kann. Eine periodengerechte Gewinnermittlung etwa bei den oben diskutierten Swapgeschäften wird durch eine solche Vorgehensweise erst ermöglicht. Zu fordern wäre allerdings, daß, wenn schon die schuldrechtliche Dogmatik als Objektivierungmaßstab für die an diese Zahlungen geknüpften Werterwartungen entfällt, andere Kriterien entwickelt werden müssen, die eine Objektivierung bei diesen Abgrenzungspositionen in gleicher Weise ermöglicht.

De lege lata wäre in Betracht zu ziehen, ob zumindest solche Zahlungen als Vermögensgegenstände aktiviert werden können,

— die aus einer eingegangenen Disposition herrühren. Die dispositive Einbindung dieser Zahlungsvorgänge muß auf einem hohen Niveau vergegenständlicht sein, etwa auf Grund eines unmittelbar nachvollziehbaren Refinanzierungszusammenhang zwischen den einzelnen beteiligten Rechtspositionen;

— die eine auf eine bestimmte Zeit nach dem Abschlußtag begrenzte Wirkung entfalten, damit Ermessensspielräume bei der Periodisierung ausgeschlossen sind;

— die sich auf eine von vornherein bestimmbare und abgegrenzbare Menge an Rechtspositionen beziehen, um so zu verhindern, daß Zahlungsvorgänge aktiviert werden, die dem originären Firmenwert zuzuordnen sind.

Wir betonen, daß es sich hierbei um einen Interpretationsansatz des Vermögensgegenstandsbegriffes handelt. Dieser Interpretationsvorschlag würde die Rechtsunsicherheit beseitigen, die darüber besteht, inwieweit der traditionelle Wirtschaftsgutbegriff noch eine Bedeutung für die Interpretation von Vermögensgegenständen besitzt und würde auch verschiedene Periodisierungs-

[47] Vgl. unsere Betrachtungen oben Abschnitt 2.4.1., S. 62 ff.

probleme[48] bei Liquiditätsverschiebungen innerhalb von Dispositionen sinnvoll lösen können.

4.2.3.2. Objektivierung und Bewertung

Ist die Ansatzhürde überwunden, so erfolgt die Bewertung zunächst anhand von Zahlungsvorgängen der Vergangenheit. Bei der Zurechnung von Zahlungsvorgängen auf einzelne Aktiva im Rahmen der erfolgsneutralen Behandlung eingeleiteter Dispositionen ist dabei auf die finale Zielrichtung dieser Zahlungsvorgänge abzustellen. Ein gleiches gilt, wenn es um die Zuordnung künftiger Zahlungsströme zu bestehenden Positionen im Rahmen der Vorwegnahme von Dispositionsverlusten geht.

Finalität als Bewußtseinskategorie muß allerdings erst durch ein irgendwie geartetes Objektivierungsverfahren auf eine intersubjektive Ebene gehoben werden, um in der externen Rechnungslegung zum Tragen zu kommen. In diesem Zusammenhang hatten wir insbesondere folgende, in der Praxis der Rechtsauslegung geläufige Objektivierungsmethoden kennengelernt:

— Prinzip der faktischen Dokumentation: Hier wird aus der Tatsache, daß ein Entscheidungsträger eine bestimmte Position eingeht, die nach ihrer rechtlichen Ausgestaltung eine hohe innere Stabilität aufweist, auf deren dispositive Einbindung geschlossen: Allein durch die Tatsache der Tätigung eines Geschäftes werden Ziele und Zwecke, die sich damit verbinden, offengelegt. Diese Vorgehensweise ist oft mit einer typisierenden Betrachtungsweise verbunden, die bestimmten rechtlichen Ausgestaltungsformen bestimmte Funktionsgebungen im Rahmen von Dispositionen entsprechend ihrer Üblichkeit im Geschäftsleben zuweist.
— Prinzip der formellen Dokumentation.
— Objektivierung anhand physisch nachvollziehbarer Kausalketten.
— Objektivierung anhand durch statistische Verfahren erhärteter Kausalketten.

Es ist offenkundig, daß hierdurch das Spannungsverhältnis zwischen Objektivierung und geschäftszweckgebundener Betrachtungsweise nicht abschließend gelöst wird: Beide Motive sind Grundsätze ordnungsmäßiger Buchführung und bedingen einander: Objektiviert werden kann immer nur etwas Subjektives — in unserem Falle sind es subjektive Erwartungen.[49] Eine Absolutsetzung des Objektivierungsmotivs[50] würde aber bedeuten, daß man Bewertungsverfahren

---

[48] Zum Begriff des „Periodisierungsbedürfnisses" als eigenständige Aktivierungsrestriktion vgl. etwa *Müller-Dahl,* Frank, P. (1981): Die Bilanzierung des Goodwill — betriebswirtschaftlich sowie handels- und steuerrechtlich unter Berücksichtigung des Vorentwurfs des Bilanzrichtlinie-Gesetzes, in: BB 1981, S. 274–284, insbes. S. 280.

in Kauf nehmen müßte, die in hohem Maße systematisch — oder auch unsystematisch — verzerren.

Wird Objektivierung nicht als oberster Sinn und Zweck[51] der Rechnungslegung verstanden, bleibt deshalb nichts anderes übrig, als diesen Grundsatz ordnungsmäßiger Buchführung als „Einhaltung eines bestimmten Objektivierungsniveaus" zu verstehen, das subjektive Ermessensspielräume beschränkt, aber nicht völlig unterbinden kann.[52]

4.3. Geschäftszweckgebundene Bewertungskonzeptionen und wirtschaftliche Betrachtungsweise des Bilanzrechts

Ein Begriff, der im Zusammenhang mit den diskutierten Problembereichen wieder und wieder gebraucht wird, ist die wirtschaftliche Betrachtungsweise des Bilanzrechtes:[53] Großzügige Interpretationen von Gesetzesnormen im Hinblick auf spezielle Bewertungsprobleme werden oft mit Blick auf die wirtschaftliche Betrachtungsweise des Bilanzrechtes gerechtfertigt.[54]

---

49 Ein Kontrastprogramm hierzu scheint folgende Einlassung darzustellen: „Die Einzelbewertung i.e.S. wird beherrscht vom Objektivierungserfordernis; man will subjektive Ermessensspielräume so weit wie möglich zurückdrängen. (...) Der Wert der Einzelobjekte wird ohne Rücksicht auf die aus der Objektgesamtheit erwarteten Reinerträge ermittelt. (...) Einzeln zu bewerten, heißt hier, gesamtwertunabhängig zu bewerten." *Moxter,* Adolf (1982): a.a.O., S. 98. Diese Stellungnahme läßt die Frage unbeantwortet, welche Wertvorstellung hier eigentlich Gegenstand einer Objektivierung sein soll - offenbar ja nicht die Erwartung künftiger Reinerträge, die ein Unternehmer an eine eingeleitete Disposition knüpft und durch die Anschaffung einzelner Objekte faktisch dokumentiert.

50 Eine solche Absolutsetzung des Objektivierungsmotives scheint *Moxter* zu befürworten, wenn er ausführt: „Wer die Objektivierung und den betriebswirtschaftlichen Gewinn in einer (einzigen) Rechnung haben will, ähnelt den Kindern, die Sonne und Sternenpracht zugleich bestaunen möchten, und wer für Kompromisse zwischen betriebswirtschaftlicher Aussagefähigkeit eintritt, der gleicht demjenigen, der eher die Dämmerung als Sonne oder Sternenpracht schätzt." *Moxter,* Adolf (1983a): Bedeutung und Methodik betriebswirtschaftlicher Gewinnermittlung, in BB: 1983, S. 134.

51 Vgl. *Moxter,* Adolf (1983b): a.a.O., S. 305 f.

52 Vgl. in einem ähnlichen Sinne auch *Ballwieser,* Wolfgang (1982): a.a.O., S. 772 ff.

53 An dieser Stelle wollen wir auf eine Darstellung der Entwicklung der wirtschaftlichen Betrachtungsweise in der deutschen Rechtsgeschichte verzichten. Es genügt, zu wissen, daß die wirtschaftliche Betrachtungsweise ursprünglich als ein Konzept der Rechtsanwendung im Steuerrecht entwickelt wurde und heute als allgemeiner Ansatz der Rechtsanwendung angesehen wird, soweit diese sich auf wirtschaftliche Lebensverhältnisse bezieht. Vgl. insbes. *Grimm,* Claus (1978): Das Steuerrecht im Spannungsfeld zwischen wirtschaftlicher Betrachtungsweise und Zivilrecht, in: DStZ 1978, S. 283–290 sowie *Beisse*, Heinrich (1983): Die wirtschaftliche Betrachtungsweise bei der Auslegung der Steuergesetze in der neueren deutschen Rechtsprechung, in: StuW 1981, S. 1 - 14.

4.3.1. Stellung der wirtschaftlichen Betrachtungsweise innerhalb des Bilanzrechtssystems

Untrennbar mit der Frage verbunden, was wirtschaftliche Betrachtungsweise überhaupt inhaltlich bedeutet, ist die Frage, welchen Stellenwert die wirtschaftliche Betrachtungsweise innerhalb der Bilanzrechtssystematik einnimmt.

Nach heute verbreiteter Meinung stellt die wirtschaftliche Betrachtungsweise keine selbständige Rechtsquelle dar, sondern beinhaltet lediglich ein an den wirtschaftswissenschaftlichen Erkenntnissen geschultes Problemverständnis bei der Auslegung bestehender Rechtsnormen.[55] *Groh* meint hierzu: „(E)s gibt keine besondere Rechtsanwendungsmethode, genannt wirtschaftliche Betrachtungsweise. Auch für ökonomische Begriffe gilt der Auslegungskanon von Gesetzeswortlaut, Gesetzessystematik, Gesetzeszweck und Gesetzeshistorie. Wirtschaftliche Erkenntnisse sind wichtig und häufig unverzichtbar; wie weit sie anwendbar sind, entscheidet aber der Jurist nach seinen Auslegungsanweisungen. (...) Wenn die wirtschaftliche Betrachtungsweise etwas bedeuten soll, muß sie sich in diesen Kanon einfügen."[56]

Als Auslegungshilfe gewinnt die wirtschaftliche Betrachtungsweise demnach an Bedeutung,

— wenn es um die rechtliche Qualifizierung von wirtschaftlichen Lebensverhältnissen geht, d.h. wenn sich etwa die Frage stellt, welchem rechtlichen Typus eine Vertragsbeziehung angehört, bei der die Verteilung von Chancen und Risiken nicht eindeutig auf eine bestimmte, gesetzlich vorgegebene Form gemünzt ist;

— wenn es um die semantische Auslegung von Rechtsbegriffen geht, die unmittelbar der Wirtschaftssprache entnommen sind ;

— wenn es um die teleologische Auslegung von unbestimmten Rechtsbegriffen geht;[57]

---

[54] Eine geschichtliche Darstellung des Einflusses der Betriebswirtschaftslehre auf die steuer- und handelsrechtlichen Gewinnermittlung bietet *Loitlsberger,* Erich (1964): a.a.O., S. 154–171.

[55] Nach *Mestmäcker* geht es hierbei um „(...) eine parallele Anwendung der Erkenntnismethoden beider Wissenschaften zur Lösung einheitlicher Sachfragen." Schriften des Vereins für Socialpolitik NF 33 1966, S. 8 ff., zustimmend *Jahr,* Günter (1966): Funktionsanalyse von Rechtsfiguren als Grundlage einer Begegnung von Rechtswissenschaft und Wirtschaftswissenschaft, in: ZfB 1966, S. 757–768. Wird die wirtschaftliche Betrachtungsweise zur Lösung von Rechtsproblemen *de lege lata* angewandt, so scheint diese starke Akzentuierung nicht mehr der heute herrschenden Meinung zu entsprechen.

[56] *Groh,* Manfred (1989): Die wirtschaftliche Betätigung im rechtlichen Sinne, in: StuW 1989, S. 229 f.

[57] Vgl. die Definition bei *Tipke,* Klaus (1986): Auslegung unbestimmter Rechtsbegriffe, in: HURB, S.1–11.

— wenn es um die teleologische Auslegung des Verhältnisses von einzelnen Normen zueinander geht.[58]

Das rechtswissenschaftliche Schrifttum betont dabei den „(...) Vorrang der juristischen Auslegung":[59]

„Die juristische Methodenlehre sagt, daß jeder Begriff, gleichgültig, woher er kommt, zu einem juristischen Begriff wird, sobald er in eine Rechtsnorm aufgenommen ist. (...) Die herrschende — in diesem Punkt sogar unbestrittene Methodenlehre sagt mit Recht, daß jeder außerjuristische Begriff, der in einer Norm auftaucht, nach dem Zweck dieser Norm umgestaltet sein kann und daß er ausschließlich nach juristischer, also teleologischer Methode zu interpretieren ist. Methoden und Erkenntnisse einer fremden Wissenschaft wendet der Jurist nicht an. Dieser Gedanke ist aber dahin fortzuführen, daß sehr wohl die juristische Auslegung zu dem Schluß führen kann, im konkreten Fall müsse ganz oder teilweise das Ergebnis einer konkreten Wissenschaft übernommen werden."[60]

Im Rahmen der teleologischen Interpretation von Bilanzrechtsnormen hat die wirtschaftliche Betrachtungsweise vorallem die Aufgabe, den wirklichen Normzweck von Bilanzierungsvorschriften aufzudecken.[61] Sie steht damit im Gegensatz zur formalrechtlichen Betrachtungsweise, die den Normzweck „(...) verfehlt, weil sie sich an Rechtstrukturen orientiert, die den wirklichen Normzweck verdecken."[62]

Weil die wirtschaftliche Betrachtungsweise keine eigene Rechtsquelle ist, kann sie auch kein eigenständiges Fundament für geschäftszweckgebundene Bewertungskonzeptionen sein. Denn kodifizierte Einzelregelungen können nicht mit Hinweis auf die wirtschaftliche Betrachtungsweise beiseite geschoben werden. Deshalb herrscht im Schrifttum auch die Tendenz vor, die wirtschaftliche Betrachtungsweise zunächst einmal lediglich auf die Analyse von wirtschaftlichem Nutzen und wirtschaftlichen Lasten, von Chancen und Risiken aus einer einzelnen Vertragsbeziehung zu beziehen, wobei das Einzelbewertungsprinzip als ausdrücklich kodifizierte Norm des Bilanzrechts die wirtschaftliche Betrachtungsweise offenbar auf den Bereich einer einzelnen Rechtsbeziehung beschränkt.[63]

---

[58] Vgl. *Groh*, Manfred (1989): a.a.O., S.228 f.

[59] Vgl. *Rinck, G*erd: Wirtschaftswissenschaftliche Begriffe in Rechtsnormen, in: Recht im Wandel, Festschrift 150 Jahre Carl Heymanns Verlag KG Köln – Berlin – Bonn – München, S. 367.

[60] Ebd. S. 367, 368.

[61] Vgl. *Moxter*, Adolf (1989): Zur wirtschaftlichen Betrachtungsweise im Bilanzrecht, in: StuW 1989, S. 232 f.

[62] *Moxter*, Adolf (1989): a.a.O., S. 237.

[63] Eine solche Sichtweise liegt auf der Linie des von vielen rechtswissenschaftlichen Autoren geforderten „Primat des Zivilrechts" bei der Würdigung von Lebensverhältnissen, vgl. m.w.V. *Grimm*, Claus (1978): a.a.O., S. 285 f.

So interpretiert, wäre es das Ziel der wirtschaftlichen Betrachtungsweise, zu gewährleisten, daß die tatsächliche Verteilung von finanziellen Chancen und Risiken zwischen den beiden Vertragsparteien in den verschiedenen möglichen Umweltzuständen unabhängig von der formalen rechtlichen Ausgestaltung der Einzelrechtsposition angemessen widergespiegelt wird. Einer eigenständigen Bedeutung geschäftszweckgebundener Bewertungskonzeptionen ließe eine solche Sichtweise nur bedingt Raum, da sich geschäftszweckgebunde Bewertungskonzeptionen ja nicht unmittelbar auf das innerhalb einer Vertragsbeziehung von beiden Seiten übereinstimmend Gemeinte beziehen. Geschäftszweckgebundene Bewertungskonzeptionen haben vielmehr die rein subjektive Bedeutung zum Gegenstand, die einer Verfügungsrechtsposition innerhalb eines dispositiven Entscheidungsfeldes nach dem Willen des Unternehmers zukommt. Allein der Verweis auf die wirtschaftliche Betrachtungsweise kann deshalb nicht genügen, um einen Blick über den Tellerrand der einzelnen Vertragsbeziehung zu rechtfertigen.

Als Einfallstor geschäftszweckgebundener Bewertungskonzeptionen in den geltenden Bilanzrechtskodex hatten wir jedoch das Going-concern-Prinzip § 252 (1) Nr. 2 HGB angesehen. Wirtschaftliche Betrachtungsweise bedeutet in diesem Zusammenhang, dieses Bewertungsprinzip im Sinne einer teleologischen Interpretation gegen andere abzuwägen.

4.3.2. Formal-rechtliche versus wirtschaftliche Betrachtungsweise: Risikozuordnung schlägt Rechtstyp?

Als allgemeine Anforderung an eine teleologisch sinnvolle und empirisch gehaltvolle wirtschaftliche Betrachtungsweise könnte man nun den Satz aufstellen:[64] Einzelne Geschäftsvorfälle im Rahmen einer Disposition, die für den Bilanzierenden identische finanzielle Chancen und Risiken bezogen auf alle möglichen Umweltzustände beinhalten, aber jeweils eine unterschiedliche rechtliche Ausgestaltungsform haben, sind in der Rechnungslegung jeweils gleich zu behandeln.

Als konkrete Beispiele ließen sich anführen:

— Die Bilanzierung der Anschaffungskosten einer Unternehmensakquisition soll unabhängig davon erfolgen, ob das zu hundert Prozent übernommene Unternehmen seine rechtliche Selbständigkeit behält oder nicht, solange man davon ausgeht, daß dies für die tatsächlichen Eingriffsmöglichkeiten und finanziellen Risiken des übernehmenden Unternehmens unerheblich ist.

---

[64] Das Schwergewicht dieses Anwendungsvorschlages liegt auf der Sachverhaltssubsumption. Zur Interdependenz zwischen Sachverhaltssubsumption und Normauslegung vgl. *Grimm*, Claus (1978): a.a.O., S.289 f.

— Ein Aktienindexfuture soll genauso bilanziert werden, wie ein Portfolio von einzelnen Futurekontrakten, das in Umfang und Bestandteilen mit dem Aktienindex identisch ist.

— Leasinggeschäfte sollen sich in der Bilanz wie Abzahlungsgeschäfte niederschlagen, wenn ihre Vertragsbedingungen die gleiche Risikosituation zum Ergebnis haben, wie das Abzahlungsgeschäft.[65]

— Ein Devisenkassakauf, verbunden mit einer Anlage der Fremdwährung und einem spiegelbildlichen Devisentermingeschäft soll in seiner Bilanzwirkung nicht unterschiedlich sein von einer Anlage in heimischer Währung.

— Mietereinbauten, an denen dem Vermieter das rechtliche und wirtschaftliche Eigentum zukommt, sollen genauso behandelt werden, wie Baukostenzuschüsse, die der Mieter dem Vermieter gewährt, wenn dieser den Einbau selber vornimmt.[66]

Die Zusammenstellung des aufgeführten Beispielkataloges weist schon auf die Zwiespältigkeit der obigen Forderung hin: Einzelne der genannten Punkte lassen sich durch eine wirtschaftlich geprägte Interpretation von Begriffen in Bilanzrechtsnormen — etwa dem Eigentum — einfach klären,[67] andere stehen im unmittelbaren Gegensatz zu bestehenden Vorschriften,[68] wieder andere versinnbildlichen einen Konflikt zwischen mehreren gültigen Vorschriften.[69]

Weil wirtschaftliche Betrachtungsweise immer nur Auslegungshilfe bei der Anwendung des bestehenden Normenkodex sein kann, kann es keine Dominanz der wirtschaftlichen Betrachtungsweise über Einzelregelungen geben. Für die Interpretation von wirtschaftlich geprägten Gesetzesbegriffen sowie bei Konflikten zwischen Einzelnormen scheint jedoch die Kurzformel „Risikozuordnung schlägt Rechtstyp" ein sinnvoller Ansatzpunkt zu sein. Sie erscheint teleologisch fundiert, weil die finanzielle Risikostruktur von Verfügungsrechtspositionen — und nicht deren rechtliche Einkleidung — im Vordergrund der Informations- und Ausschüttungsbemessungsinteressen der Bilanzadressaten steht.

Mit anderen Worten: Im Regelfalle dürften Bilanzadressaten weniger daran interessiert sein, wer mit einem Vermögensgegenstand spielen darf. Bedeutsam ist aber, wem die finanziellen Chancen und Risiken, die aus diesem Vermögensgegenstand in den verschiedenen denkbaren Umweltsituationen herrühren, letzlich zukommen.

---

[65] Beispiel geht zurück auf *Clemm*, Hermann (1980): Grenzen der zivilrechtlichen Betrachtungsweise für das Bilanzrecht — Kritische Würdigung der neueren BFH-Rechsprechung, in: StbJb 1979/1980, S. 180.

[66] Ebd., S. 182 f.

[67] Mietereinbauten

[68] Aktienindexfuture

[69] Leasinggeschäft

Bemerkenswert ist, daß eine so definierte wirtschaftliche Betrachtungsweise zwei entgegengesetzte Wirkungen für das Problem der Objektivierung von Wertansätzen zeitigt:

— Zum einen werden Manipulationsspielräume bei der bilanzpolitischen Sachverhaltsgestaltung beschränkt.[70]

— Zum anderen treten im Rahmen der Risikoanalyse wiederum Zurechnungs- und Wertungsprobleme auf, die eine objektivierte Darstellung erschweren.

Wenn man das going-concern-Prinzip als eigenständige Rechtsquelle ansieht, deren wesentliche Auswirkung in einem Eigengewicht der verschiedenen Geschäftszwecke für die Bilanzbewertung besteht, so kann eine wirtschaftliche Betrachtungsweise nur eine Gewichtsverschiebung zugunsten dieses Prinzips bei Konflikten mit anderen Rechtsgrundsätzen zur Folge haben. Absolute Grenzziehungen sind damit jedoch nicht möglich; die wirtschaftliche Betrachtungsweise bleibt immer nur eine Faustregel und eine Argumentationsstütze.

„Um das Bilanzrecht zu entfalten, wird man seine kodifizierten und nichtkodifizierten, aber durch Auslegung ermittelten Prinzipien isolieren und miteinander in Zusammenhang stellen müssen. Im Einzelfall wird sich oft die Frage stellen, wie diese Prinzipien auf Einzelvorschriften des Bilanzrechtes einwirken, ob sie ihnen vorgehen, oder ihnen einen besonderen Inhalt verleihen. Neigt man zur Verwirklichung materieller Gewinnermittlungsprinzipien unter Hintansetzung rechtsförmlicher Prinzipien und Einzelvorschriften, so kann man dies als wirtschaftliche Betrachtungsweise innerhalb des geltenden Bilanzrechtes bezeichnen; ein Ausbruch in rechtsfremde Überlegungen ist damit nicht gemeint.“[71]

---

[70] Vgl. hierzu etwa die Hinweise von *Clemm*, Hermann (1980): a.a.O., S. 189 f.

[71] *Groh*, Manfred (1989): a.a.O., S. 231.

5. Geschäftszweckgebundene Bewertungskonzeptionen und Informationsfunktion des Jahresabschlusses

Bisher wurde in dieser Abhandlung der Gewinnbegriff der externen Rechnungslegung immer nur unter dem Blickwinkel der Ausschüttungsbemessungsgrundlage für Eigenkapitalgeber bei Einhaltung eines bestimmten Gläubigerschutzniveaus betrachtet. Wir wollen nun noch auf die andere gewichtige Seite des Gewinnbegriffs eingehen: die Informationsfunktion.

5.1. Informationsfunktion und Interessentengruppen[1]

Wenn man von den Informationsinteressen solcher Gruppen, wie der Öffentlichkeit und der Arbeitnehmer absieht[2], ist der Informationsgehalt der externen Rechnungslegung vor allem für die gesamtwirtschaftliche Lenkung von Kapitalströmen von Bedeutung.[3] Die externe Rechnungslegung soll dabei die Suche nach dem effizienten Einsatzort von Eigen- und Fremdkapital nach Möglichkeit unterstützen.

Nun ist die Eignung von Jahresabschlußdaten als Informationsgrundlage für Anlageentscheidungen durch theoretische Untersuchungen in Verbindung mit empirischen Studien sehr in Frage gestellt worden.[4] Die Gründe hierfür liegen einerseits in der informationsökonomischen Erkenntnis, daß bei der Veröffentlichung von Jahresabschlußdaten die daraus entstehenden hypothetischen Gewinnchancen schon durch Insider, die näher an der Informationsquelle sitzen,

---

[1] Das Informationsinteresse wird von *Volk* systematisch aus dem Blickwinkel von koalitionsbildenden und koalitionsexternen Gruppen analysiert, vgl. *Volk,* Gerrit (1987): Informationsinteresse und Jahresabschlußadressaten, in: BB 1987, S. 723–728.

[2] Für eine Analyse der Interessenlage dieser Gruppen vgl. etwa *Clemm,* Hermann (1989): Bilanzpolitik und Ehrlichkeits-(„true and fair view"-)Gebot, in: WPg 1989, S. 358 f.

[3] Zur Abwägung der Interessen der einzelnen beteiligten Gruppen vgl. *Wilsdorf,* Fred (1988): Rechnungslegungszwecke der Handelsbilanz und Steuerbilanz nach Inkrafttreten des Bilanzrichtliniengesetzes, Frankfurt a. M., Bern, New York, Paris 1988, S. 109 ff.

[4] Zu diesem Problemkreis vgl. insbes. *Schneider,* Dieter (1978): Erfolgsermittlung als Rechnungsziel — ein empirischer und wissenschaftsgeschichtlicher Test, in: Zfbf 1978, S. 326–346 für das deutschsprachige Schrifttum mit weiteren Verweisen auf die amerikanische Originalquellen, bzw. auch *Schmidt,* Reinhard (1982): Rechnungslegung als Informationsproduktion auf nahezu effizienten Kapitalmärkten, in: ZfbF 1982, S. 728 ff., *Schneider,* Dieter (1989): Erste Schritte zu einer Theorie der Bilanzanalyse, in: WPg 1989, S. 633–642.

ausgeschöpft worden sind.[5] Andererseits wird die grundsätzliche Eignung von Jahresabschlußdaten bestritten, Indikator der Unternehmensentwicklung in der Zukunft zu sein:

„An der Börse werden Hoffnungen (Ausschüttungserwartungen) gehandelt; das kann nicht anders sein und wird von den Beteiligten im allgemeinen auch so gesehen. Bei der gesetzlichen Gewinnermittlung eines Unternehmens ist man auf Handfesteres angewiesen: Es muß ‚objektiviert' werden in dem Sinne, daß der Ermessensssspielraum des Rechnunglegenden begrenzt wird. (...) Aber nicht als selbstverständlich gilt merkwürdigerweise weithin, daß man bei der bilanzrechtlichen Gewinnermittlung nicht beides haben kann: einerseits die Objektivierung (insbesondere durch Vergangenheitsbindung und durch Vernachlässigung der wenig ‚greifbaren' Geschäftswertkomponenten) und andererseits die wirtschaftlich ‚interessante' Aussage über Ausschüttungserwartungen."[6]

Moxter diskutiert hier den Informationsbedarf aus der Sicht der Eigenkapitalgeber. Die Bilanz als Indikator der wirtschaftlichen Entwicklung — und nicht als irgendwie verstandene Beleihungsrechnung — ist allerdings auch und gerade Grundlage der Kreditvergabe. Es ist nicht ersichtlich, daß beide Kapitalgebergruppen unvereinbare Informationsinteressen haben, wenn es um die Indikation der wirtschaftlichen Entwicklung durch die einwertige(!) Kennzahl „Bilanzgewinn" geht.[7]

Wenn es nun um die Darstellung der zukünftigen Entwicklung einer Unternehmung ginge, wäre der Dispositionserfolg das ideale Konzept für eine informationsorientierte Rechnungslegung. Diese Dispositionsgewinnerwartung kann aber nicht — wie *Moxter* ausführt — in geeigneter Weise objektiviert werden. Es ist allerdings nicht unmittelbar einsichtig, warum das ordnungspoliti-

---

[5] Einen Überblick über empirische Studien und deren Ergebnisse bietet *Lev*, Baruch: On the Usefullness of Earnings and Earnings Research: Lessons and Directions from Two Decades of Empircal Research, Journal of Accounting Research 1989, Supplement, S. 153–192, mit zahlreichen weiteren Verweisen.

[6] *Moxter*, Adolf (1982a): Gefahren des neuen Bilanzrechts, in: BB 1982, S. 1031. Die These von der Unvereinbarkeit von Handfestem und Informativen wird im angelsächsischen Schrifttum nicht geteilt, vgl. etwa *Beaver*, William H. und Joel S. *Demski* (1974): The Nature of Financial Accounting Objectives: A Summary and Synthesis, Journal of Accounting Research 1974 Supplement, S. 170 - 184. Nach angelsächsischer Lesart ist der Sinn und Zweck der klassischen Rechnungslegungsinstrumente vor allem in der Informationsfunktion zu sehen. Die Ausgestaltung von Rechnungslegungsnormen in ihren relevanten Dimensionen — etwa Willkürfreiheit oder Erwartungstreue — wird als ein gesellschaftlicher Entscheidungsprozeß mit den Mitteln der modernen Wohlfahrts-, bzw. Social-Choice-Theorie auf positiver bzw. normativer Basis analysiert. Vgl. beispielsweise mit zahlreichen weiteren Verweisen *Dobbs*, Ian und Kevin *Keasey* (1990): A Modell of Information System Choice, in: Accounting and Business Research 1990, S. 97–110. Zu einer wertenden Analyse dieser Ansätze vgl. den Überblick bei *Ballwieser*, Wolfgang (1982): a.a.O., S. 772 ff.

[7] Gleicher Ansicht *Leffson*, Ulrich (1987): a.a.O., S. 60 f.: „(Es) besteht im Grunde keine Antinomie zwischen dem Informationsziel und dem Ziel der Erfolgsermittlung."

sche Ziel „Informationsvermittlung zwecks Lenkung des Kapitaleinsatzes" ein geringeres Niveau der Abbildungsobjektivierung erforden oder erlauben würde als das ordnungspolitische Ziel „Ermittlung der Ausschüttungsbemessungsgrundlage".[8] Warum sollte der Kapitalanleger, der sein gutes Geld investieren möchte, an weniger Handfestem interessiert sein als der Gläubiger, der seine Ansprüche durch Ausschüttungssperre geschützt sehen will oder der Staat, der die Bemessungsgrundlage seiner Steuereinnahmen wissen will?

Gerade weil an die ermittelte Gewinnkennziffer harte, materiell — rechtliche Konsequenzen geknüpft sind, gewinnt sie ihre eigenständige Bedeutung als Informationsgrundlage für den Kapitalanleger — ungeachtet der Tatsache, daß er in der Regel auch auf andere Informationsquellen zurückgreifen wird, um seine Entscheidung zu fundieren.[9] Der Kapitalgeber wird dabei ferner in Betracht ziehen, daß der Jahresüberschuß als die Menge Geldes, die man aus der Geschäftstätigkeit des vergangenen Jahres an die Anteilseigner ausschütten darf, ohne die Gläubigeransprüche akut zu gefährden, nicht unbedingt ein erwartungstreuer Schätzer für den Ertragswertzuwachs der laufenden Periode ist.[10] Trotzdem wird er dieser Ziffer bei der Beurteilung der Entwicklung einer Unternehmung in der Zeit wohlmöglich mehr Bedeutung beimessen, als irgendwelchen prospektiven Rechnungen, an deren Erstellung keine materiell — rechtlichen Konsequenzen geknüpft sind.[11]

Die Einwendungen gegen den Informationswert von Bilanzdaten sowie der aus ihnen abgeleiteten Kennziffern sind bekannt.[12] Ohne darauf näher einzugehen, wollen wir auf die enorme praktische Bedeutung hinweisen, die solchem Datenmaterial bei der Lenkung von Eigen- und Fremdkapitalströmen auf einzelwirtschaftlicher Ebene gleichwohl zukommt[13]. Es fällt schwer, hier an eine kollektive, zeit- und raumübergreifende Blindheit der Wirtschaftssubjekte zu glauben: Wäre die herkömmliche Bilanz für eine solche Lenkungsfunktion derart ungeeignet, so gäbe es wohl schon längst ein Instrument, das die Bilanz in ihrer Informationsfunktion verdrängt hätte.[14]

---

[8] Vgl. hierzu auch den Überblick bei *Ballwieser,* Wolfgang (1982): a.a.O., S. 772 ff.

[9] Im Gegensatz hierzu wird die Unvereinbarkeit von Ausschüttungsbemessungs- und Informationsfunktion auch von Dieter *Schneider* vorgebracht, vgl. *Schneider,* Dieter (1980): Bilanzrechtsprechung und wirtschaftliche Betrachtungsweise, in: StuW 1980, S. 1225–1232, inbes. S. 231 f.

[10] *Leffson* scheint im Gegensatz hierzu davon auszugehen, daß der Jahresüberschuß grundsätzlich als erwartungstreuer Indikator des ökonomischen Gewinnes gedacht werden kann; vgl. *Leffson,* Ulrich (1987): a.a.O., S. 70.

[11] Vgl. hierzu wie zum Folgenden *Leffson,* Ulrich (1987), a.a.O., S. 67 ff., insbes. S. 69.

[12] Vgl. etwa m. w. V. die Ausführungen von *Schneider,* Dieter (1989): a.a.O., S. 633–642.

[13] Zu den Ansprüchen und Erwartungen des Praktikers an die Handelsbilanz vgl. etwa die Verbesserungsvorschläge von *Zimmerer,* Carl (1989): Die von der Unternehmensbewertung abgeleitete Bilanz, in: DBW 1989, S. 796–799.

Wenn also die Indikatoreignung desjenigen Betrages, der aus der laufenden Geschäftstätigkeit eines Jahres an die Anteilseigner ausgeschüttet werden kann, ohne die Gläubigeransprüche akut zu gefährden, als gegeben hingenommen wird, so ist die einzige Folgerung, die man hieraus *de lege lata* sowie *de lege ferenda* ziehen kann, diese: Wie können legale Regelungen besser ausgestaltet, besser ausgelegt werden, um den hohen Erwartungen der Marktteilnehmer an den Informationsgehalt von Bilanzzahlen zu entsprechen? Und dies alles im Rahmen unseres vorgegebenen Konzeptes, das den Gewinn als Summe von Realisationserfolgen und Dispositionsverlusten kennzeichnete.

5.2. Geschäftszweckgebundene Bewertungskonzeptionen und das Postulat der Darstellung einer den tatsächlichen Verhältnissen entsprechenden Vermögens-, Finanz- und Ertragslage

Der Informationszweck der Handelsbilanz gilt allgemein als einer der obersten Grundsätze ordnungsmäßiger Buchführung.[15] Besondere Tragweite erhält die Informationsfunktion durch ihre ausdrückliche Kodifizierung für die Rechnungslegung von Kapitalgesellschaften in § 264 (2) HGB:

„Der Jahresabschluß der Kapitalgesellschaft hat unter Beachtung der Grundsätze ordnungsmäßiger Buchführung ein den tatsächlichen Verhältnissen entsprechendes Bild der Vermögens, Finanz- und Ertragslage zu vermitteln. Führen besondere Umstände dazu, daß der Jahresabschluß ein den tatsächlichen Verhältnissen entsprechendes Bild im Sinne des Satzes 1 nicht vermittelt, so sind im Anhang zusätzliche Angaben zu machen."

5.2.1. Warum eine besondere Generalklausel für Kapitalgesellschaften?

Für eine sinnvolle Auslegung dieser Regelung ist es zunächst einmal angebracht, die Frage zu stellen, warum für Kapitalgesellschaften grundsätzlich höhere Anforderungen gelten sollen, als für Personengesellschaften. Es lassen sich folgende Gesichtspunkte anführen:

— Anteile an Kapitalgesellschaften werden frei und zum Teil auf organisierten Märkten gehandelt. Das ordnungspolitische Leitbild der Markteffizienz ist aber nur erreichbar, wenn eine möglichst gute Qualitätsbeurteilung der gehandelten Ware möglich ist . Die informationsökonomisch sowie empirisch

---

[14] Im gleichen Sinne *Leffson*, Ulrich (1987): a.a.O., S. 69 f.

[15] *Baetge* (1986) subsummiert ihn unter den Obergrundsatz der Rechenschaft, vgl. a.a.O., S.8 , ebenso *Leffson*, Ulrich (1987) S. 67.

abgestützte Erkenntnis, daß bei je größerer Vollkommenheit des Kapitalmarktes die Rechnungslegungspublizität umso weniger ins Gewicht fällt,[16] steht dem nicht entgegen, weil die externe Rechnungslegung ja nur Werkzeug ist, um aus einem Zustand der Marktunvollkommenheit heraus sich der Informationseffizienz anzunähern: Auf dem Gipfel angekommen, braucht der Bergsteiger auch kein Steigeisen mehr; er wird daraus aber nicht die Folgerung ableiten, sein Steigeisen sei ein ungeeignetes Werkzeug zum Bergsteigen.[17]

— Gläubigeransprüche gegenüber Kapitalgesellschaften sind in der Regel alleine aus den künftigen Rückflüssen ihrer Geschäftstätigkeit bzw. aus ihrem Zerschlagungsvermögen zu decken. Bei der Kreditvergabeentscheidung wird deshalb unmittelbar und einzig auf die wirtschaftlichen Verhältnisse des Gläubigerunternehmens abgestellt, während dies für Personengesellschaften wegen der persönlichen Haftung der Gesellschafter in dieser absoluten Form nicht gilt. Der externen Rechnungslegung kommt deshalb eine kaum zu überschätzende Schlüsselfunktion bei der Kreditvergabeentscheidung sowie der Kreditüberwachung zu.

— Bei Kapitalgesellschaften besteht für die Anteilseigner in der Regel nicht die Möglichkeit, die Geschäftsführung unmittelbar zu beeinflussen. Zwar sind die Geschäftsführer von der Anteilseignerseite delegiert, sie handeln aber — vorallem bei der Aktiengesellschaft — unabhängig von den Weisungen der Anteilseigner. Deshalb besteht die latente Gefahr, daß bei solchen Rechtsformen die Verwaltung sich faktisch verselbständigt. Diese Principal-Agent-Problematik läßt sich nur in den Griff bekommen, wenn die Anteilseigner selber — und nicht nur ihre Vertreter, die oft auf irgendeine Weise mit der Geschäftsführung verflochten sind — auf hohem Niveau über die wirtschaftliche Lage ihrer Gesellschaft informiert sind. Insbesondere ist zu verhindern, daß stille Reserven gelegt werden, die auch wieder still liquidiert werden können.[18]

Nachdem die Interessenlage der aktuell und potentiell Beteiligten abgesteckt ist, wollen wir uns nun mit der möglichen Bedeutung der Darstellung eines den

---

[16] Vgl. hierzu die Ergebnisse bei *Lev*, Baruch (1989): On the Usefullness of Earnings and Earnings Research: Lessons and Directions from Two Decades of Empircal Research, Journal of Accounting Research 1989, Supplement, S. 153–192, die eine eigenständige Bedeutung von publizierten Rechnungslegungsdaten doch sehr in Frage stellen.

[17] Gerade diesem Irrtum allerdings erliegt etwa *Fischer Black*, wenn er die Informationsqualität von Rechnungslegungsnormen daran ermißt, wie genau der Erfolg der Rechnungslegung die Aktienkursentwicklung nachzeichnet. „Accordingly, the ideal set of accounting rules is one that makes the price-earnings-ratio as constant as possible. The main thing lacking in present accounting is the recognition that this had been the goal all along.“ *Black, Fischer* (1980): The Magic of Earnings: Economic Earnings versus Accounting Earnings, in: Financial Analysts Journal, November/December 1980, S. 19–24, hier S. 19.

tatsächlichen Verhältnissen entsprechenden Bildes der Vermögens-, Ertrags- und Finanzlage beschäftigen.

5.2.2. Inhaltliche Auslegung

Bei dieser Formulierung handelt es sich bekanntlich um die wörtliche Umsetzung von Art. 2 Abs. 3 der 4. EG-Richtlinie. Die englische Fassung hierzu lautet: „The annual accounts shall give a true and fair view of the company's assets, liabilities, financial position and profit or loss."[19] Jede Interpretation der Generalnorm muß sich daher mit dem Begriff des *true and fair view* auseinandersetzen.[20] In der angelsächsischen Gesellschaftsrechtstradition nimmt der *true and fair view* eine zentrale Stellung ein, weil es traditionellerweise keine kodifizierten Einzelbewertungsnormen gab. Über die überragende Bedeutung des *true and fair view* als *„overriding principle"* ist man sich einig. Eine aussagekräftige Interpretation des *true and fair view*, die einhellig akzeptiert wäre und über die reine Induktion,[21] Kasuistik oder Anekdotik[22] hinausginge, scheint jedoch nicht zu existieren.

Das deutsche Schrifttum tut sich dementsprechend schwer mit diesem Begriff. Oft wird er als systematischer Fremdkörper innerhalb des deutschen Bewertungskanon angesehen. Aufgrund des entwickelten Systems von Bewertungsnormen und Grundsätzen ordnungsmäßiger Buchführung sei die Verpflanzung eines solchen Begriffes aus der angelsächsischen in die deutsche

[18] Zur Diskussion der Sinnhaftigkeit stiller Reserven unter dem Gesichtspunkt der Informationsfunktion des Jahresabschlusses vgl. etwa *Leffson* Ulrich (1987): a.a.O., S. 84 ff, eine Betrachtung vor dem Hintergrund des geltenden Rechts bietet *Müller-Wiegand,* Matthias (1988): Möglichkeiten und Grenzen der Bildung stiller Reserven der Kapitalgesellschaft nach neuem Bilanzrecht, in: BB 1988, S. 1921–1927.

[19] Vgl. hierzu *Beisse,* Heinrich (1988): Die Generalnorm des neuen Bilanzrechts, in: Knobbe-Keuk, Brigitte et al.(Hrsg.): Handelsrecht und Steuerrecht, Festschrift für Dr. Dr. hc. Georg *Döllerer*, Düsseldorf 1988, S. 25 f.

[20] Zur Unterscheidung des *true and fair view* vom Begriff der Bilanzwahrheit vgl. *Leffson* Ulrich (1987): a.a.O., S. 196 ff.

[21] True and fair bedeutet „(...) in Übereinstimmung mit den Grundsätzen ordnungsmäßiger Bilanzierung", vgl. *Niehus,* R. J. (1979): True and fair view" — in Zukunft auch ein Bestandteil der deutschen Rechnungslegung?, in: DB 1979, S.221–225 bzw. *Ludewig,* Rainer (1987): Die Einflüsse des „true and fair view" auf die zukünftige Rechnungslegung, in: AG 1987, S. 13: „Daraus ergibt sich, daß der Begriff des true and fair view (...) inhaltlich die Zusammenfassung der Grundsätze ordnungsmäßiger Rechnungslegung darstellt."

[22] An dieser Stelle soll darauf verzichtet werden, ein weiteres Mal die Fabel vom trunkenen Steuermann und vom nüchternen Kapitän zu wiederholen. Für den, der sie noch nicht kennt, vgl. etwa *Schildbach,* Thomas und Günther *Scheidle* (1979): Die Auswirkungen der Generalklausel des Artikel 2 der 4. EG-Richtlinie auf die Rechnungslegung der Aktiengesellschaften, in: WPg 1979, S. 280 mit kritischer Würdigung.

Rechtstradition von vornherein ein Mißgriff gewesen. Es überrascht trotzdem, gerade aus der Feder von rechtswissenschaftlichen Autoren die Forderung zu lesen, den *true and fair view* für den Bilanzbereich einfach zu ignorieren[23]. Man macht es sich damit doch wohl etwas zu leicht: Nur weil eine Gesetzesnorm etwas sperrig wirkt, kann man nicht so tun, als sei sie überhaupt nicht vorhanden, zumal die Erfordernis eines gehobenen Anspruchniveaus der Rechnungslegung von Kapitalgesellschaften ordnungspolitisch durchaus fundiert erscheint.

5.2.2.1. „(E)in den tatsächlichen Verhältnissen entsprechendes Bild (...)“: Wie soll bewertet werden?

Wir wollen uns zunächst um eine semantische Auslegung der Begriffe *true* und *fair* bemühen. Die beiden Teile des Begriffpaares müssen dabei nicht getrennt behandelt werden. Zur Übersetzung und Auslegung der Begriffe *true and fair* kann man folgende Möglichkeiten ins Auge fassen:

— *objektive Wahrheit*: Hiermit hatte schon Pontius Pilatus seine Schwierigkeiten. Wir haben bereits ausgeführt, daß die Daten einer Rechnungslegung unter der Prämisse der Marktunvollkommenheit bzw. Unvollständigkeit keine objektiven Werte wiedergeben können.[24]

— *Richtigkeit*: Richtigkeit ist im Gegensatz zur Wahrheit kein absoluter Begriff. Richtig kann die Abbildung eines Sachverhaltes nur in Bezug auf ein vorgegebenes Abbildungsverfahren sein. Richtigkeit bezeichnet dabei die sachgerechte Anwendung dieses Bewertungsverfahren.[25] Vollkommene Richtigkeit beinhaltet gleichzeitig die intersubjektive Nachprüfbarkeit. In unserem Falle hieße Richtigkeit die sachgerechte Anwendung der gesetzlichen Bewertungsregeln, sowie der Grundsätze ordnungsmäßiger Buchführung.[26] Darin kann sich aber die Bedeutung der Generalklausel nicht erschöpfen, denn einerseits wäre sie dann wirklich redundant, andererseits hätte dann der gesonderte Verweis auf die Grundzüge ordnungsmäßiger Buchführung keine Berechtigung.

---

[23] Hier fallen besonders die Beiträge von *Beisse* ins Gewicht: *Beisse*, Heinrich (1988): a.a.O., S. 25–44, bzw. *Beisse*, Heinrich (1990): Grundsatzfragen der Auslegung des neuen Bilanzrechts, in: BB 1990, S. 2007–2012, hier S. 2012.

[24] A.A. übrigens *Körner*, Werner (1986): Wesen und Funktion der Grundsätze ordnungsmäßiger Buchführung, in: BB 1986, S. 1745.

[25] Die Formulierung, der Jahresabschluß müsse „unter allgemeinen Gesichtspunkten richtig sein“ (BT-Drucks. 10/317 vom 26.8.1983, Regierungsentwurf eines Bilanzrichliniengesetzes, S.76) ist daher zumindest mißverständlich, wenn nicht ein Widerspruch in sich.

[26] Vgl. in diesem Sinne *Leffson*, Ulrich (1987): a.a.O., S. 196 ff.

— *Subjektive Wahrhaftigkeit*[27]: Bezeichnet die „Übereinstimmung von Aussage und innerer Überzeugung des Aussagenden"[28]. Subjektive Wahrhaftigkeit wird von *Leffson* mit Willkürfreiheit gleichgesetzt. Subjektive Wahrhaftigkeit ist die Grundvorraussetzung aller Rechenschaftslegung: Eine Aussage, die nicht subjektiv wahrhaftig ist, ist eine Lüge.

  Auf den ersten Blick scheint dieser Begriff — ähnlich wie die „innere Wahrhaftigkeit" so mancher Kulturfeuilletons und Kunstkritiken — an einem Mangel an intersubjektiver Nachprüfbarkeit zu leiden — und was nützt schon eine Willkürfreiheit, die nicht intersubjektiv nachprüfbar ist? Daß dies allerdings nicht unbedingt der Fall sein muß, wird deutlich, wenn wir bedenken, daß der Unternehmer ja schon durch die Tätigung bestimmter Transaktionen die subjektiven Erwartungen, die er mit ihnen verbindet, zu erkennen gibt. Wir hatten dieses Phänomen als faktische Dokumentation bezeichnet: Wer etwa ein Absicherungsgeschäft abschließt, das in seiner Ausgestaltung eindeutig einer ganz bestimmten gehaltenen Kassaposition zuzuordnen ist, dokumentiert damit faktisch eine subjektive Erwartung. Wenn nun aus beiden zusammengehörigen Positionen Verluste aufgrund von Preisschwankungen antizipiert werden, so könnte man darin einen Widerspruch zum Postulat der subjektiven Wahrhaftigkeit sehen.

— *Unparteilichkeit*: Bedeutet, daß sich der Rechnungslegende bei seinen Bewertungsentscheidungen nicht von den einseitigen Interessen einer der beteiligten Gruppen leiten läßt. Unparteilichkeit ist vom Anspruch her tiefer anzusiedeln als subjektive Wahrhaftigkeit. Die rechnunglegende Institution ist allerdings in aller Regel selber Partei. *In praxi* wird deshalb kaum ein Unterschied zwischen Unparteilichkeit und subjektiver Wahrhaftigkeit bestehen.[29]

— *Vertretbarkeit*[30]: Nach unserem Dafürhalten ist „Vertretbarkeit" weiter auszulegen als „Unparteilichkeit": Eine Sichtweise, die eindeutig interessengeprägt ist, kann gleichwohl vertretbar sein, wenn sie in die Interessen der anderen beteilgten Parteien nicht in unzumutbarer Weise eingreift. „Zumutbarkeit" ist jedoch — ähnlich wie „Vertretbarkeit" — ein Begriff, der im besonderen Maße ermessensgeprägt ist. Überdies kann man sich auf den Standpunkt stellen, daß eine unzumutbare Darstellung da beginnt, wo eine eindeutig tendenziöse Ausnutzung von Wahlrechten und Spielräumen erfolgt, die geeignet ist, die Informationsbasis der übrigen Interessentengrup-

---

27 Zur Problematik „ehrlicher" Bilanzierung vgl. auch *Clemm*, Hermann (1989): Bilanzpolitik und Ehrlichkeits-(„true and fair view"-)Gebot, in: WPg 1989, S. 357-366.

28 *Leffson*, Ulrich (1987): a.a.O., S. 199.

29 Zum Konzept der Unparteilichkeit in diesem Sinne vgl. *Goerdeler*, Reinhard (1973): „A True and Fair View — or Compliance with the Law and the Company Statutes" in: Wpg 1973, S. 517–525, insbes. S. 521.

30 Zum Begriff der Vertretbarkeit in diesem Sinne vgl. ebd.

pen zu beschneiden. Die Entscheidung, ob ein Wertansatz letztlich vertretbar erscheint, oder nicht, ist ferner von den von den besonderen Eingriffsmöglichkeiten und den besonderen Informationsbedürfnissen des Adressatenkreises der externen Rechnungslegung abhängig: Bei genau gleichen wirtschaftlichen Verhältnissen muß die Frage nach der Vertretbarkeit von Wertansätzen unterschiedliche Antworten haben, je nachdem, ob die Gesellschaft etwa zu hundert Prozent einem einzelnen Anteilseigner gehört, ob nur wenige Großaktionäre vorhanden sind oder ob es sich um eine Publikumsgesellschaft mit atomistisch aufgespaltetem Anteilsbesitz handelt. Eine unterschiedliche Wertung in diesen Fällen erscheint aber gerade nicht den Intentionen des Gesetzgebers zu entsprechen.[31]

Aufgrund der Auflistung der semantischen Interpretationsmöglichkeiten des *true and fair view* kommen wir zu dem Schluß, daß, wenn diese Norm überhaupt einer Interpretation zugänglich ist, diese nur in Sinne der subjektiven Wahrhaftigkeit, oder ersatzweise der Unparteilichkeit zu sehen ist. Dieses Ergebnis mag überraschen, aber die Überraschung ist nur vordergründig: Wenn die rechnungslegende Institution identisch ist mit den Entscheidungsträgern in einer Unternehmung, so ist ein guter Teil der subjektiven Erwartungen der Unternehmensleitung durch die in der Rechnungslegungsperiode getätigten Transaktionen faktisch dokumentiert und von seiten Dritter *ex post* einer eindeutigen Sinngebung zuordenbar. Subjektive Wahrhaftigkeit bedeutet also nichts anderes als:

Die Bilanzbewertung einer Transaktion darf — unbeachtet einer systematischen Verzerrung durch das Vorsichtsprinzip — nicht auf einer anderen Erwartungshaltung beruhen als derjenigen, die sich in der bloßen Tätigung einer Transaktion vergegenständlicht. Abweichungen von diesem Leitsatz sind nur zulässig, wenn äußere, d. h. durch konkrete Umweltänderungen vergegenständlichte Gründe dafür sprechen, daß ein Geschäft sich als Fehlmaßnahme erweist.

5.2.2.2. „(…) Bild der Vermögens-, Finanz- und Ertragslage": Was soll bewertet werden?

Unter dem Gesichtspunkt geschäftzweckgebundener Bewertungskonzeptionen ist hier lediglich die Ertragslage relevant. Wir umgehen dabei sehenden Auges die Fragestellung, ob das bilanzierte Vermögen überhaupt repräsentativ für eine — wie auch immer konzipierte — Vermögenslage sein kann; dies ist nicht Gegenstand dieser Abhandlung.[32]

---

[31] Vgl. BT-Drucksache (1983): a.a.O.

[32] Vgl. zu diesem Problemkreis etwa die Kommentierung von *Moxter,* Adolf (1986): Vermögenslage gem. §264; in: HURB 1986, S. 346 ff.

Die Generalklausel bezieht sich offensichtlich auf den Gesamteindruck, der durch die Rezeption eines Jahresabschlusses gewonnen wird[33]: Ein zutreffendes „Bild der Vermögens-, Finanz- und Ertragslage" müssen die Aggregatgrößen liefern; die Generalklausel eignet sich deshalb nicht von vornherein zur Anwendung auf einzelne Geschäftsvorfälle.[34] Erst wenn die rechnungslegenden oder prüfenden Instanzen zu der Auffassung gelangen sollten, daß die Analyse dieser Aggregatgrößen diesen Eindruck nicht vermittelt, ist die Behandlung einzelner Geschäftsvorfälle in der Rechnungslegung zu hinterfragen.

Die Aggregatgröße, die zur Veranschaulichung der Ertragslage geeignet zu sein scheint, ist ohne Zweifel der Jahresüberschuß. Als absolute Mindestanforderung an die Aussagekraft dieser Größe muß gelten: Sie muß als Aggregat überhaupt eine Aussagekraft besitzen, d. h. sie muß inhaltlich interpretierbar sein. Und dies über die Aussage hinaus; „Dies ist der nach den Grundsätzen ordnungsmäßiger Buchführung ermittelte Jahresgewinn."[35] Unter dieser Formel wird sich nämlich kaum jemand etwas vorstellen können, was konkrete Lebensverhältnisse betreffen würde, auch wenn die Grundsätze ordnungsmäßiger Buchführung im einzelnen noch so differenziert festgelegt wären.[36]

Einen konkreten, tatsächliche Lebenssachverhalte betreffenden Gehalt hätte hingegen die Formel: „Dies ist der Geldbetrag, der aus der Geschäftstätigkeit des laufenden Jahres guten Gewissens ausschüttbar ist, ohne die Gläubigeransprüche akut zu gefährden." Dabei wird bewußt nicht auf die Formel des guten Gewissens verzichtet: An das gute Gewissen des Rechnungslegenden müssen nämlich dieselben Maßstäbe angelegt werden wie an das gute Gewissen des dispositiv Handelnden:

Ist der dispositiv Handelnde und der Rechenschaftslegende ein und dieselbe Person, so entspricht es dem Postulat der subjektiven Wahrhaftigkeit, bei der Rechenschaftslegung dieselben Maßstäbe anzulegen, die auch für die Handlung selbst ausschlaggebend waren, solange diese Maßstäbe nicht durch inzwischen eingetretene Änderungen der Rahmenbedingungen in Frage gestellt werden.[37]

---

[33] In diesem Sinne vgl. *Großfeld*, Bernhard (1986): Generalnorm (ein den tatsächlichen Verhältnissen entsprechendes Bild der Vermögens-, Finanz- und Ertragslage), in: HURB, S.192–205, insbes. S. 196 ff.

[34] Siehe hierzu auch die Ausführungen von *Leffson*, Ullrich (1986): Bild der tatsächlichen Verhältnisse, in: HURB S. 94-113.

[35] Eine solche Interpretation empfielt *Niehus*, R. J. (1979): „True and fair view" — in Zukunft auch ein Bestandteil der deutschen Rechnungslegung?, in: DB 1979, S. 221–225, insbes. S. 224 f.

[36] Eben an diesem Bezug auf konkrete Lebenssachverhalte scheint es zu gebrechen, wenn etwa die Bilanz als „(...) de lege lata gemischt statisch-dynamisch" gekennzeichnet wird, vgl. *Beisse*, Heinrich (1979): a.a.O., S. 196.

[37] Dies würde etwa bedeuten, daß bei den Abschreibungen auf Anlagegüter dieselben Nutzungsdauern zugrundegelegt werden, die in den Investitionsplanungsrechnungen die Grundlage der Investitionsentscheidung bilden.

Bezugnehmend auf geschäftszweckbezogene Bewertungskonzeptionen hieße dies etwa, daß keine Verlustantizipation aus Rechtspositionen mit negativen Zahlungssalden vorgenommen wird, wenn an diesen Positionen ein positives Interesse besteht, das allein schon durch ihre Existenz zweifelsfrei dokumentiert ist, oder daß Zurechnungswahlrechte beim Herstellungskostenansatz auf der Basis der Erfolgsneutralität eingeleiteter Dispositionen[38] zu treffen sind.

Man mag einwenden, daß eine solche Bilanzierungsweise auf der Basis subjektiver Wahrhaftigkeit in einem Spannungsverhältnis zum Objektivierungserfordernis der Rechnungslegung steht. Dem können zwei verschiedene Gesichtspunkte entgegengehalten werden:

— Einerseits werden viele subjektive Anschauungen bei der Geschäftsführung des dispositiven Faktors durch materielle sowie formelle Dokumentation intersubjektiv nachvollziehbar.

— Andererseits bilden die kodifizierten Gesetzesregelungen ja einen „Objektivierungsrahmen", innerhalb dessen sich die Bilanzierung in subjektiver Wahrhaftigkeit vollziehen kann. Dabei ist die Frage, ob mit Hinweis auf die Generalklausel kodifizierte Bewertungsregeln gebrochen werden können oder ob sie lediglich Auslegungshilfe zur Interpretation geltender Rechtstexte ist, eigentlich gegenstandslos: Durch den *true and fair view* wird in das Gesetz kein Konfliktstoff hineingetragen, der nicht schon in dem beschriebenen Spannungsverhältnis zwischen Fortführungsprinzip und Objektivierungsnormen im Keime vorhanden wäre. Die Kodifizierung der Generalklausel für Kapitalgesellschaften stellt bei der Abwägung nur ein zusätzliches Gewicht in der Waagschale des *going-concern*-Prinzips dar.

Die hier dargestellte Interpretation der Generalklausel ist eine sehr weitgehende; sie wird von weiten Teilen des Schrifttums nicht geteilt. Auch einige Aspekte in der Entstehungsgeschichte des Gesetzes sprechen dagegen.[39] Nach unserem Dafürhalten lautet aber die Gretchenfrage bei der Gewichtung des Stellenwertes der Generalklausel: Will man sich überhaupt dazu durchringen, den Versuch zu machen, den Wortlaut des Gesetzestextes ernst zu nehmen, oder läßt man dies von vornherein bleiben? Entscheidet man sich für die erste Möglichkeit, so kommt man unwillkürlich zu weitreichenden Konsequenzen für die Interpretation von Bewertungsregeln.

In praxi bleibt das Urteil darüber, ob ein Jahresabschluß § 264 (2) HGB erfüllt, zunächst einmal den abschlußprüfenden Instanzen vorbehalten. Sie müssen entscheiden, ob die aggregierten Zahlen der Erfolgsrechnung einen echten Aussagewert haben, der in Anbetracht der bekannten Gläubigerschutzrestriktionen geeignet ist, den in der vergangenen Periode erwirtschafteten und dispo-

---

[38] Vgl. hierzu etwa *Förschle*, Gerhart (1987): a.a.O., S. 104 ff.

[39] Vgl. hierzu die Ausführungen in der BT-Drucksache(1983): a.a.O., S. 76, und die Bemerkungen von *Ludewig*, Rainer (1987): a.a.O., S.14.

niblen Geldbetrag darzustellen, oder nicht. Kommt man zu dem Schluß, daß nicht, so kann dies entweder am hohen Abstraktionsniveau der geltenden Abbildungsnormen liegen — dann sind weitere Angaben im Anhang notwendig — oder an einer unsachgemäßen Ausnutzung von Wahlrechten und Spielräumen — dann müssen noch einmal Bewertungsprobleme aufgerollt werden. Eine solche Vorgehensweise dürfte jedem Perfektionismus unter dem Zeichen des *true and fair view* von vornherein den Boden entziehen.

Außerdem kann immer nur betont werden, daß aufgrund des *true and fair view* keine Zielkonflikte entstehen, die nicht schon in den Grundsätzen ordnungsmäßiger Buchführung vorhanden sind: Die Generalklausel kann lediglich eine Akzentverschiebung bewirken, die dabei inhaltlich oft auf eine Stärkung des Gewichtes geschäftszweckgebundener Bewertungskonzeptionen hinauslaufen wird.

„Ein wesentlicher Aspekt liegt im Übrigen darin, daß ‚tfv‘ das ‚hohe Lied des Einzelfalls‘ ist, sowohl im Hinblick auf den Sachverhalt, als auch im Hinblick auf denjenigen (Prüfer), der das subjektive Urteil abgibt.“[40]

---

[40] *Tubbesing*, Günter (1979): „A True and Fair View“ im englischen Verständnis und 4. EG Richtlinie, in: AG 1979, S. 92. Die Bezeichnung des true and fair view als „Hohelied des Einzelfalles“ scheint wie geschaffen als Replik auf die oben zitierte Bemerkung von *Eibelshäuser*, Manfred (1987): a.a.O., S. 865: „Eine zutreffende Interpretation der handelsrechtlichen Grundsätze ordnungsmäßiger Buchführung sollte auch dann nicht aufgegeben werden, wenn das Ergebnis im konkreten Fall nicht erfreut“.

6. Schluß

„Die Bilanz im Rechtssinne ist keine Kostenrechnung." So heißt es sentenzartig in einem berühmt gewordenen Urteil des Bundesfinanzhofes[1]. Gegenstand unserer Untersuchung war die Frage, welche Zurechnungskriterien die handelsrechtliche Rechnungslegung zur Hilfe nimmt, wenn es darum geht, Größen der Geldvermögensebene — d. h. vorallem die in der Zukunft erwarteten *cash-flow*-Reihen — in Größen der Reinvermögensebene — Gewinn und Verlust — zu transformieren. Wir sind dabei davon ausgegangen, daß der handelsrechtliche Gewinnbegriff einem wohldefinierten ordnungspolitischen Gestaltungswillen des Gesetzgebers folgt.

Dieses ordnungspolitische Leitbild bezieht sich einerseits auf die Verteilungsfunktion der externen Rechnungslegung: Es soll der Betrag ermittelt werden, der unter Berücksichtigung aller durch äußere Umweltentwicklungen konkretisierten Risiken aus der Geschäftsentwicklung der abgelaufenen Periode als ausschüttbar angesehen werden kann. Andererseits kommt diesem Begriff auch eine gewichtige Informationswirkung zu: Gerade weil er als etwas „Handfestes"[2] angesehen werden muß, kann er eine gewisse Signalwirkung zur Indikation der wirtschaftlichen Entwicklung wahrnehmen. Die Empfänger dieses Signals werden dabei in Rechnung stellen, daß die hohe Abstraktionswirkung der gesetzlichen Rechnungslegungsnormen bestimmte systematische Verzerrungen mit sich bringt.

Auf der Grundlage dieser Vorstellungen wurde die Abgrenzung von einzelnen Umschichtungsvorgängen der betrieblichen Wertschöpfung gegeneinander, von denen jeder für sich genommen eine Vielzahl an Rechtstransaktionen einschließt, als Schlüsselproblem der Zurechnung herausgestellt. Die erste Grundthese lautete dabei, daß diese Zurechnung einzelner Rechtspositionen zu ein und demselben Umschichtungsvorgang entsprechend der subjektiven Zweckgebung der einzelnen Positionen durch den dispositiven Faktor vorgenommen wird.

Im zweiten Schritt wurde die Reichweite eines solchen Entscheidungsfeldes so definiert, daß der Beitrag der darin enthaltenen Komponenten zum Kapitalwert des Betriebes isoliert und unmittelbar durch den Kapitalwert der aus ihnen hervorgehenden Zahlungreihe dargestellt wird. Denkt man sich ein derart definiertes Bündel an Verfügungsrechten aus der Unternehmensgesamtheit weg, so verändert sich lediglich die künftige *cash-flow*-Erwartung um die bezeichneten

---

[1] BFH 17.7.1974 — IR 195/72. BFHE 113 S. 116, BStBl. II 1974, S. 684.

[2] Vgl. *Moxter,* Adolf (1982): a.a.O., S. 1031.

Komponenten, sonst gibt es keine Einwirkung auf die Fahrweise des Restbetriebes. Das solcherart definierte Dispositionsfeld stellt den Bezugspunkt für Erwägungen der Erfolgsneutralität und Verlustantizipation dar.

Die Sentenz, daß die Bilanz im Rechtssinne keine Kostenrechnung sei, erfährt im Lichte unserer Argumentation eine eher zwiespältige Bewertung:

Einerseits wurde die unkritische Übernahme von bestimmten betriebswirtschaftlichen Zurechnungsmethoden, die für andere Entscheidungsprobleme als die externe Gewinnermittlung konzipiert worden sind, verworfen.[3] Andererseits ist die wirtschaftliche Analyse der besonderen, disponierten Sinngebung einer bestimmten Rechtsposition wesentlich für eine sachgerechte Bilanzierung unter dem Fortführungsprinzip. Problematisch ist dabei die Frage, auf welche Weise diese subjektive Sinngebung willkürfrei nachvollziehbar gemacht werden kann. Bei der Analyse von Einzelproblemen aus verschiedenen Bereichen der externen Rechnungslegung wurde deutlich, auf welche Arten der Dokumentation und der Typisierung von Geschäftszwecken in Gesetzgebung, Rechtsprechung, Schrifttum und Praxis zurückgegriffen wird, um eine willkürfreie Nachvollziehbarkeit zu gewährleisten.

Geschäftszweckorientierte Bewertungskonzeptionen werden oft mit dem Hinweis auf den stark objektivierenden Charakter der Rechtsnormen in ihrer Bedeutung niedrig angesiedelt. Dabei sollte man jedoch bedenken, daß es sich bei Geschäftszweckgebundenheit und Objektivierung nicht etwa um zwei alternative Betrachtungsweisen handeln kann: Geschäftszwecke sind eine Kategorie des Bewußtseins, bei der Objektivierung handelt es sich um eine erkenntnistheoretische Methode: „Objektivierung ist die Darstellung von etwas Subjektiven in einem objektiven, vom Subjekt ablösbaren Sein.“ Objektiviert werden kann also nur etwas, was an sich subjektiv ist.

An ein Objektivierungsverfahren sind im wesentlichen zwei Qualitätsanforderungen zu stellen:

— Subjektive Erwartungen, Wertungen, Anschauungen sollen möglichst erwartungstreu wiedergegeben werden.
— Gleiche Sachverhalte sollen möglichst identisch abgebildet werden. Die mögliche Streuung der abgebildeten Werte — und damit der Ermessensspielraum des Wertenden — soll also in Grenzen gehalten werden.

Zwischen beiden Zielvorstellungen herrscht bei vielen möglichen Objektivierungsverfahren ein Spannungsverhältnis: Effizienz muß mit Erwartungstreue des Meßverfahrens in Einklang gebracht werden. Welche Akzentsetzung dabei für richtig befunden wird, ist stark werturteilsbeladen:[4] Sie hängt etwa davon ab, welches Maß an Risikoaversion der Adressaten von Rechnungslegungs-

---

[3] In diesem Zusammenhang ist besonders das Verursachungsprinzip als mögliche Basis des Herstellungskostenansatzes zu nennen.

[4] Vgl. in diesem Sinne auch *Ballwieser,* Wolfgang (1982): a.a.O., S. 772 ff.

informationen für angemessen gehalten wird. Es kann allerdings nicht sinnhaft sein, eine dieser Zielvorstellungen vollkommen auf Kosten der anderen zu realisieren:

Eine bis zur Unkenntlichkeit objektivierte subjektive Erwartung hat einen Erkenntniswert von Null. Die Objektivierungsverfahren der Gesetzgebung, Rechtsprechung und Rechnungslegungspraxis müssen deshalb in einer ständig sich ändernden wirtschaftlichen, technologischen und sozialen Umwelt unablässig auf ihre Anwendbarkeit hin überprüft werden.[5]

Bei allem Bemühen um die Formulierung effizienter Objektivierungsnormen, um Rechtsicherheit und Tatbestandsmäßigkeit, muß dabei gewährleistet sein, daß ein einheitliches, allgemein akzeptiertes ordnungspolitisches Leitbild bestehen bleibt, welches den Erfolgsbegriff der externen Rechnungslegung als eine auf konkrete Lebensverhältnisse bezogene Größe definiert.

Gerät dieses Leitbild und die Lebensverhältnisse, die es regeln soll, aus dem Blickfeld der rechtschaffenden, rechtsprechenden und rechtanwendenden Institutionen, dann wandelt sich die externe Rechnungslegung in ein kasuistisches Ritual.[6] Dies hätte für die Glaubwürdigkeit und Stabilität der ordnungspolitischen Rahmenbedingungen unseres Wirtschaftsystemes zumindest in langer Frist unabsehbar nachteilige Folgen.

---

[5] Man kann sich etwa fragen, ob in einem wirtschaftlichen Umfeld, das in zunehmenden Maße durch die Attribute Informationsgesellschaft, Kommunikationsgesellschaft, Dienstleistungsgesellschaft geprägt ist, das Objektivierungskriterium der „Greifbarkeit" als Ansatzrestriktion weiterhin seinen Sinn erfüllt.

[6] In ähnlichem Sinne vgl. auch *Ballwieser,* Wolfgang (1982): a.a.O., S. 772 ff.

Zusammenfassung

Die vorliegende Arbeit beinhaltet den Versuch, die Bedeutung finaler Entscheidungszusammenhänge unternehmerischer Handlungen im Kanon der handelsrechtlichen Grundsätze ordnungsmäßiger Buchführung systematisch zu würdigen. Das Finalprinzip stellt auf die subjektive Zielsetzung ab, die ein Unternehmer mit einem einzelnen Geschäft verbindet. Immer, wenn in der bilanzrechtlichen Diskussion von wirtschaftlichen Zusammenhängen die Rede ist, steht in Frage, unter welchen Voraussetzungen und in welchem Maße die unternehmensinterne Zielsetzung einzelner Geschäfte für die Erfolgsermittlung Bedeutung erlangen kann. Die Ergebnisse lassen sich in den folgenden Thesen zusammenfassen:

- Unter den Bedingungen unvollständiger und unvollkommener Märkte werden Veränderungen der Reinvermögensebene durch Schwankungen von Marktpreisen nicht angemessen repräsentiert. Deshalb läßt sich der Bilanzgewinn auch nicht als angenäherte Marktwertänderung der Reinvermögensposition begreifen. Erforderlich ist eine Methode, um die einzelnen Zahlungsvorgänge als beobachtbare Beziehungen zwischen dem Unternehmen und seiner Außenwelt systematisch in Strömungsgrößen der Reinvermögensebene — Aufwand und Ertrag — zu transformieren.
- Die Frage, in welcher Weise einzelne Zahlungsvorgänge am Geschehen der betrieblichen Wertschöpfung beteiligt sind, kann alternativ auf zwei unterschiedlichen Ebenen betrachtet werden: Einerseits kann betrachtet werden, ob zwischen einem Zahlungsvorgang und der Wertschöpfung ein Zusammenhang kausaler Verursachung besteht, andererseits, ob ein Zahlungsvorgang zweckgerichtet als Mittel einem bestimmten Vorgang betrieblicher Wertschöpfung zugeordnet ist.
- Einzig eine Zurechnung nach dem Mittel-/Zweckzusammenhang ist mit den ordnungspolitischen Zielvorstellungen der Handelsbilanz vereinbar. Auf dieses Ergebnis gründet sich die gesamte Bedeutung des Finalprinzips als bilanzrechtlicher Bewertungsgrundsatz.
- Begreift man die finale Zurechnung von Zahlungsgrößen zu Vermögenswertgrößen als ein allgemeines Konzept, so zeigt sich, daß eine Vielzahl von verbreiteten und in der Literatur diskutierten Methoden der Bilanzbewertung hiermit nicht vereinbar ist, so beispielsweise eine Zurechnung von Herstellungskosten allein auf der Grundlage kausaler Verursachung, Wertansätze aufgrund des Effizienzpreiskriteriums oder aufgrund von Wiederbeschaffungspreisen.

— Will man einzelne Zahlungsvorgänge einzelnen Umschichtungsvorgängen zweckgebunden zuordnen, so bedarf es einer Definition dessen, was als in sich geschlossener, einzeln zu betrachtender Umschichtungsvorgang der betrieblichen Wertschöpfung verstanden werden soll: Zu diesem Zwecke wurde der Begriff der Disposition eingeführt, der eine scharfe Abgrenzung dessen geben soll, was in der Literatur auch als eingeleitetes Geschäft bezeichnet wird.

— Wenn gefordert wird, daß geflossene Zahlungen erfolgsneutral zu halten sind, so bezieht sich dies auf den Abwicklungszeitraum der jeweils dieser Zahlung zugeordneten Disposition. Wenn gefordert wird, daß Verluste aus eingeleiteten Vorgängen zu antizipieren sind, so ist die jeweilige Disposition die Saldierungsebene dieser Verluste.

— Das Erfordernis der Erfolgsneutralität eingegangener Dispositionen führt in besonderen Fällen zur Durchbrechung der gesetzlichen Ansatzrestriktion: Es führen — mit und ohne ausdrückliche Zustimmung des Gesetzgebers — Sachverhalte zur Aktivierung, die tatsächlich nicht die Eigenschaft von aktivierungsfähigen Vermögensgegenständen haben. Als Beispiel hierfür wurden der derivative Firmenwert und die Swapabgrenzungsposten bei Devisentermingeschäften angeführt.

— Das Erfordernis einer sachgerechten Vorwegnahme von Dispositionsverlusten führt in besonderen Fällen zur Durchbrechung des Einzelbewertungsprinzips. Beispiel hierfür ist vorallem die Abgrenzung des Saldierungsbereiches bei Transaktionen zur Absicherung gegen Preis- und Kursschwankungen.

— Die Fragestellung, ob ein Zahlungsvorgang in einem konkretisierbaren Dispositionszusammenhang zu einem bestimmten Vorgang betrieblicher Wertschöpfung steht oder ob seine Zweckbestimmung derart allgemein ist, daß dieser Zahlungsvorgang im originären Firmenwert untergeht, ist für den Problemkreis der Verlustantizipation grundsätzlich gleich zu beantworten wie für den Problemkreis der Erfolgsneutralität: Wo kein Dispositionszusammenhang erkennbar ist, der eine Aktivierung vergangener Auszahlungen für eine Rechtsposition rechtfertigen würde, da ist auch kein Dispositionszusammenhang erkennbar, der für die Passivierung künftiger Auszahlungssalden aus dieser Rechtsposition als Dispositionsverluste herhalten könnte. Als Beispielfall hierfür wurde die Rückstellungsproblematik bei Ausbildungsverträgen betrachtet.

— Sobald Zurechnungsfragen aufgrund von geschäftszweckgebundenen Erwägungen beantwortet werden, ergibt sich die Notwendigkeit, diese Zurechnungen anhand intersubjektiv nachvollziehbarer Kriterien zu erhärten. Dies findet oft durch eine typisierende Betrachtungsweise statt. Beispiele hierfür sind die rechtliche Ausgestaltungsform einer Verfügungsrechtsposition *(Vertragstyp)* als Indiz für ihren Geschäftszweck und die Funktion einer

Verfügungsrechtsposition innerhalb des güterwirtschaftlichen Faktorkombinationsvorganges *(Prozeßfunktionstyp)* als Indiz für ihren Geschäftszweck. Die Argumentation auf der Basis einer derartigen typisierenden Betrachtungsweise ist immer dann überzeugend, wenn die rechtliche Ausgestaltungsform eines Rechtsgeschäfts oder der Prozeßfunktionstyp eines Vermögensgegenstandes überhaupt nur für einen der möglichen Geschäftszwecke geeignet ist. In diesem Falle wird der Geschäftszweck gleichsam faktisch dokumentiert, indem für die jeweilige Transaktion durch den Unternehmer Zahlungen geleistet werden: „Ein Kaufmann verschenkt nichts".

— Um wirtschaftliche Zusammenhänge in anderen Fällen zu erhärten, müssen zusätzliche Objektivierungskriterien herangezogen werden. Zur Diskussion gestellt wurde der objektiv gegebene oder konstruierbare Refinanzierungszusammenhang zwischen einzelnen Transaktionen einer Disposition oder die aufgrund statistischer Verfahren erhärtete Zweckeignung von Geschäften im Rahmen von Kurssicherungsgeschäften. Zusätzlich zum oben erwähnten „Prinzip der faktischen Dokumentation" kann auch eine formelle Dokumentation des Entscheidungsverbundes einer Rechtsposition durch die Entscheidungsträger Objektivierungsfunktionen erfüllen.

— Allgemein kann festgehalten werden: Je mehr eine rechtlich geprägte Betrachtungsweise durch geschäftszweckgebundene Bewertungskonzeptionen zurückgedrängt wird, desto größer ist das Erfordernis zusätzlicher Dokumentation auch von Transaktionsmotiven der Entscheidungsträger sowie das Erfordernis einer Überprüfung ordnungsmäßiger Geschäftsführung durch die rechnungslegenden und rechnungsprüfenden Instanzen.

Geschäftszweckgebundene Bewertungskonzeptionen werden oft mit dem Hinweis auf den stark objektivierenden Charakter der Rechtsnormen in ihrer Bedeutung *de lege lata* niedrig angesiedelt. Der Fortführungsgrundsatz in § 252 (1) Nr. 2 HGB kann jedoch als ausdrücklicher Ankerpunkt geschäftszweckgebundener Bewertungskonzeptionen im geltenden Recht angesehen werden.

Zu bedenken ist außerdem, daß es sich bei Geschäftszweckgebundenheit und Objektivierung nicht etwa um zwei alternative Betrachtungsweisen handeln kann: Geschäftszwecke sind eine Kategorie des Bewußtseins, bei der Objektivierung handelt es sich um eine erkenntnistheoretische Methode: „Objektivierung ist die Darstellung von etwas Subjektiven in einem objektiven, vom Subjekt ablösbaren Sein." Objektiviert werden kann also nur etwas, was an sich subjektiv ist: In unserem Falle die die Geschäftsmotive des Unternehmers.

An ein Objektivierungsverfahren sind dabei im wesentlichen zwei Qualitätsanforderungen zu stellen:

— Subjektive Erwartungen, Wertungen, Anschauungen sollen möglichst erwartungstreu wiedergegeben werden.

— Gleiche Sachverhalte sollen möglichst identisch abgebildet werden. Die mögliche Streuung der abgebildeten Werte — und damit der Ermessensspielraum des Wertenden — soll also in Grenzen gehalten werden.

Zwischen beiden Zielvorstellungen herrscht bei vielen möglichen Objektivierungsverfahren ein Spannungsverhältnis: Effizienz muß mit Erwartungstreue des Meßverfahrens in Einklang gebracht werden. Welche Akzentsetzung dabei für richtig befunden wird, ist stark werturteilsbeladen: Sie hängt etwa davon ab, welches Maß an Risikoaversion der Adressaten von Rechnungslegungsinformationen für angemessen gehalten wird. Eine eindeutige Aussage darüber, wo diese Trennungslinie verläuft, läßt sich aus dem heutigen Diskussionstand nicht ersehen. Nicht sinnhaftig kann es allerdings sein, eine dieser Zielvorstellungen vollkommen auf Kosten der anderen zu realisieren:

Eine bis zur Unkenntlichkeit objektivierte subjektive Erwartung hat einen Erkenntniswert von Null. Die Objektivierungsverfahren der Gesetzgebung, Rechtsprechung und Rechnungslegungspraxis müssen deshalb in einer ständig sich ändernden wirtschaftlichen, technologischen und sozialen Umwelt unablässig auf ihre Anwendbarkeit hin überprüft werden.

Bei allem Bemühen um die Formulierung effizienter Objektivierungsnormen, um Rechtsicherheit und Tatbestandsmäßigkeit, muß gewährleistet sein, daß ein einheitliches, allgemein akzeptiertes ordnungspolitisches Leitbild bestehen bleibt, welches den Erfolgsbegriff der externen Rechnungslegung als eine auf konkrete Lebensverhältnisse bezogene Größe definiert.

Der vorliegende Text will hierzu durch eine systematische Betrachtung des Gewichts unternehmerischer Handlungsmotive in der Erfolgsrechnung einen Beitrag leisten.

Literaturverzeichnis

Adolph, Birgit /*Glaab*, Wolfgang (1987): Instrumente zur Absicherung zukünftiger Zinsrisiken, Stuttgart 1987.

Adler, Hans, *Düring*, Walther und Kurt *Schmaltz* (1987): Rechnungslegung und Prüfung der Unternehmen, bearbeitet von Forster, Karl-Heinz u. a., Stuttgart 1987.

Albach, Horst (1963): Zur Bewertung von Wirtschaftsgütern mit dem Teilwert, in: WPg 1963, S.624–631.

Albach, Horst (1964): Diskussionsbeitrag zu den Berichten von Prof. Dr. Gutenberg und Prof. Dr. Ballerstedt, in: Schriften des Vereins für Socialpolitik N. F. 33 Jg.1964, S.142–153.

Albach, Horst (1966): Bewertungsprobleme des Jahresabschlusses nach dem Aktiengesetz 1965, in: BB 1966, S. 377–382.

Albach, Horst (1974): Steuerliche Probleme der Abgrenzung von Anlage-und Umlaufvermögen, in: StbJb 1973/1974, S. 265–299.

Albach, Horst (1974a): Steuerliche Erleichterungen für betriebliche Maßnahmen der Berufsausbildung?, in: BB 1974, S. 1449–1452.

Alchian, Armen A. /*Demsetz*, Harold (1972): Production, Cost and Economic Organization, in: AER 1972, S. 777–795.

Ashton, Robert H. (1977): Objectivity of Accounting Measures: A Multirule-Multimeasurer Approach, in: The Accounting Review 1977, S. 567–575.

Baetge, Jörg (1970): Möglichkeiten der Objektivierung des Jahreserfolges, Düsseldorf 1970.

Baetge, Jörg (1986): Grundsätze ordnungsmäßiger Buchführung, DB 1986, Beilage 26, S.1 ff.

Baetge, Jörg /*Knüppe*, Wolfgang (1986): Vorhersehbare Risiken und Verluste, in: HURB S. 394–401.

Ballwieser, Wolfgang(1982): Zur Begründbarkeit informationsorientierter Jahresabschlußverbesserungen, in: ZfbF 1982, S. 772–793.

Ballwieser, Wolfgang (1985): Sind mit der neuen Generalklausel zur Rechnungslegung auch neue Prüfungspflichten verbunden? in: BB 1985, S. 1034–1043.

Ballwieser, Wolfgang (1987): Die Analyse von Jahresabschlüssen nach neuem Recht, in: WPg 1987, S. 57–68.

Bankenfachausschuß des Instituts der Wirtschaftprüfer (1975): Stellungnahme 1/75: Bilanzierung und Prüfung der Devisengeschäfte der Kreditinstitute, in: WPg 1975 S. 664–667.

Bartram, Werner (1989): Einblick in die Finanzlage eines Unternehmens aufgrund seiner Jahresabschlüsse, in: DB 1989, S. 2389–2395

Bauer, Jörg(1981): Zur Rechtfertigung von Wahlrechten in der Bilanz, in: BB 1981, S. 766–771.

Beaver, William H. / *Demski,* Joel S. (1974): The Nature of Financial Accounting Objectives: A Summary and Synthesis, Journal of Accounting Research 1974 Supplement, S.170–184.

Beaver, William H. / *Demski,* Joel S. (1979): The Nature of Income Measurement, in: Accounting Review 1979, S. 38–46.

Beisse, Heinrich (1979): Zur Bilanzauffassung des Bundesfinanzhofes, in: JbfFStR 1978/1979, S. 187–198.

Beisse, Heinrich (1981): Die wirtschaftliche Betrachtungsweise bei der Auslegung der Steuergesetze in der neueren deutschen Rechtsprechung, in: StuW 1981, S. 1–14.

Beisse, Heinrich (1984): Zum Verhältnis von Bilanzrecht und Betriebswirtschaftslehre, in: StuW 1984, S. 1–14.

Beisse, Heinrich (1988): Die Generalnorm des neuen Bilanzrechts, in: Knobbe-Keuk, Brigitte et al. (Hrsg.): Handelsrecht und Steuerrecht, Festschrift für Dr. Dr. hc. Georg Döllerer, Düsseldorf 1988, S. 25–45.

*Beisse, H*einrich (1989): Die steuerrechtliche Bedeutung der neuen deutschen Bilanzgesetzgebung, in: StVj. 1989, S. 295–310.

Beisse, Heinrich (1990): Grundsatzfragen der Auslegung des neuen Bilanzrechts, in: BB 1990, S. 2007–2012.

Bender, Dieter (1978): Arbitrage, in: HdWW Bd.1, S. 325 ff.

Benne, Jürgen (1979): Die Bedeutung von Gewinnerwartungen aus schwebenden Geschäften für die Bewertung der Aktiva und Passiva, in: BB 1979, S. 1653–1656.

Benne, Jürgen (1991): Einzelbewertung und Bewertungseinheit, in: DB 1991, S. 2601–2610.

Bezold, Andreas (1985): Bilanzierung der Devisengeschäfte der Kreditinstitute, Teil I in: WPg 1985, S. 321–327 u.Teil II S. 354–358.

BFH-Urteil vom 19.12.1957, IV 432/56, BStBl. III 1958, S. 260.

BFH-Urteil vom 13.1. 1972, V R 47/71, BStBl. II 1972, S. 744.

BFH-Urteil vom 17.7.1974, IR 195/72, BStBl.II 1974, S. 684.

BFH-Urteil vom 6.3.1975, IV R 146/70, BStBL II 1975, S. 574.

BFH-Urteil vom 18.6.1975, IR 24/73, BStBl. II 1975, S. 811.

BFH-Urteil vom 13.10.1976, IR 79/74, BStBl. II 1977, S. 540.

BFH-Urteil vom 11. 3. 1976, IV R 176/72, BStBl. II 1976, S. 614.

BFH-Urteil vom 31. 3. 1977, VR 44/73, BStBl. II 1977, S. 685.

BFH-Urteil vom 25.1.1979 IV R 21/75, BStBl. II 1979, S. 369.

BFH-Urteil vom 19.7.1983, VII R 160/79, BStBl. II 1984, S. 56.

BFH-Urteil vom 25.1.1984, IR 7/80, BStBl. II 1984, S. 344.

BFH-Urteil vom 24.3.1987, IX R 31/84, BStBl. II, 1987, S. 695.

BFH-Urteil vom 17.9.1987, III R 201–202/84, BStBl. II, 1988, S. 892.

BFH-Urteil vom 24.1.1990, IR 157/85 , IR 145/86, BStBl. II, 1990, S. 639.

BFH-Urteil vom 3.2.1993 — I R 37/91, in: DB 1993, S. 962–965.

BFH-Beschluß vom 26.11.1973, GrS 5/71, BStBl. II 1974, S. 132.

BGH-Urteil vom 1. 3. 1982 II ZR 23/81

BGH-Urteil vom 13.12.1982, II ZR 63/82.

Bieg, Hartmut (1985): Ermessensentscheidungen beim Handelsbilanzausweis von „Finanzanlagen“ und „Wertpapieren des Umlaufvermögens“ — auch nach neuem Bilanzrecht?, in: DB 1985, Beilage 24 (zu Heft 41) S. 1–16.

Bieg, Hartmut (1976): Wider den Ausschließlichkeitsanspruch der Bewertungsvorschriften bei der Bestimmung des Inhalts der Handelsbilanz!, in: StuW 1976, S. 339–350.

Bieg, Hartmut (1983): Bankbilanzen und Bankenaufsicht, München 1983.

Biener, Herbert (1988): Rückstellungen für drohende Verluste aus schwebenden Geschäften bei Dauerrechtsverhältnissen, in: Knobbe-Keuk, Brigitte et al. (Hrsg.): Handelsrecht und Steuerrecht, Festschrift für Dr. Dr. hc. Georg Döllerer, Düsseldorf 1988, S. 45–64.

Birck, Heinrich und Heinrich *Meyer* (1988): Die Bankbilanz, 3. Aufl., Frankfurt a. M. 1988

Black, Fischer (1980): The Magic of Earnings: Economic Earnings versus Accounting Earnings, in: Financial Analysts Journal, November/December 1980, S. 19–24.

Bordewin, Arno / *Streim,* Hannes / *Lempenau,* Gerhard(1984): Rückstellungen für Ausbildungskosten? Drei Anmerkungen zum Urteil des BFH vom 25.1.1984 — IR 7/80, in: FR 1984, S. 461–468.

Bornhaupt, Kurt Joachim von (1982): Zur Problematik des Werbungskostenbegriffs, in: FR 1982, S. 313–321.

Bredt, O. (1939): Der endgültige Ansatz der Planung, in: Technik und Wirtschaft 1939, S. 252 ff.

Brenzing, Klaus (1978): Rückstellungsfähigkeit von Ausbildungskosten, in: DB 1978, S. 1303–1304.

Buchner, Robert (1986): Allgemeine Bewertungsgrundsätze, in: HURB, S. 38–46.

Buchner, Robert /*Adam* E. / *Bruns* H.-G. (1974): Zur Bedeutung des Anschaffungswertprinzips für die Ermittlung der aktienrechtlichen Herstellungskosten, in: ZfB 1974, S. 71-89.

Bundestags-Drucksache 10/317 vom 26.8.1983 zum Regierungsentwurf eines Bilanzrichliniengesetzes.

Burkhardt, Dietrich (1989): Realisation von Währungserfolgsbeiträgen aus gegenläufigen Geschäften, in: WPg 1989, S. 495–498.

Busse von Colbe, Walther (1984): Bewertung als betriebswirtschaftliches Problem, in: Raupach, Arndt (Hrsg.): Werte und Wertermittlung im Steuerrecht, Köln 1984, S. 39–53.

Christiansen, Alfred (1988): Die bilanzielle Berücksichtigung sogenannter bewußter Verluste, in: StBp 1988, S. 265–268.

Christiansen, Alfred (1990): Rückstellungen für drohende Verluste aus schwebenden Geschäften und Erfüllungsrückstände, in: StbJb 1989/1990, S. 129–153.

Clemm, Hermann (1977): Die Bedeutung des Bestätigungsvermerkes des Abschlußprüfers einer Aktiengesellschaft nach derzeitiger gesetzlicher Regelung und nach dem Verständnis der Allgemeinheit, in: WPg 1977, S. 145–158.

Clemm, Hermann (1980): Grenzen der zivilrechtlichen Betrachtungsweise für das Bilanzrecht — Kritische Würdigung der neueren BFH-Rechtsprechung, in: JbFfSt 1979/1980, S. 173–194.

Clemm, Hermann (1984): Der Einfluß der Verzinslichkeit auf die Bewertung der Aktiva und Passiva, in: Raupach, Arndt (Hrsg.): Werte und Wertermittlung im Steuerrecht, Köln 1984, S. 219–243.

Clemm, Herman / *Nonnenmacher,* Rolf (1988): Überlegungen zur Bilanzierung von Swapgeschäften, in: Knobbe-Keuk, Brigitte et al. (Hrsg.): Handelsrecht und Steuerrecht, Festschrift für Dr. Dr. hc. Georg Döllerer, Düsseldorf 1988, S. 65–79.

Clemm, Hermann (1989): Bilanzpolitik und Ehrlichkeits-(„true and fair view"-)Gebot, in: WPg 1989, S. 357–366.

Coenenberg, Adolf G. / *Sautter,* Michael T. (1988): Strategische und finanzielle Bewertung von Unternehmensakquisitionen, in: DBW 1988, S. 691–710.

Crezelius, Georg (1987): Das Handelsbilanzrecht in der Rechtsprechung des Bundesfinanzhofs, in: ZGR 1987, S. 1–45.

Crezelius, Georg (1988): Das sogenannte schwebende Geschäft in Handels-, Gesellschafts- und Steuerrecht, in: Knobbe-Keuk, Brigitte et al. (Hrsg.): Handelsrecht und Steuerrecht, Festschrift für Dr. Dr. hc. Georg Döllerer, Düsseldorf 1988, S. 81–95.

Debreu, Gerard (1959): Theory of value, New York 1959.

Diehl, Wolfram (1977): Die Bilanzierung von Devisengeschäften durch Kreditinstitute, in: BB 1977, S. 290–294.

Disselkamp, Everhard (1989): Ansatzprobleme beim Vorratsvermögen in Handelsbilanz und Steuerbilanz sowie Vermögensaufstellung, in: StbJb 1988/1989, S. 148–162.

Dobbs, Ian und Kevin *Keasey* (1990): A Modell of Information System Choice, in: Accounting and Business Research 1990, S. 97–110.

Döllerer, Georg (1966): Anschaffungskosten und Herstellungskosten nach neuem Aktienrecht unter Berücksichtigung des Steuerrechts, in: BB 1966, S. 1405–1409.

Döllerer, Georg (1971): Maßgeblichkeit der Handelsbilanz in Gefahr, in: BB 1971, S. 1333–1335.

Döllerer, Georg (1974): Zur Bilanzierung des schwebenden Vertrags, in: BB 1974, S. 1541–1548.

Döllerer, Georg (1978): Die Grenzen des Imparitätsprinzips — Bilanzrechtliche Möglichkeiten, künftige Verluste vorwegzunehmen-, in: StbJb 1977/78., S. 129–152.

Döllerer, Georg (1980): Droht eine neue Aktivierungswelle?, in: BB 1980, S. 1333–1337.

Döllerer, Georg (1982): Grundsätze ordnungswidriger Bilanzierung, in: BB 1982, S. 777–781.

Döllerer, Georg (1988): Die Rechtssprechung des Bundesfinanzhofs zum Steuerrecht der Unternehmen, in: ZGR 1988, S. 587–593.

Döllerer, Georg (1989): Die Rechtsprechung des Bundesfinanzhofs zum Steuerrecht der Unternehmen, in: ZGR 1989, S. 501–507.

Doralt, Werner (1984): Der Teilwert als Anwendungsfall des Going-Concern-Prinzips, in: Raupach Arndt (Hrsg.): Werte und Wertermittlung im Steuerrecht, Köln 1984, S. 141–153.

Dosi, Giovanni (1990): Finance, Innovation and Industrial Change, in Journal of Economic Behavior and Organization 1990, S. 299–319

Dreissig, Hildegard (1989): Swap-Geschäfte aus bilanzsteuerlicher Sicht, in: BB 1989, S. 322–327.

Dziadkowski, Dieter (1988): Zur Dominanz der Steuerbilanz über die Handelsbilanz in: WPg 1988, S. 409–419.

Ebke, Werner (1986): Verrechnungsverbot, in: HURB, S. 365–374.

Eibelshäuser, Manfred (1981): Der Bundesfinanzhof und die statische Bilanzauffassung, in: ZfbF 1981, S. 56–68.

Eibelshäuser, Manfred (1987): Rückstellungsbildung nach neuem Handelsrecht, in: BB 1987, S. 860–866.

Engels, Wolfram (1962): Betriebswirtschaftliche Bewertungslehre im Lichte der Entscheidungstheorie, Köln und Opladen 1962.

Euler, Roland (1990): Der Ansatz von Rückstellungen für drohende Verluste aus schwebenden Dauerrechtsverhältnissen, in: ZfbF 1990, S. 1036–1056.

Euler, Roland (1991): Zur Verlustantizipation mittels des niedrigeren beizulegenden Wertes und des Teilwertes, in: ZfbF 1991, S. 191–212.

Fasold, Rudolf W. (1980): Fremdkapitalzinsen und 4. EG-(Bilanz-)Richtlinie, in: DB 1980, S. 12–15.

Fey, Dirk (1987): Imparitätsprinzip und Grundsätze ordnungsmäßiger Buchführung im Bilanzrecht 1986, Münster 1987.

Fey, Dirk (1984): Keine Rückstellung für künftige Ausbildungskosten aus Berufsbildungsverhältnissen?, in: DB 1985, S. 713–717.

Financial Accounting Standards Booard: Statement of Financial Accounting No.80, Accounting for Futures Contracts, Stanford 1984.

Finne, Thomas (1991): Bilanzielle Berücksichtigung von Kursänderungen, in: BB 1991, S. 1295 ff.

Förschle, Gerhart (1987): Bilanzierung sogenannter Sondereinzelkosten des Vertriebs aus handelsrechtlicher Sicht, in: ZfB-Ergänzungsheft 1/1987, S. 96–117.

Forster, Karl-Heinz (1971): Rückstellungen für Verluste aus schwebenden Geschäften, in: WPg 1971, S. 393–399.

Förster, Wolfgang /*Grönwoldt*, Jens (1987): Das Bilanzrichtlinien-Gesetz und die Liquidationsbilanz, in: BB 1987, S. 577–581.

Fülling, Friedhelm (1976): Grundsätze ordnungsmäßiger Bilanzierung von Vorräten, Düsseldorf 1976.

Gaab, Werner (1983): Devisenmärkte und Wechselkurse, Berlin, Heidelberg, New York, Tokyo 1983.

Gass, Ernst (1960): Ursache, Grund und Bedingung im Rechtsgeschehen, Graz/Köln 1960.

Geibel, Johannes (1965): Die bilanzielle Behandlung von Leerkosten in kostentheoretischer Sicht, in: ZfB 1965, S. 237 ff.

Geis, Ivo (1978): Rückstellungsfähigkeit von Ausbildungskosten, in: DB 1978, S. 409–412.

Gelhausen, Hans Friedrich(1985): Das Realisationsprinzip in Handels- und Steuerbilanzrecht, Frankfurt a. M. 1985.

Gizbert-Studnicki, Thomas (1987): Der Vorverständnisbegriff in der juristischen Hermeneutik, in: Archiv für Rechts- und Sozialphilosophie 1987, S. 477–493.

Glade, Anton (1975): Die Bedeutung betriebswirtschaftlicher Erkenntnisse für steuerrechtliche Entscheidungen des Bundesfinanzhofs, in: FR 1975, S. 470 ff.

Glade, Anton (1986): Rechnungslegung und Prüfung nach dem Bilanzrichtliniengesetz, Herne, Berlin 1986.

Goerdeler, Reinhard (1973): „A True and Fair View — or Compliance with the Law and the Company Statutes" in: Wpg 1973, S. 517–525.

Goodman Laurie S. / *Langer* Martha J. (1983): Accounting for Interest Rate Futures in Bank Asset-Liability Management, in: Journal of Futures Markets 1983, S. 415–427.

Grimm, Claus (1978): Das Steuerrecht im Spannungsfeld zwischen wirtschaftlicher Betrachtungsweise und Zivilrecht, in: DStZ 1978, S. 283–290.

Groh, Manfred (1976): Künftige Verluste in der Handels-und Steuerbilanz, zugleich ein Beitrag zur Teilwertdiskussion, in: StuW 1976, S. 32–42.

Groh, Manfred (1980): Zur Bilanztheorie des BFH, in: StbJb 1979/1980, S. 121–139.

Groh, Manfred (1986): Zur Bilanzierung von Fremdwährungsgeschäften, in: DB 1986, S. 869–877.

Groh, Manfred (1988): Abzinsung von Verbindlichkeitsrückstellungen, in: BB 1988, S. 1919–1920.

Groh, Manfred (1988a): Verbindlichkeitsrückstellung und Verlustrückstellung: Gemeinsamkeiten und Unterschiede, in: BB 1988, S. 27–33.

Groh, Manfred (1989): Vor der dynamischen Wende im Bilanzsteuerrecht?, in: BB 1989, S. 1586–1588.

Groh, Manfred (1989a): Die wirtschaftliche Betätigung im rechtlichen Sinne, in: StuW 1989, S. 227–231.

Großfeld, Bernhard (1986): Generalnorm (ein den tatsächlichen Verhältnissen entsprechendes Bild der Vermögens-, Finanz- und Ertragslage, in: HURB, S. 192–205.

Großfeld, Bernhard / *Leffson* Ulrich (1986): Außerordentliche Erträge und Aufwendungen; gewöhnliche Geschäftstätigkeit, in: HURB, S. 68–77.

Gümbel, Rudolf (1987): Der Teilwert: Legaldefinition und Zurechnungsalgorithmus, in: ZfbF 1987, S. 131–145.

Gutenberg, Erich (1964): Das Verhältnis der Wirtschaftswissenschaft zur Rechtswissenschaft, in: Schriften des Vereins für Socialpolitik NF 33 Jg. 1964, S. 133–141.

Gutenberg, Erich (1979): Grundlagen der Betriebwirtschaftslehre Bd. 1, 23. Aufl., Berlin, Heidelberg, New York 1979.

Hartle, Joachim (1984): Möglichkeiten der Entobjektivierung der Bilanz: eine ökonomische Analyse, Frankfurt am Main, Bern, New York 1984.

Hafner, Bernhard (1983): Devisentermingeschäfte und ihre Bewertung, in: Die Bank 1983, S. 204–209.

Hartmann, Nicolai (1966): Teleologisches Denken, 2. unv. Aufl., Berlin 1966.

Hartmann-Wendels, Thomas (1989): Rechnungslegung der Unternehmen und Kapitalmarkt aus informationsökonomischer Sicht, Habilitationsschrift Köln 1989.

Hassemer, Winfried (1986): Juristische Hermeneutik, in: Archiv für Rechts- und Sozialphilosophie 1986, S. 195–212.

Hauptfachausschuß des Institutes der Wirtschaftsprüfer (1974): Die Aktivierung von Fremdkapitalzinsen als Teil der Herstellungskosten (Stellungnahme), in: WPg 1974, S. 324–325.

Häuselmann, Holger / *Wiesenbart*, Thomas (1990): Fragen zur bilanzsteuerlichen Behandlung von Geschäften an der Deutschen Terminbörse (DTB), in: BB 1990, S. 641–647.

Herrmann, Carl, *Heuer*, Gerhard und Arndt *Raupach*: Kommentar zum Einkommensteuergesetz und Körperschaftsteuergesetz einschließlich Nebengesetzen, 19. Aufl., Loseblattsammlung.

Herzig, Norbert(1988): Bilanzrechtliche Ganzheitsbetrachtung und Rückstellung bei Dauerrechtsverhältnissen, in: ZfB 1988, S. 212–225.

Herzig, Norbert (1986): Rückstellungen für Verbindlichkeiten aus Arbeitsverhältnissen, in: StbJb 1985/1986, S. 61–112.

Hessisches Finanzgericht: Urteil vom 24. 11. 1982, IV 359/79, in: Entscheidungen der Finanzgerichte 1983, S. 337.

Hildenbrand, Kurt und Werner *Hildenbrand* (1975): Lineare ökonomische Modelle, Berlin, Heidelberg, New York 1975

Hinder, Alex (1983): Wechselkursprognosen — Ansätze, Modelle und Erfolgsbeurteilung, Bern, Frankfurt a. M. 1983.

Hörner, Walter (1970): Zurechnung, in: Handwörterbuch der Rechnungslegung, (1. Aufl.) hrsg. von Erich Kosiol et al., Stuttgart 1970, Sp. 4763 f.

Holler, Manfred J. und *Illing,* Gerhard (1990): Einführung in die Spieltheorie, Berlin, Heidelberg, New York, Tokyo 1990

Ijiri, Y. und *Jaedike,* R. K. (1966): Reliability and Objectivity of Accounting Measures, in: The Accounting Review 1966, S. 463–474.

Institut „Finanzen und Steuern" (1979): Brief Nr.187: Zur Bilanzierung von schwebenden Geschäften, Bonn 1979.

Institutt „Finanzen und Steuern" (1986): Brief Nr. 258: Rückstellungen für drohende Verluste aus schwebenden Geschäften mit Dauerschuldcharakter, Bonn 1986.

Institut „Finanzen und Steuern" (1988): Brief Nr. 280: Zur Teilwertabschreibung auf Gegenstände des Anlagevermögens mit schwankendem Wert — Maßgeblichkeit der Handelsbilanz oder umgekehrte Maßgeblichkeit der Steuerbilanz?, Bonn 1988.

Jacobs, Otto H. (1969): Zum Problem der Rechtssicherheit und Tatbestandsmäßigkeit der Besteuerung bei der Bilanzierung in der Ertragsteuerbilanz, in: StuW 1969, S. 634–658.

Jacobs, Otto H. (1972): Stellen die aktienrechtlichen Gewinnermittlungsvorschriften einen Verstoß gegen das Realisationsprinzip dar?, in: WPg 1972, S. 173–188.

Jacobs, Otto H. (1988): Berechnung von Rückstellungen in der Steuerbilanz, in: DStR 1988, S. 238–247.

Jahr, Günter (1966): Funktionsanalyse von Rechtsfiguren als Grundlage einer Begegnung von Rechtswissenschaft und Wirtschaftswissenschaft, in: ZfB 1966, S. 757–768.

Janssen, Friedrich Carl (1984): Überlegungen zum „Going concern concept", in: WPg 1984, S. 341–348.

Jonas, Heinrich (1986): Die in der aktienrechtlichen Handelsbilanz zulässige Rückstellung für drohende Verluste aus schwebenden Geschäften, in: DB 1986, S. 1733–1737.

Keuk, Brigitte (1972): Vermögensschaden und Interesse, Bonn 1972.

Kirzner, Israel (1973): Competition and Entrepreneurship, Chicago 1973.

Knobbe-Keuk, Brigitte (1991): Bilanz- und Unternehmenssteuerrecht, 8. Aufl., Köln 1991.

Knop, Wolfgang /*Küting,* Karl-Heinz(1987): § 255, Anschaffungs- und Herstellungskosten, in: Küting/Weber (Hrsg.): Handbuch der Rechnungslegung, 2. Aufl. 1987, S. 663–740.

Knöpfel, Gottfried (1989): Nicht determinierte Kausalität als Schlüssel zur Freiheitsfrage, in: Rechtstheorie 1989, S. 342–379.

Knüppe, Wolfgang (1985): Die Berücksichtigung einer Delkredereversicherung bei der Forderungsbewertung, in: DB 1985, S. 2361–2365.

Koch, Helmut (1960): Zur Problematik des Teilwertes, in: ZfhF 1960, S. 319–353.

Körner, Werner (1986): Wesen und Funktion der Grundsätze ordnungsmäßiger Buchführung,in: BB 26/1986, S. 1742–1749.

Kosiol, Erich (1974): Aufwand und Ertrag, in: HWB, Bd. 1, Sp. 309–315.

Kröger, Horst (1978): Zum Veranlassungsprinzip im Einkommensteuerrecht, in: StuW 1978, S. 289–294.

Krümmel, Hans-Jacob (1962): Zur Bewertung im Kreditstatus, in: ZfhF 1962, S. 137–151.

Krümmel, Hans-Jacob (1964): Bankzinsen, Köln, Berlin, Bonn, München 1964.

Krümmel, Hans-Jacob (1968): Liquiditätssicherung im Bankwesen, Teil 1. in: Kredit und Kapital 1968, S. 247–307.

Krümmel, Hans-Jacob (1978): Bankbeteiligungen oder über eine nützliche Anstrengung des Begriffs, in: ÖBA 1978, S. 116 ff.

Krümmel, Hans-Jacob (1980): Liquidität, in: HdWW, Bd. 5, S. 47–54.

Krümmel, Hans-Jacob (1987): Neue Finanzierungsformen und aufsichtsrechtliche Strukturnormen, in: Schierenbeck, Henner (Hrsg.): Neuere Entwicklungen auf Finanzmärkten, Frankfurt 1987, S. 39–76.

Krümmel, Hans-Jacob (1988): Unternehmenspolitische Vorgaben für die Risikosteuerung der Bank, in: Krümmel, Hans-Jacob und Bernd Rudoph(hrsg.): Finanzintermediation und Risikomanagement, Frankfurt a.M. 1988, S. 32–56

Krümmel, Hans-Jacob (1992): Pagatorisches Prinzip und nominelle Kapitalerhaltung, in: Moxter, Adolf et al. (Hrsg.): Rechnungslegung, Festschrift für Karl-Heinz Forster, Düsseldorf 1992, S. 307–320.

Kruse, Heinrich Wilhelm (1981): Über Werbungskosten, in: FR 1981, S. 473–479.

Kuhner, Christoph (1988): Die Bilanzierung von Zinstermingeschäften, Mitteilungen aus dem Bankseminar der Rheinischen Friedrich-Wilhelms-Universität Nr. 70, Bonn 1988.

Kuhner, Christoph (1992): Erfolgsperiodisierung bei Fremdwährungsgeschäften mit „besonderer Deckung“ nach § 340 h HGB, in: DB 1992, S. 1435 - 1439.

Küppers, Christoph (1986): Der Firmenwert in Handels-und Steuerbilanz nach Inkrafttreten des Bilanzrichtlinien-Gesetzes — Rechtsnatur und bilanzpolitische Spielräume, in: DB 1986, S. 1633–1639.

Kupsch, Peter (1989): Neuere Entwicklungen bei der Bilanzierung und Bewertung von Rückstellungen, in: DB 1989, S. 53–62.

Kupsch, Peter (1990): Zur Problematik der Ermittlung von Anschaffungskosten, in: Steuerberater-Jahrbuch 1989/1990, Köln 1990.

Kußmaul, Heinz (1987): Sind Nutzungsrechte Vermögensgegenstände bzw. Wirtschaftsgüter?, in: BB 1987, S. 2053–2065.

Kußmaul, Heinz (1989): Ertragssteuerliche Bedeutung des Begriffs „Wirtschaftsgut“, in: Besteuerung und Unternehmenspolitik, Festschrift für Günter Wöhe, München 1989, S. 255–276.

Küting, Karlheinz (1989): Aktuelle Probleme bei der Ermittlung der handelsrechtlichen Herstellungskosten, in: BB 1989, S. 587–596.

Lang, Joachim (1986): Grundsätze ordnungsgemäßer Buchführung I, in: HURB, S. 221–251.

Larenz, Karl (1983): Methodenlehre der Rechtswissenschaft, 5. Aufl., Berlin, Heidelberg, New York, Tokyo 1983.

Leffson, Ulrich (1984): Die Going-Concern-Prämisse bei Unsicherheit über den Fortbestand der Unternehmung, in: WPg 1984, S. 604–606.

Leffson, Ulrich (1986): Bild der tatsächlichen Verhältnisse, in: HURB, S. 94–113.

Leffson Ulrich (1987): Grundsätze ordnungsmäßiger Buchführung, 7. Aufl., Düsseldorf 1987.

Lehmann, Matthias (1990): Das Teilwertkonzept und das Bilanzieren von Änderungen zwischen Entscheidungszeitpunkt und Bilanzstichtag, DB 1990, S. 2481 ff.

Lev, Baruch (1989): On the Usefullness of Earnings and Earnings Research: Lessons and Directions from Two Decades of Empircal Research, Journal of Accounting Research 1989, Supplement, S. 153–192.

Loitlsberger, Erich (1964): Die Zusammenarbeit zwischen Betriebswirtschaftslehre und Recht, in: Schriften des Vereins für Socialpolitik, NF Jahrgang 1964, S. 154–171.

Ludewig, Rainer (1987): Die Einflüsse des "true and fair view" auf die zukünftige Rechnungslegung, in: AG 1987, S. 12–15.

Lüders, Jürgen (1987): Der Zeitpunkt der Gewinnrealisierung im Handels und Steuerbilanzrecht, Köln 1987.

Luhmer, Alfred (1985): Zur Logik des Teilwerts, in: ZfbF 1985, S. 1059–1069.

Lutter, Marcus (1986): Fortführung der Unternehmenstätigkeit, in: HURB, S. 185–191.

Maaßen, Kurt (1978): Das „umgekehrte" Imparitätsprinzip — ein neuer Grundsatz steuerlicher Gewinnermittlung? in: DB 1978, S. 2041–2044.

Marettek, Alexander (1971): Bemerkungen zum Sinn des Maßgeblichkeitsprinzips, in: StuW 1971, S. 342–348.

Mathiak, Walter (1984): Rechtssprechung zum Bilanzsteuerrecht, in: StuW 1984, S. 270–276.

Mellwig, Winfried (1983): Bilanzrechtsprechung und Betriebswirtschaftslehre, in: BB 1983, S. 1613–1620.

*Merkert, H*ubert / *Koths,* Daniel (1985): Verfassungsrechtlich gebotene Entkoppelung von Handels-und Steuerbilanz, in: BB 1985, S. 1765–1768.

Merton, Robert C. (1987): A Simple Modell of Capital Market Equilibrium with Incomplete Information, in: Journal of Finance 1987, S. 483–510.

Mirre, Ludwig (1913): Gemeiner Wert und Ertragswert, in: Zeitschrift des Deutschen Notarsvereins, 1913, S. 155–176.

Moxter, Adolf (1980): Ist bei drohendem Unternehmenszusammenbruch das bilanzrechtliche Prinzip der Unternehmensfortführung aufzugeben?, in: WPg 1980, S. 345–351.

Moxter, Adolf (1981): Bilanztheorien, statische, in: HWR, Sp. 294-303.

Moxter, Adolf (1982): Betriebswirtschaftliche Gewinnermittlung, Tübingen 1982.

Moxter, Adolf (1982a): Gefahren des neuen Bilanzrechts, in: BB 1982, S. 1030–1032.

Moxter, Adolf (1983): Grundsätze ordnungsmäßiger Unternehmensbewertung, 2. Aufl., Wiesbaden 1983,

Moxter, Adolf (1983a): Bedeutung und Methodik betriebswirtschaftlicher Gewinnermittlung, in: BB 1983, S. 133–134.

Moxter, Adolf (1983b): Wirtschaftliche Gewinnermittlung und Bilanzsteuerrecht, in: StuW 1983, S. 300–307.

Moxter, Adolf (1984): Bilanzlehre Band I, 3. Aufl., Wiesbaden 1984.

Moxter, Adolf (1984a): Das Realisationsprinzip — 1880 und heute, in: BB 1984, S. 1780–1786.

Moxter, Adolf (1985): Bilanzrechtsprechung, 2. Aufl., Tübingen 1985.

Moxter, Adolf (1986): Vermögenslage gem. § 264, in: HURB 1986, S. 346–351.

Moxter, Adolf (1987): Selbständige Bewertbarkeit als Aktivierungsvoraussetzung, in: BB 1987, S. 1846–1851.

Moxter, Adolf (1988): Aktivierungspflichtige Herstellungskosten in Handels-und Steuerbilanz, in: BB 1988, S. 937–945.

Moxter, Adolf (1988a): Periodengerechte Gewinnermittlung und Bilanz im Rechtssinne, in: Knobbe-Keuk, Brigitte et al. (Hrsg.:) Handelsrecht und Steuerrecht, Festschrift für Dr. Dr.hc. Georg Döllerer, Düsseldorf 1988, S. 447–459.

Moxter, Adolf (1989): Zur wirtschaftlichen Betrachtungsweise im Bilanzrecht, in: StuW 1989, S. 232–241.

Müller, Welf (1981): Gedanken zum Rückstellungsbegriff in der Bilanz, in: ZGR 1981, S. 126–144.

Müller-Dahl, Frank, P. (1981): Die Bilanzierung des Goodwill — betriebswirtschaftlich sowie handels- und steuerrechtlich unter Berücksichtigung des Vorentwurfs des Bilanzrichtlinie-Gesetzes, in: BB 1981, S. 274–284.

Müller-Dott, Johannes (1989): Teilwertabschreibung auf Auslandsbeteiligungen, in: StbJb 1988/1989, S. 163 ff.

Müller-Wiegand, Mathias (1988): Möglichkeiten und Grenzen der Bildung stiller Reserven der Kapitalgesellschaft nach neuem Bilanzrecht, in: BB 1988, S. 1921-1927.

Münstermann, Hans (1970): Realisation und Rechnungswesen, in: Handwörterbuch des Rechnungswesens (1. Aufl.) hrsg. v. Erich Kosiol et al. Stuttgart 1970, Sp. 1493 ff.

Musgrave, Richard A. (1959): The Theory of Public Finance. A Study in Public Economics, New -York, Toronto, London 1959.

Naumann, Klaus-Peter (1991): Rechtliches Entstehen und wirtschaftliche Verursachung als Voraussetzung der Rückstellungsbilanzierung, in: WPg 1991, S. 530 f.

Niehus, Rudolf J. (1979): „True and fair view" — in Zukunft auch ein Bestandteil der deutschen Rechnungslegung?, in: DB 1979, S. 221–225.

Nies, Helmut (1984): Rückstellungen für drohende Verluste bei schwebenden Dauerschuldverhältnissen unter besonderer Berücksichtigung des Versicherungsgeschäfts, in: StBp 1984, S. 130–135.

Ordelheide, Dieter (1987): Kaufmännischer Periodengewinn als ökonomischer Gewinn — Zur Unsicherheitsrepräsentation bei der Konzeption von Erfolgsgrößen —, in: Domsch/Eisenführ/Ordelheide/Perlitz (Hrsg.): Unternehmenserfolg — Festschrift für Walter Busse von Colbe, Wiesbaden 1987, S. 275–302.

Ordelheide, Dieter (1988): Zu einer neoinstitutionalistischen Theorie der Rechnungslegung, in: Budäus, Dietrich et al. (Hrsg.): Betriebswirtschaftslehre und Theorie der Verfügungsrechte, Wiesbaden 1988, S. 269–295.

Philippatos, George C. (1976): Portefeuilletheorie (Auswahlverfahren), in: HWF, Sp. 1443–1458.

Planck, Max (1958): Vorträge und Reden, Braunschweig 1958.

Pößl, Wolfgang (1984): Die Zulässigkeit von Saldierungen bei der Bilanzierung von wirtschaftlich ineinandergreifenden Vorgängen, in: DStR 1984, S. 428–435.

Prahl, Reinhard / *Naumann,* Thomas K. (1991): Zur Bilanzierung portfolioorientierter Handelsaktivitäten von Kreditinstituten, in: WPg 1991, S. 729 ff.

Rengier, Hans-Bernhard (1977): Die Abgrenzung des positiven Interesses vom negativen Vertragsinteresse und vom Integritätsinteresse, Berlin 1977.

Richter, o. V. (1967): Zur Bilanzierung von schwebenden Geschäften, in: StBp 1967, S. 280–282

Riebel, Paul (1976): Einzelkosten- und Deckungsbeitragsrechnung, 2. Auflage, Opladen 1976.

Riebel, Paul (1969): Die Fragwürdigkeit des Verursachungsprinzips im Rechnungswesen, in: Layer, M. und H. Strebel (Hrsg.): Rechnungswesen und Betriebswirtschaftspolitik, Festschrift für Gerhard *Krüger,* Berlin 1969, S. 49–64.

Rieger, Wilhelm (1959): Einführung in die Privatwirtschaftslehre, 2. unv. Aufl., Erlangen 1959.

Rinck, Gerd: Wirtschaftswissenschaftliche Begriffe in Rechtsnormen, in: Recht im Wandel, Festschrift 150 Jahre Carl Heymanns Verlag KG, Köln, Berlin, Bonn, München, S. 361–375.

Rödig, Jürgen (1969): Die Denkform der Alternative in der Jurisprudenz, Berlin – Heidelberg – New York 1969.

Roland, Helmut (1981): Der Begriff „Wirtschaftsgut" künftig auch im Handelsrecht?, in: DB 1981, S. 171–177.

Rozencwajg, Jakob (1983): Aktivierung von „unrealisierten" Gewinnen aus Devisentermingeschäften? in: Die Bank 1983, S. 514–517.

Rübel, Markus (1990): Devisen- und Zinstermingeschäfte in der Bankbilanz, Berlin 1990.

Rückle, Dieter (1986): Finanzlage, in: HURB, S.173 ff.

Rudolph, Karl (1975): Zur Aktivierung von Fremdkapitalzinsen, in: DB 1975, S. 1563–1567.

Ruppe, Hans Georg (1980): Die Abgrenzung der Betriebsausgaben/Werbungskosten von den Privatausgaben, in: Söhn, Hartmut(Hrsg): Die Abgrenzung der Betriebs- und Berufssphäre im Einkommensteuerrecht, Köln 1980, S. 103–147.

Scarpens, Robert W. (1978): A Neoclassical Measure of Profit, in: The Accounting Review 1978, S. 448–469.

Scheidle, Helmut (1980) / *Scheidle,* Günther (1980): Zur bilanziellen Behandlung von Ausbildungsverträgen, in: BB 1980, S. 719–722.

Schildbach, Thomas und Günther *Scheidle* (1979): die Auswirkungen der Generalklausel des Artikel 2 der 4. EG-Richtlinie auf die Rechnungslegung der Aktiengesellschaften, in: WPg 1979, S. 277–286.

Schildbach, Thomas (1989): Maßgeblichkeit — Rechtslage und Perspektiven, in: BB 1989, S. 1443–1453.

Schlotter, J. (1980): Bewertungsgrundsätze für das Devisengeschäft der Kreditinstitue, Frankfurt a.M. 1980.

Schlüter, Wilfried (1986): Sachverständiger Dritter, in: HURB, S. 273–277.

Schmalen, Helmut (1977): Human Resource Accounting und Ausbildungsfinanzierung, in: ZfbF 1977, S. 805–814.

Schmalenbach, Eugen (1956): Dynamische Bilanz, 12. Aufl., Köln und Opladen 1956.

Schmekel, Helmut (1983): Rechnungslegung von Zinstermingeschäften für Banken und Industrieunternehmen, in: DB 1983, S. 893–898.

Schmekel, Helmut (1985): Die Bilanzierung von Terminkontrakten in den USA, in: DB 1985, S. 1495–1496.

Schmidt, Reinhard (1982): Rechnungslegung als Informationsproduktion auf nahezu effizienten Kapitalmärkten, in: ZfbF 1982, S. 728–748.

Schmidt, Ludwig (1990): Einkommensteuergesetz, 9. Aufl., München 1990.

Schneeloch, Dieter (1989): Herstellungskosten in Handels-und Steuerbilanz, in: DB 1989, S. 285–292.

Schneeweiß, Hans (1967): Entscheidungskriterien bei Risiko, Berlin, Heidelberg, New York 1967.

Schneider, Dieter (1961): Kostentheorie und verursachungsgemäße Kostenrechnung?, in: ZfhF 1961, S. 677–704.

Schneider, Dieter (1963): Bilanzgewinn und ökonomische Theorie, in: ZfhF, S. 457–474.

Schneider, Dieter (1966): Grundlagen einer finanzwirtschaftlichen Theorie der Produktion, in: Moxter, Adolf, Dieter Schneider und Waldemar Wittmann(Hrsg.): Produktionstheorie und Produktionsplanung, Festschrift für Karl Hax, Köln und Opladen 1966.

Schneider, Dieter (1969): Die Problematik betriebswirtschaftlicher Teilwertlehren, in: WPg 1969, S. 305–313.

Schneider, Dieter (1970): Sieben Thesen zum Verhältnis von Handels- und Steuerbilanz, in: BB 1970, S. 1698–1705.

Schneider, Dieter (1971): Aktienrechtlicher Gewinn und ausschüttungsfähiger Betrag, in: WPg 1971, S. 607–617.

Schneider, Dieter (1971a): Eine Reform der steuerlichen Gewinnermittlung?, in: StuW 1971, S. 326–341.

Schneider, Dieter (1974): Abschreibungsverfahren und Grundsätze ordnungsgemäßer Buchführung in: WPg 1974, S. 365–405.

Schneider, Dieter (1976): Realisationsprinzip und Einkommensbegriff, in: Festschrift Ulrich Leffson, Düsseldorf 1976, S. 103–117.

Schneider, Dieter (1978): Erfolgsermittlung als Rechnungsziel — ein empirischer und wissenschaftsgeschichtlicher Test, in: Zfbf 1978, S. 326–346.

Schneider, Dieter (1980): Bilanzrechtsprechung und wirtschaftliche Betrachtungsweise, in: DB 1980, S. 1225–1232.

Schneider, Dieter (1983): Betriebswirtschaftliche Gewinnermittlung oder ökonomische Analyse des Bilanzrechts?, in: ZfbF 1983, S. 1040–1065.

Schneider, Dieter (1983a): Rechtsfindung durch Deduktion von Grundsätzen ordnungsmäßiger Buchführung aus gesetzlichen Jahresabschlußzwecken? in: StuW 1983, S. 141–160.

Schneider, Dieter (1985): Geschichte betriebswirtschaftlicher Theorie, 2. Aufl. München, Wien 1985.

Schneider, Dieter (1986): Vermögensgegenstände und Schulden, in: HURB, S. 335–345.

Schneider, Dieter (1989): Erste Schritte zu einer Theorie der Bilanzanalyse, in: WPg 1989, S. 633–642.

Schneider, Dieter (1989/1990): Rechtssichere Gesetzesanwendung und Steuerplanung — Ein Beitrag zu ökonomischen Analyse des Rechts —, in: JbfFSt 1989/1990, S. 85–98.

Schneider, Dieter (1990): Investition und Finanzierung, 6. Aufl., Wiesbaden 1990.

Schneider, Dieter (1992): Theorien zur Entwicklung des Rechnungswesens, in: ZfbF 1992, S. 3–31.

Schneider, Erich (1963): Industrielles Rechnungswesen, 4. Aufl. 1963.

Schneider, W. Edelfried (1980): Bilanztheoretische Probleme der vierten EG-Richtlinie, Bonn 1980.

Scholz, Walter(1979): Zinsänderungsisiken im Jahresabschluß der Kreditinstitute, in: Kredit und Kapital 1979, S. 517–543.

Scholz, Walter (1982): Die Steuerung von Zinsänderungsrisiken und ihre Berücksichtigung im Jahresabschluß von Kreditinstituten, in: Schierenbeck, H. und H. Wielens (Hrsg.): Bilanzstrukturmanagement von Kreditinsituten, Frankfurt am Main 1982, S. 119–136.

Schönnenbeck, Hermann (1963): Die Abhängigkeit der aktivierungsfähigen Herstellungskosten von der Unternehmenslage, in: DB 1963, S. 1616–1619.

Schulze-Osterloh, Joachim (1989): Herstellungskosten in der Handels- und Steuerbilanz, in: StuW 1989, S. 242–249.

Schwarze, Armin (1989): Ausweis und Bewertung neuer Finanzierungsinstrumente in der Bankbilanz, Berlin 1989.

Selchert, Friedrich W. (1983): Zur Diskussion gestellt: Grundsatz der Einheitlichkeit der Bewertung, in: WPg 1983, S. 447–453.

Selchert, Friedrich Wilhelm (1985): Fremdkapitalzinsen in der Kalkulation der bilanziellen Herstellungskosten, in: DB 1985, S. 2413–2420.

Selchert, Friedrich Wilhelm (1986): Probleme der Unter- und Obergrenze von Herstellungskosten, in: BB 1986, S. 2298–2305.

Selchert, Friedrich Wilhelm (1986a): Der Bilanzansatz von Aufwendungen für die Erweiterung des Geschäftsbetriebs, in: DB 1986, S. 977–982.

Sieben, Günter / *Ossadnik,* Wolfgang (1986): Dauernd, in: HURB, S. 105–113.

Siegel, Theodor (1986): Wahlrecht, in: HURB, S. 417-427.

Siegel, Theodor (1980): Direkt zurechenbare Vertriebskosten und andere Bilanzprobleme im schwebenden Geschäft, in: BB 1980, S. 1649–1652.

Simon, Hermann Veit (1899): Die Bilanzen der Aktiengesellschaften und der Kommanditgesellschaften auf Aktien, 2. Aufl., Berlin 1899.

Söffing, Günter (1979): Zum Begriff Wirtschaftsgut, in: JbfFStR 1978/1979, S. 199–227.

Söhn, Hartmut (1980): Betriebsausgaben, Privatausgaben, gemischte Aufwendungen, in: Söhn, Hartmut(Hrsg): Die Abgrenzung der Betriebs- und Berufssphäre im Einkommensteuerrecht, Köln 1980, S. 13–101.

Stein, Johann Heinrich von / *Kirschner,* Manfred (1987): Zum Problem der Berücksichtigung von bilanzunwirksamen Finanzinnovationen in der externen Rechnunglegung der Banken, in: Krumnow, J. umd M. Metz (Hrsg): Rechnungswesen im Dienste der Bankpolitik, Stuttgart 1987, S. 13–24

Streim, Hannes (1979): Zur Frage der bilanziellen Behandlung von Ausbildungskosten, in: WPg 1979, S.493–510.

Streit, Manfred E. und *Wegner,* Gerhard (1989): Wissensmangel, Wissenserwerb und Wettbewerbsfolgen — Transaktionskosten aus evolutorischer Sicht, in: ORDO 1989, S. 182–200.

Strobl, Elisabeth (1984): Die Bewertung von Rückstellungen, in: Raupach, Arndt (Hrsg.): Werte und Wertermittlung im Steuerrecht, Köln 1984, S. 194–219.

Ströhlein, Peter (1988): Bedeutung betriebswirtschaftlicher Bilanztheorien für die Systematisierung und Auslegung handelsrechtlicher Bilanzierungshilfen, Frankfurt a.M., Bern, New York, Paris 1988.

Stützel, Wolfgang (1958): Volkswirtschaftliche Saldenmechanik, Tübingen 1958.

Stützel, Wolfgang (1966): Entscheidungstheoretische Elementarkategorien als Grundlage einer Begegnung von Wirtschaftswissenschaft und Rechtswissenschaft, in: ZfB 1966, S. 769–789.

Stützel, Wolfgang(1978): Wert und Preis, in: HWB, Sp. 4404–4425.

Stützel, Wolfgang(1983): (Stellungnahme) in: *Christians,* F.Wilhelm / *Pale,* Karl / *Stützel,* Wolfgang / *Weinkämptner,* Franz-Josef (1983): Die Eigenkapitalknappheit in der Wirtschaft, in: Zeitschrift für das gesamte Kreditwesen 1983, S.1087 ff.

Swoboda, Peter (1985): Der Risikograd als Abgrenzungskriterium von Eigen-versus Fremdkapital, in: Stöppler, Siegmar(Hrsg.): Information und Produktion, Festschrift Waldemar Wittmann, Stuttgart 1985, S. 343–362.

Thomas, Jürgen (1977): Rückstellungen für Kosten der betrieblichen Berufsausbildung, in: BB 1977, S. 85–90.

Tipke, Klaus (1979): Zur Abgrenzung der Betriebs- und Berufssphäre von der Privatsphäre im Einkommensteuerrecht, in: StuW 1979, S. 193–208.

Tipke, Klaus (1986): Auslegung unbestimmter Rechtsbegriffe, in: HURB, S. 1–11.

Tipke, Klaus (1980): Rechtfertigung der Themenwahl; Ziel der Tagung, in: Söhn, Hartmut (Hrsg): Die Abgrenzung der Betriebs- und Berufssphäre im Einkommensteuerrecht, Köln 1980, S. 1–11.

Tipke, Klaus / *Lang,* Joachim (1991): Steuerrecht, 13. Aufl., Köln 1991.

Tubessing, Günter (1965): Zur verlustfreien Bewertung unfertiger Erzeugnisse, in: WPg 1965, S. 617–624.

Tubbesing, Günter (1979): „A True and Fair View" im englischen Verständnis und 4. EG Richtlinie, in: AG 1979, S. 91–95.

Velde, van der, Kurt (1975): Fremdkapitalzinsen als Teil der Herstellungskosten, in: DB 1975, S. 661–667.

Volk, Gerrit (1987): Informationsinteresse und Jahresabschlußadressaten, in: BB 1987, S. 723–728.

Wacket, Karl Heinz (1990): Realisations- und Imparitätsprinzip bei monetärer Interpretation von Warenbeschaffung und -absatz, in: BB 1990, S. 239–247.

Walker, Martin (1988):The Information Economics Approach to Financial Reporting, in: Accounting and Business Research 1988, S. 170–182.

Wassermeyer, Franz (1980): Die Abgrenzung des Betriebsvermögens vom Privatvermögen, in: Söhn, H. (Hrsg.): Die Abgrenzung der Betriebs-und Berufssphäre im Einkommensteuerrecht, Köln 1980, S. 315–337.

Watermann, Friedrich (1966): Die Ordnungsfunktion von Kausalität und Finalität im Recht, Berlin 1966.

Wenger, Ekkehard (1985): Einkommensteuerliche Periodisierungsregeln, Unternehmenserhaltung und optimale Einkommensbesteuerung, Teil I in: ZfB 1985, S. 510–530, Teil II in: ZfB 1986, S. 132–152.

Welcker, Johannes / *Brutscher,* Johannes (1985): Kombination und Zerlegung von Börsentermingeschäften, in: WISU 1985, S. 132–136 und S. 195–199.

Westermann, Harm-Peter (1987): Das Gesellschaftsrecht zwischen bürgerlichem Recht, Steuerrecht und Bilanzrecht, in: Havermann, Hans (Hrsg.): Bilanz- und Konzernrecht, Festschrift für Dr. Reinhard Goerdeler, Düsseldorf 1987, S. 697–722.

Wichmann, Gerd (1984): Die Frage nach der zutreffenden Bilanzierung kongruent rückgedeckter Pensionszusagen — beantwortet anhand der Behandlung anderer verknüpfter Geschäftsvorfälle, in: DB 1984, S. 837–841.

Wilhelm, Jochen (1988): Der Teilwert auf der Grundlage des Gümbelalgorithmus — Eine arbitragetheoretische Analyse, in: ZfbF 1988, S. 360–369.

Wilsdorf, Fred (1988): Rechnungslegungszwecke der Handelsbilanz und Steuerbilanz nach Inkrafttreten des Bilanzrichtliniengesetzes, Frankfurt a. M., Bern, New York Paris 1988.

Windmöller, Rolf (1992): Prüfung der Devisengeschäfte, in: HWRev, Sp. 331–343.

Windmöller, Rolf (1985): Zinstermingeschäfte der Kreditinstitute, in: Forster, Karl-Heinz (Hrsg.): Beiträge zur Bankbilanz, Bankaufsicht und Bankprüfung, Walter Scholz zum 65. Geburtstag, Düsseldorf 1985, S. 208–223.

Windmöller, Rolf (1988): Deckungsgeschäfte und Grundsätze ordnungsmäßiger Buchführung, in: IdW (Hrsg.): Bericht über die Fachtagung '88, Düsseldorf 1989, S. 89–102.

Wöhe, Günter (1959): Zur Problematik der Werturteile in der Betriebswirtschaftslehre, ZfhF 1959, S. 165–179.

Wöhe, Günter (1986): Einführung in die Betriebswirtschaftslehre, 16. Aufl. München 1986.

Wöhe, Günter (1992): Bilanzierung und Bilanzpolitik, 8. Aufl., München 1992.

Woerner, Lothar (1984): Grundsatzfragen zur Bilanzierung schwebender Geschäfte, in: FR 1984 S. 489–496.

Woerner, Lothar (1984/85): Passivierung schwebender Dauerschuldverhältnisse in der Bilanz des Unternehmers, in: StbJb 1984/85, S. 177–200.

Wohlgemuth, Michael: Kommentierung § 252, Rdz. 16, in: Bonner Handbuch der Rechnungslegung.

Zimmerer, Carl (1988): Ertragswertgutachten, in: DBW 1988, S. 417–420.

Zimmerer, Carl (1989): Die von der Unternehmensbewertung abgeleitete Bilanz, in: DBW 1989, S. 796–799.

Zimmermann, Heinz (1987): Zur ökonomischen Bedeutung von Finanzmarktinnovationen, in: Aussenwirtschaft 1987, S. 29–64.

FSC
www.fsc.org
MIX
Papier | Fördert gute Waldnutzung
FSC® C083411

Kolibri 360 GmbH
Ferdinand-Jühlke-Straße 7
99095 Erfurt, Deutschland
produktsicherheit@kolibri360.de

Druck:
CPI Druckdienstleistungen GmbH
im Auftrag der
Kolibri 360 GmbH
Ferdinand-Jühlke-Str. 7
99095 Erfurt